数智化时代会计专业
—— 融合创新系列教材 ——

# 大数据技术应用基础

## 第2版 · 微课版

周若谷　苏飑　吕岩荣◎主编
厦门网中网软件有限公司◎组编

人民邮电出版社
北　京

**图书在版编目（CIP）数据**

大数据技术应用基础：微课版 / 周若谷，苏飏，吕岩荣主编. -- 2 版. -- 北京：人民邮电出版社，2025.（数智化时代会计专业融合创新系列教材）. -- ISBN 978-7-115-66608-6

Ⅰ．TP274

中国国家版本馆 CIP 数据核字第 2025WY9587 号

## 内 容 提 要

　　"大数据技术应用基础"是财经类专业学生学习大数据技术的入门课程。本书选取薪资管理、量化投资管理、税务合规核查等常见的财务工作场景，详细介绍了企业财务数据构建、数据清洗、数据分析与优化、外部数据采集与存储，以及使用 Power BI 进行数据可视化等专业知识。

　　本书体系结构完整，内容丰富，"学、做、练"一体化设计，适合作为应用型本科院校和高等职业院校财经类专业的教材，也可供企业财务数据和商务数据分析岗位的相关人员学习与参考。

◆ 主　编　周若谷　苏　飏　吕岩荣
　　责任编辑　崔　伟
　　责任印制　王　郁　彭志环

◆ 人民邮电出版社出版发行　　北京市丰台区成寿寺路 11 号
　　邮编　100164　电子邮件　315@ptpress.com.cn
　　网址　https://www.ptpress.com.cn
　　北京天宇星印刷厂印刷

◆ 开本：787×1092　1/16
　　印张：13.5　　　　　　　　　　2025 年 2 月第 2 版
　　字数：354 千字　　　　　　　　2025 年 2 月北京第 1 次印刷

定价：59.80 元

读者服务热线：(010)81055256　印装质量热线：(010)81055316
反盗版热线：(010)81055315

# ▌前 言

党的二十大报告明确提出，要"加快发展数字经济，促进数字经济和实体经济深度融合，打造具有国际竞争力的数字产业集群"。数字技术和数字经济已成为新一轮国际竞争的关键。数字经济的发展带来了商业模式、金融服务等方面的深刻变革，使得财经专业人才不仅要掌握传统的财务、金融等方面的知识，还要具备数据分析、数据挖掘、算法应用等数字技能，以应对数字经济时代的工作挑战。

## 【本书内容】

项目一"大数据技术认知"：从宏观层面出发，对大数据技术进行全方位的介绍，并借助直观的Excel操作，帮助读者建立起对企业财务数据处理的初步认知与整体框架。

项目二"企业财务数据库构建"：介绍企业财务数据库的设计与构建方法、数据表的构建原则（如主键、外键和表之间的关系）等，帮助读者理解数据架构，为数据查询和分析打下坚实基础。

项目三"企业财务数据清洗"：重点介绍处理缺失值、重复值和异常值的方法，为后续的财务数据分析提供高质量的数据。

项目四"企业财务数据分析与优化"：重点讲解如何使用SQL进行数据查询、分组统计和多表关联分析，帮助读者掌握基于特定的业务情况进行财务数据分析与优化的方法。

项目五"企业外部数据采集与存储"：重点介绍如何在AI工具的辅助下使用Python程序从外部数据源抓取数据，并将其存储到企业数据库中，实现数据整合。

项目六"财务数据可视化"：重点讲解如何使用Power BI将数据库中的数据转化为可视化图形。财务人员通过可视化技术清晰呈现数据分析结果，可以为企业管理决策提供支持。

项目七"AI赋能企业税务合规核查预警"：定制化提供利用AI+大数据技术开展企业税务合规核查的方案，希望读者领会该方案能够高效实施的理念与思路，在实践中能够举一反三，灵活驾驭AI工具和大数据技术，提升企业数据处理效能。

## 【本书特色】

### 1. 价值引领

本书每个任务均设置"德技并修"栏目，并以二维码链接相关动画，通过大富学长和小强的对话，将专业知识学习和思想价值引领有机融合，引导读者认真学习专业知识和技能，勇敢担负起时代赋予的重任，树立为实现中华民族伟大复兴而奋斗的志向。

### 2. 岗课赛证融通

在岗位方面，本书紧扣财务人员薪资管理、量化投资管理、税务合规核查等常见财务工作场景；在课程方面，本书配套湖南省精品在线开放课程，教学资源丰富；在技能大赛方面，本书引入2024年世界职业院校技能大赛总决赛争夺赛（高职组）财经商贸赛道会计实务组铜奖作品"税智守：金税四期初创企业税务合规核查预警项目"的解决思路和方法，帮助读者学以致用；在"1+X"证书对接方面，本书对接业财税融合大数据投融资分析职业技能等级证书、大数据财务分析职业技能等级证书的要求，带领读者逐步掌握利用大数据技术在实务工作中高效解决问题的技能，进一步提升读者的岗位胜任力。

### 3. 产教融合

本书由湖南商务职业学院联合厦门网中网软件有限公司共同开发，围绕企业财务数据分析业务的需求选取必需、够用的数据库管理与应用知识，帮助读者奠定在财务工作中应用AI工具+大数据技术的扎实基础，提升其就业竞争力，使其满足数字经济时代财务人员的岗位技能要求。

### 4. 定位精准

本书专门针对应用型本科院校及高等职业院校的财经类专业编写，所有案例皆源自企业日常财务工作场景，具有很强的针对性。本书可作为相关专业"大数据技术应用基础""数据库基础"等专业基础课程的教学用书。

### 5. AI赋能

在对一线企业的调研中发现，数字经济时代的财务人员非常有必要学会利用AI工具辅助编程。AI工具能够有效降低技术门槛，助力财务人员更高效地开展数据分析工作。本书特别增设利用AI工具（如豆包）生成SQL数据查询与分析代码、生成Python数据采集与存储代码等教学内容，助力读者在掌握财经专业知识的前提下，高效运用AI工具辅助编程，将精力集中于数据分析核心环节，摆脱编程语法带来的困扰。

### 6. 数字资源丰富

本书配套的在线课程提供了微课视频讲解、技能操作演示、动画、习题库、模拟试卷、教学课件、教案、案例源代码等丰富的数字化教学资源。教师可以在学银在线网站搜索课程名"大数据技术应用基础"并加入课程，开展线上线下混合式教学。

## 【使用建议】

（1）本书建议学时为48学时。

（2）教师可在MySQL、Python和Power BI编译环境下正常开展实训教学，也可选用课程配套的湖南省精品在线开放课程"大数据技术应用基础"资源库、厦门网中网软件有限公司开发的"大数据技术应用基础"虚拟仿真平台进行辅助教学。

本书由周若谷、苏飚、吕岩荣担任主编，王琰、徐沉担任副主编，杨凤坤参与编写。本书的所有代码由周若谷和厦门网中网软件有限公司完成测试。

由于编者水平有限，书中难免存在不妥之处，恳请广大读者批评与指正，意见与建议可以发送至邮箱：49760196@qq.com。

编者

2025年1月于长沙谷山

# 目 录

# 项目一
# 大数据技术认知

20世纪60年代，半导体、集成电路和计算机技术的发展加速了信息时代的到来，网络通信、自动化系统和互联网技术得到了大规模普及，消费者、生产者及信息提供者的距离被进一步拉近，人类社会进入"信息时代"。

当下，我们正在经历由AI、物联网、区块链、生命科学、量子物理、新能源、新材料、虚拟现实等一系列创新技术引领的"智能时代"。

本项目聚焦于数据、信息、知识、大数据等相关概念，让财务人员了解大数据的特征与大数据思维；同时，详细阐述数据采集和数据可视化的相关理论，助力财务人员构建对大数据技术的基础认知。

## 任务一　了解大数据技术

### 学习目标

【知识目标】掌握数据、信息、知识、大数据等基本概念，了解大数据的特征、大数据思维、大数据技术。

【技能目标】能区分信息技术的7个发展阶段和大数据的4个特征，能构建大数据思维，能确定数据源以及对应的数据采集方法。

动画1.1

【素质目标】树立崇高的理想，自强不息，守正创新，为把我国建设成综合国力和国际影响力领先的社会主义现代化强国贡献自己的力量。

### 德技并修

××商务学院是一所专门培养商科人才的高等院校。为了实现教学和行业应用的深度融合，该学院实行企业导师制度。

小强是学院大二的学生，他所在班级的企业导师是20多年前从本校毕业的大富学长。大富从母校毕业后不断努力拼搏，获得博士学位，目前在一家上市企业做财务总监。大富心系母校，兼职学院的企业导师，助力技能人才培养，为学院发展做出了贡献。

今天是开学第一天，大富学长亲切地与同学们进行交流。

**大富学长**：技术的进步可以为产业与社会带来深刻的变革，重构我们的商业模式、经济结构、文化生活及政治格局，我们称之为"工业革命"。当前，我们有幸处于第四次工业革命的浪潮中。在信息时代，我国部分企业在科技商业模式创新上成为世界的"领军者"。

小强和同学们满怀信心地憧憬未来。

**小强：** 第四次工业革命中的新兴技术提高了经济社会的生产效率，改变了人们的生活方式，并为一些重大的社会问题带来了新的解决方案。大富学长，我们一定会将财务知识和大数据、AI技术紧密结合，成为精通大数据技术和财务知识的创新型复合人才。

 **学知识技能**

## 一、数据、信息与知识

数据是指描述事物的符号记录，是构成信息和知识的原始材料，如图形、声音、文字、数字、字母和符号等。信息一般指数据所包含的意义。知识是指人们在社会实践中所获得的认识和经验的总和。数据、信息与知识的关系可以描述为：数据是信息的载体，信息是知识的载体，知识可以从数据中发掘出来，即可以从数据（库）中识别出有效、新颖、潜在有用的以及最终可理解的模式，将底层数据转换为高层知识。

## 二、信息技术的发展历程

信息技术的发展历程包括7个阶段。

（1）第一次信息技术革命的标志是语言的产生。该阶段的交流主要通过声波进行，语言让信息可以被分享。

（2）第二次信息技术革命的标志是文字的出现。不管是象形文字还是结绳记事，都使信息可以被保护和共享。

（3）第三次信息技术革命的标志是印刷术的出现。印刷术的应用使传递的信息量和范围变得更大。

（4）第四次信息技术革命的标志是无线电的发明。无线电技术提高了信息传递的速度，扩大了信息传递的范围。

（5）第五次信息技术革命的标志是电视的出现。电视使得信息表现的内容更为丰富，人们不仅可以听到声音，而且可以看到影像。

（6）第六次信息技术革命的标志是计算机和互联网的出现。从此，人类彻底进入了信息共享的时代。

（7）第七次信息技术革命非常重大的转折是人类社会从信息传输时代发展到智能时代。在该阶段产生的智能互联网，是由移动互联、智能感知、大数据技术共同形成的新的技术。

## 三、大数据的定义

中国科学院院士梅宏教授在《大数据导论》一书中提到，所谓"大数据"，就是指数据大到无法通过现有手段在合理时间内截取、管理、处理并整理成人类能解读的信息；在维克托·迈尔-舍恩伯格和肯尼思·库克耶的《大数据时代：生活、工作与思维的大变革》一书中，大数据是把数学算法运用到海量的数据上来进行分析，并对事情发生的可能性做出洞察的一种技术。大数据带来的挑战涉及数据获取、存储、搜索、共享、分析和可视化等方面。

我们认为大数据是指通过新的处理模式，能够提供更强的决策力、洞察力和流程优化能力的海量、高增长率、多样化的信息。大数据本质上是指表征时间与空间维度下人与物、人与人、物与物之间复杂的关联关系的数据，利用大数据可还原事物原貌、探究规律机理、预判发展变化。网络产生的数据是非常繁杂的，利用数据找规律、看变化，就是大数据技术本质上要做的工作。

## 四、大数据的特征

一般认为，大数据主要具有以下4个典型特征——大量性（Volume）、多样性（Variety）、高速性（Velocity）和价值性（Value），即所谓的"4V"，具体如图1.1.1所示。

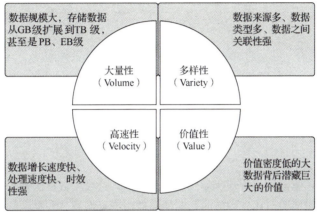

图1.1.1　大数据的"4V"特征

### （一）大量性

大数据的特征首先就是大量性。随着互联网、物联网、移动互联技术的发展，人和事物的所有轨迹都可以被记录下来，数据呈现出爆发式增长。数字信息已经渗透到我们生产和生活的方方面面，信息量的增长势不可当。

### （二）多样性

大数据的多样性主要体现在数据源多、数据类型多和数据之间关联性强这3个方面。

#### 1. 数据源多

之前企业所面对的传统数据主要是交易数据，而互联网和物联网的发展带来了来自诸如社交媒体、传感器等多种数据源的数据。

#### 2. 数据类型多

在大数据时代，数据格式变得越来越多样，有70%～85%的数据以图片信息、音频信息、视频信息、网络日志、链接信息等半结构化数据和非结构化数据形式存储，且以非结构化数据为主；而在传统的企业中，数据主要是表格形式的结构化数据。当前的数据大致可分成结构化数据、非结构化数据和半结构化数据3类。

（1）结构化数据往往被称为行数据，主要通过关系数据库进行存储和管理。

在学生选课系统中，学生、课程、教师等数据都可以抽象为结构化数据；在企业财务系统中，会计科目、凭证分录、会计账簿、财务报表等数据也都可以抽象为结构化数据；通过各种途径采集到的上市企业财务数据、宏观经济数据，也属于结构化数据。通常将这些结构化数据存储在Excel的二维表或者关系数据库的数据表中。在通过数据采集方法得到的大量数据中，结构化数据仅占20%左右。

（2）无法定义结构的数据称为非结构化数据。处理和管理非结构化数据相对困难。常见的非结构化数据包括文本信息、图像信息、视频信息以及音频信息等，它们的结构千变万化，难以用一个二维表来描述。

（3）半结构化数据是指介于结构化数据和非结构化数据之间，具有一定的结构化特征，但不完全符合结构化特征的数据。最常见的半结构化数据包括日志文件、XML 文档、JSON 文档、E-mail、HTML文档等。

 **说明**

> 在日常财务数据分析中，非结构化数据、半结构化数据使用较少，读者只需要对其有基本的了解即可，重点在于认识结构化数据。

### 3. 数据之间关联性强

例如，游客在旅途中上传的照片和日志，就与游客的位置、行程等信息有很强的关联性。

## （三）高速性

高速性指数据增长速度快、处理速度快、时效性强，这是大数据区别于传统数据的非常显著的特征。比如，搜索引擎要求几分钟前的新闻能够被用户查询到，购物网站要求个性化推荐算法应完成实时推荐等。

## （四）价值性

尽管我们拥有大数据，但是能发挥价值的仅是其中非常小的一部分。价值密度低的大数据背后潜藏巨大的价值。

大数据真正的价值体现在从大量不相关的各种类型的数据中，挖掘出对未来趋势与模式预测、分析有价值的数据，通过机器学习、AI或数据挖掘技术对数据进行深度分析，并将分析结论运用于农业、金融、医疗等各个领域，以创造更大的价值。

# 五、大数据思维

在学习大数据技术之前我们要建立大数据思维，明白大数据的"大"不仅是数据量大，更重要的是它的价值大。

## （一）全样而非抽样的思维方式

在小数据时代，数据分析与调查大多采用抽样调查方式，但是也会用到将所有数据作为样本的调查方式。比如，人口普查是指在国家统一规定的时间内，按照统一的方法、统一的项目、统一的调查表和统一的标准时点，对全国人口普遍地、逐户逐人地进行的一次性调查登记。人口普查是一种典型的全数据模式。而各国每年进行的几百次小规模人口调查，通常选择随机采样分析的方式，这是一种样本模式。

在大数据时代，我们用什么方式进行数据分析与调查呢？由于我们已具备了大数据的各种技术能力，因此思维需要转换到大数据的全数据模式，即对所有数据进行分析。

### （二）效率而非精确的思维方式

根据大数据分析得出的结果可能并不精确，但它往往能够反映一个趋势。企业在进行预算时不一定要精确到每一分钱，重要的是要快速得出一个区间。比如，市场部估计销售额在什么样的一个体量区间内，如果要精确地描述这个区间的话，整个决策链就会变得很长，决策的得出可能会跟不上市场的变化。

### （三）相关而非因果的思维方式

舍恩伯格和库克耶在《大数据时代：生活、工作与思维的大变革》一书中是这样解释的：大数据的分析都使用相关关系，而不强调因果关系；其实这是一种对无法探究因果的妥协。

在小数据、信息缺乏的时代，数据都被设定成具有因果关系，一个数据必然会影响一个结果。因果关系强调原因与结果之间的内在联系，而相关关系的核心是量化两个数据值之间的数理关系。当两个数据值存在相关关系时，其中一个数据值增加，另一个数据值很有可能会随之增加。例如，如果美国西部地区出现飓风，沃尔玛的防护工具会销售得非常好，而蛋挞销量也会随之增加。可以将因为有飓风，所以防护工具销售得非常好，理解为数据的因果关系；而蛋挞也销售得好，体现的是数据的相关关系。

## 六、大数据技术

常用的大数据技术包括数据采集、数据存储、数据挖掘、数据可视化等。下面对数据采集和数据可视化技术进行详细介绍。

### （一）数据采集技术

数据源广泛且多样，每种数据源都有其特定的采集方法。

#### 1. 业务系统数据源及其数据采集方法

业务系统数据通常来自企业内部的各种管理系统，如财务系统、客户关系管理（Customer Relationship Management，CRM）系统、库存管理系统等企业的ERP（Enterprise Resource Planning，企业资源计划）系统。这些系统记录了企业日常运营的关键数据，如财务报表、客户信息、库存信息等。为了进行有效的数据分析，企业需要从这些系统中提取数据并进行后续处理。

对于该类数据源，企业通常通过SQL（Structure Query Language，结构查询语言）查询或ETL（Extract Transformation Load，抽取、转换、装载）工具从数据库中提取数据。在企业日常的数据采集工作中，业务人员通常会编写SQL查询语句从关系数据库（如MySQL、PostgreSQL、SQL Server等）中提取所需的数据，如销售数据、客户信息、财务记录等。SQL查询是一种高效且精确的数据提取方法，特别适用于从大量结构化数据中快速定位目标信息的场景。例如，业务人员可以使用以下SQL查询语句来提取2025年的销售数据。

```
SELECT product_id,region,sales_amount,sales_date
FROM sales_data
WHERE sales_date BETWEEN '2025-01-01' AND '2025-12-31'
ORDER BY sales_amount DESC;
```

ETL工具（如Talend、Apache NiFi、Apache Airflow等）在数据采集过程中也发挥着重要作用，特别是在数据源多样、需要进行数据清洗和转换时，它们能够帮助企业自动化处理复杂的ETL工作流。作为财经类专业学生学习大数据技术的入门教材，本书将侧重介绍SQL查询方法，帮助读者掌握数据提取的基本方法。

### 2. 商业数据源及其数据采集方法

商业数据通常来自商业机构或第三方数据供应商，例如金融数据提供商（如Tushare、BaoStock、Wind）、市场研究公司（如Statista、Nielsen、Gartner）、大型电商平台（如淘宝、京东、亚马逊）等。这类数据包括证券、期货的历史和实时数据，电商平台的商品信息、交易数据、用户行为数据等。它们通常通过API（Application Program Interface，应用程序接口）获取，或者通过购买报告和数据服务来获取，具体如表1.1.1所示。

表1.1.1　　　　　　　　　　　　　商业数据源及其数据采集方法

| 商业数据源 | 名称 | 提供的数据内容 | 数据采集方法 |
| --- | --- | --- | --- |
| 金融数据提供商 | Tushare | 股市数据 | 通过API |
| | BaoStock | 股市数据 | 通过API |
| | Wind | 金融数据和分析工具 | 通过API |
| 市场研究公司 | Statista | 行业数据和报告 | 通过购买报告、订阅服务 |
| | Nielsen | 市场调研数据 | 通过市场调研服务 |
| | Gartner | 信息技术相关的市场调研数据 | 通过购买报告、订阅服务 |
| 大型电商平台 | 淘宝 | 商品信息、交易数据、用户行为数据 | 通过API或爬虫 |
| | 京东 | 商品信息、交易数据、用户行为数据 | 通过API或爬虫 |
| | Amazon | 商品信息、交易数据、用户行为数据 | 通过API或爬虫 |

API屏蔽了网站底层的复杂算法，用户通过简单调用API即可实现对数据的请求。目前主流的社交媒体平台（如新浪微博、百度贴吧等）均提供API服务，但是为了减轻网站平台的负荷，开发者会对每天调用API的次数进行限制。BaoStock网站就提供了API，方便用户获取上市企业财务数据和其他相关数据。若平台提供API，应尽可能使用API，通过这种方法获取数据的效率较高。如果没有API可用，编写爬虫代码来获取数据也是不错的选择。以下代码展示了如何通过BaoStock API从指定服务器上获取上市企业盈利能力数据。

```
import baostock as bs
import pandas as pd
# 登录系统，为了正确运行代码，需要安装 BaoStock 库，请在终端运行 pip install baostock
lg = bs.login()
# 显示登录返回信息
print('login respond error_code:'+lg.error_code)
print('login respond  error_msg:'+lg.error_msg)
# 查询季频盈利能力数据
profit_list = []
rs_profit = bs.query_profit_data(code='sh.600000', year=2024, quarter=2)
while (rs_profit.error_code == '0') & rs_profit.next():
    profit_list.append(rs_profit.get_row_data())
result_profit = pd.DataFrame(profit_list, columns=rs_profit.fields)
# 输出查询结果
print(result_profit)
# 将查询结果以 csv 文件格式保存在 D 盘
result_profit.to_csv('D:\\profit_data.csv', encoding='gbk', index=False)
print()
# 退出系统
bs.logout(' 数据已保存到 D 盘 ')
```

### 3. 社交媒体数据源及其数据采集方法

社交媒体数据是从各类社交平台（如新浪微博等）上获取的用户行为数据，通常包括用户的发帖、评论、点赞、分享等信息。这些数据可用于分析消费者的情感、偏好和行为。

社交媒体数据可以直接手动从网页上下载，也可以通过平台提供的API进行采集（如Tweepy库用于从推特上获取数据），还可以使用网络爬虫抓取公开的社交媒体内容。

网络爬虫是一种可以自动提取网页数据的程序，它是搜索引擎的重要组成部分。爬虫的起源可以追溯到互联网诞生之初，在搜索引擎被开发出来之前，互联网只是文件传送协议（File Transfer Protocol，FTP）站点的集合，用户可以在这些站点中导航以找到特定的共享文件。为了查找和组合互联网上可用的分布式数据，开发者创建了一个自动化程序，称为网络爬虫。网络爬虫爬取网页数据需要两个步骤：先抓取网页，然后将数据从网页中复制并导出到表格或资源库中，即抓取和复制。网络爬虫的工作流程如图1.1.2所示。

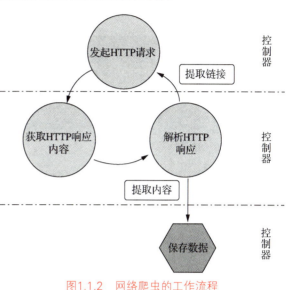

图1.1.2　网络爬虫的工作流程

以下代码展示了通过网络爬虫获取豆瓣电影排行页面数据的过程。

```
# 为了正确运行代码，需要安装三个库，请在终端运行 pip install requests beautifulsoup4 openpyxl
import requests
from bs4 import BeautifulSoup
from openpyxl import Workbook
# 创建 Excel 表格
wb = Workbook()
ws = wb.active
ws.append(['排名','电影名','评分'])
# 爬取数据
url ='https://movie.douban.com/top250'
res = requests.get(url, headers={'User-Agent':'Mozilla/5.0'})
soup = BeautifulSoup(res.text,'html.parser')
# 提取并保存数据
for item in soup.select('.grid_view li'):
    ws.append([
        item.find('em').text,
        item.select_one('.title').text,
        item.select_one('.rating_num').text
    ])
# 保存文件
wb.save('D:/ 豆瓣电影排行 .xlsx')
print(' 数据已保存到 D 盘')
```

### 4. 移动互联网数据源及其数据采集方法

移动互联网数据主要来自智能手机和移动应用，包括用户的位置信息、使用历史、搜索记录等。利用这些数据可以洞察相关的用户行为、需求和兴趣等。

### 5. 开放数据源及其数据采集方法

开放数据通常来自政府、科研机构、行业组织等，这些数据通常是公开的、免费的，这样做的目的是促进透明性、知识共享和科学研究。开放数据包括宏观经济数据、环境监测数据、公共卫生数据等。如图1.1.3所示，用户可以直接从国家统计局官网下载相关的宏观经济数据。这些数据通常是结构化的，便于直接导入并进行分析。

图1.1.3　国家统计局网站提供的开放数据

### 6. 物理数据源及其数据采集方法

物理数据通常出现在监控与监测中，如楼宇能耗监测数据，以及节能控制系统中各个计量表监测记录的电力能耗、中央空调风力、楼内室温等物理数据。记录下来的这些物理数据，正是节能控制的基础。楼宇能耗监测与节能控制系统如图1.1.4所示。

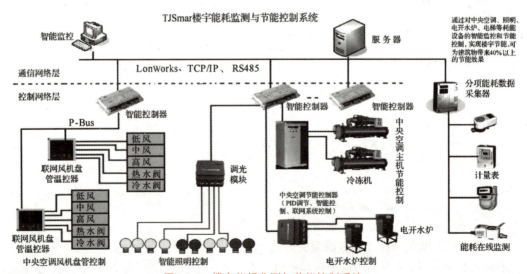

图1.1.4　楼宇能耗监测与节能控制系统

这些数据通过感知设备采集，常用的采集技术包括使用pySerial库从串口设备读取数据，以及通过物联网平台提供的API获取数据。以下代码展示了使用Python的pySerial库读取并输出温度数据的过程。

```
import serial
# 配置串口（请根据实际情况修改端口和波特率）
ser=serial.Serial('COM1',9600,timeout=1)        # 波特率为9600，timeout为1s
# 等待设备初始化
ser.flushinput()
# 读取并输出温度数据
while True:
  data=ser.readline()                           # 读取一行数据
if data:
  print(data.decode('utf-8').strip())           # 解码并输出数据
# 关闭串口连接
ser.close()
```

## （二）数据可视化技术

数据通常是枯燥乏味的。数据可视化平台将杂乱无序的数据以生动形象的视觉效果呈现，不仅有助于简化数据分析过程，也在很大程度上提高了数据分析的效率。

数据可视化是指将大型数据集以图形、图像形式表示，并利用数据分析和开发工具发现其中的未知信息的过程。数据可视化技术的基本思想是将数据库中每一个数据作为单个元素展示，让大量的数据构成数据图像，同时将数据的各个属性值以多维数据的形式展示，帮助人们从不同的维度观察数据，从而对数据进行深入分析。

### 1. 数据可视化的作用

数据可视化在数据分析领域并非最具挑战性的技术，却是数据分析流程中非常重要的环节，其重要作用如下。

（1）观测与跟踪数据。业务中实际应用的数据量已经远远超出人类大脑可以理解、消化、吸收的范围，不断变化的多个参数值如果以数值的形式呈现，人们可能会茫然无措。数据可视化技术可以让人们轻松观察到各种参数的动态变化过程，有效跟踪各种参数值。比如，百度地图提供了实时路况服务，用户使用这项服务可以查询各大城市的实时路况信息。

（2）分析数据。数据可视化技术可用于实时呈现当前分析结果，引导用户参与分析过程，根据用户反馈的信息执行分析操作，完成用户与分析算法的交互，实现数据分析算法与用户领域知识的完美结合。

（3）辅助理解数据。数据可视化技术可帮助用户更快、更准确地理解数据背后的含义。例如，可以用不同的颜色区分不同对象，用动画演示数据的变化过程，用图形展示对象之间的复杂关系等。

（4）增强数据吸引力。枯燥的数据被制作成具有强大视觉冲击力和说服力的图像，可以大大增强读者的阅读兴趣。例如，在海量的新闻信息面前，传统单调、保守的呈现方式已经难以引起读者的兴趣，需要更加直观、高效的信息呈现方式。现在的新闻播报越来越多地使用数据图表，动态、立体化地呈现报道内容，让读者能够在短时间内迅速吸收其中的重要信息。

### 2. 数据可视化工具

目前已经有许多数据可视化工具，其中大部分都是可以免费使用的，能够满足各种可视化需求。下面我们以Excel、Power BI、Tableau及Python中的Matplotlib库为例，深入了解数据可视化工具。

（1）Excel。Excel是微软公司推出的Office办公软件的重要构成组件之一，可用于制作各种各样的电子表格，实现数据的规整与结构化处理，并提供大量的数据统计和计算处理函数。除此之外，Excel还提供了强大的数据可视化功能。因此，Excel以其丰富的功能和良好的易用性得到了广泛应用，成为全球普及率极高的表格类数据管理和可视化软件。随着版本的不断更新，Excel的数据计算能力和可视化呈现能力日益突出，在个人财务信息和企业数据展示等领域应用广泛。

（2）Power BI。Power BI是微软公司推出的数据分析和可视化工具，可以连接数百个数据源、简化数据准备工作并提供实时分析功能，还可以生成美观的报表并进行发布，供组织在网络和移动设备上使用。用户可以使用Power BI创建个性化仪表板，获取针对其业务的独特见解。

（3）Tableau。Tableau可以将数据运算与美观的图表完美地结合在一起，且简单易用。用户可以用Tableau将大量数据拖放到数字"画布"上，快速创建各种图表。

（4）Python中的Matplotlib库。Matplotlib是一个Python 2D绘图库，是Python中最基础也最常用的可视化工具之一，许多更高级的可视化库是在Matplotlib的基础上再次开发的。Matplotlib的使用方式和绘制思想已经成为Python绘图库的"标杆"。如果掌握了Matplotlib的使用方式，那么在Python中使用任何一个绘图库，用户都会觉得简单易用。

## 固知识技能

### 一、填空题

1. 20世纪60年代，半导体、集成电路和计算机技术的发展加速了信息时代的来临，网络通信、自动化系统和互联网技术得到了大规模普及，人类社会进入_____时代；我们当下正在经历的第四次工业革命是指由AI、物联网、区块链、生命科学、量子物理、新能源、新材料、虚拟现实等一系列创新技术引领的范式变革，我们进入_____时代。

2. 信息技术的发展历程包括_____个阶段：第一次信息技术革命的标志是_____的产生；第二次信息技术革命的标志是_____的出现；第三次信息技术革命的标志是_____的出现；第四次信息技术革命的标志是_____的发明；第五次信息技术革命的标志是_____的出现；第六次信息技术革命的标志是_____的出现；第七次信息技术革命非常重大的转折是人类社会从信息传输时代发展到智能时代，产生了_____。

3. 大数据主要具有以下4个典型特征，即_____、_____、_____和_____。

4. 通常情况下，采集到的数据可以被分为3类，即_____、_____、_____。

5. _____是指将大型数据集以图形、图像形式表示，并利用数据分析和开发工具发现其中的未知信息的过程。

6. 数据可视化的重要作用包括：观测与跟踪数据、分析数据、_____和_____。

## 二、简答题

1. 简述数据、信息与知识的关系。
2. 简述大数据的定义及大数据的特征。
3. 简述大数据相关的3种思维方式。
4. 简述常见数据源都有哪些，其对应的采集方法有哪几种。

# 任务二 企业财务数据处理流程

## 学习目标

动画1.2

【知识目标】了解企业财务数据的处理流程，熟悉SQL的优点及SQL语句的分类、基本书写与命名规则，掌握Python编译器和Power BI可视化软件的安装方法。

【技能目标】能搭建MySQL、Python、Power BI等编译环境，能依托Excel工具完成企业财务数据的处理。

【素质目标】树立科学发展观，能够用变化和发展的眼光看问题。

## 德技并修

**小强**：学长，我今天提前查阅了财务数据处理的相关资料，发现当前企业的财务数据处理工作既有优势也有不足。优势体现在政策上，国家积极推动企业数字化转型，不断完善相关法律法规，为技术发展营造了良好的环境；技术上，融入了大数据、AI等新兴技术，例如，财务机器人提升了工作效率，大数据可以助力经营决策；人才上，储备充足，院校培养专业人才，企业重视员工能力提升。而不足体现在数据质量参差不齐、标准不统一，技术应用深度不够，关键领域缺少成熟方案，数字化环境下的安全风险高，得加强保障促发展。

**大富学长**：我很欣赏你做的总结。咱们要知现状，认可自身进步；找差距，发现自身的不足；补短板，努力缩小差距，甚至实现超越。在学习和工作中，咱们得沉下心，反思不足并明确目标。年轻人更要行动起来，苦干、实干，把路走得更稳、更好。

## 来自企业的技能任务

深圳市云服务科技有限公司决定基于其薪资管理数据进行分析，以探索该企业薪资在不同教育层次上的分配是否合理。按照大数据处理的工作流程，我们可以将薪资数据分析工作分为以下5个步骤执行：确定需求与目标、数据采集与加载、数据清洗、数据分析、数据可视化与决策。通过这一系列操作，企业将获得清晰的薪资数据洞察，为薪资制度优化提供数据支持。

为便于财务人员理解企业财务数据处理的流程，本任务采用Excel进行整个流程的操作展示，将各步骤细化为可操作的小任务。对于财务人员而言，具体技能要求和任务如下。

| 序号 | 岗位技能要求 | 对应企业任务 |
|------|-------------|-------------|
| 1 | 确定需求与目标 | 【任务1.2.1】与企业管理层沟通，明确薪资数据分析需求和目标 |
| 2 | 数据采集与加载 | 【任务1.2.2】从薪资管理数据库中采集员工个人信息、工资构成和考勤记录等数据，确保数据完整性 |
| 3 | 数据清洗 | 【任务1.2.3】对采集到的薪资数据进行处理和规范化操作，包括处理缺失值、重复值和异常值等，并进行字段标准化处理 |
| 4 | 数据分析 | 【任务1.2.4】根据清洗后的数据，进行该企业不同教育层次工资分配情况的分析，挖掘潜在问题 |
| 5 | 数据可视化与决策 | 【任务1.2.5】用图表直观呈现分析结果，并编写薪资策略优化报告，为企业薪资管理决策提供数据支持 |

 **学知识技能**

# 一、了解企业财务数据处理流程

企业财务数据处理通常包括以下5个步骤，具体如图1.2.1所示。

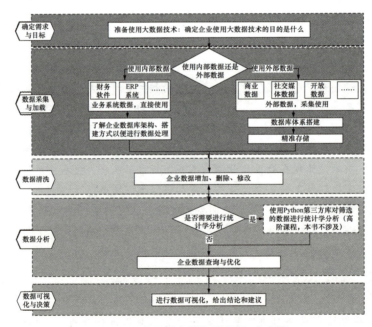

图1.2.1　企业财务数据处理的5个步骤

## （一）确定需求与目标

在企业财务数据处理中，确定需求与目标是整个处理流程的第一步。没有清晰的需求与目标，数据采集与加载、数据清洗、数据分析等环节可能会偏离实际业务需求，导致资源浪费和分析结果无效。明确的需求与目标可以让企业财务数据处理：方向性更强——确定了数据分析的重点，避免数据处理盲目进行；针对性更强——将数据分析聚焦于企业的核心问题，提高分析的实用性和价值；效率更高——有效配置了企业资源，缩短分析周期。详细步骤如表1.2.1所示。

表1.2.1　　　　　　　　　　　　　　　确定需求与目标的详细步骤

| 步骤 | 目的 | 主要任务 | 输出结果 |
|---|---|---|---|
| 1. 了解需求 | 深入了解企业的实际需求，明确核心问题和业务目标 | 召开需求沟通会议，了解管理层的关注点（如收入趋势、成本优化）；梳理业务问题，将业务问题转化为数据需求 | 企业业务需求文档、数据需求列表（包括收入、成本、现金流等数据） |
| 2. 制订分析目标 | 将业务需求转化为具体的、可操作的分析目标，为后续的数据清洗和分析工作提供明确的指引 | 细化管理层需求，对应制订分析目标（如按季度分析收入变化）；设定目标的优先级，并列出任务清单 | 清晰的分析目标（如收入趋势分析、预算执行率计算）、分析任务清单（按维度或指标分解） |
| 3. 选择工具和方法 | 根据分析目标选择适合的工具和方法，高效完成数据清洗和分析工作 | 确定数据处理工具（如SQL、Python）；确定分析方法（如趋势分析、预测模型、对比分析） | 工具与方法选型清单（如SQL用于查询，Power BI用于可视化） |

## （二）数据采集与加载

在企业财务数据处理中，数据采集与加载是整个处理流程的第二步，其作用是确保获取的数据能够满足第一步中确定的需求与目标。财务人员应当确保数据完整，要求数据集包含所有与分析目标相关的数据，使得分析结果全面；保证数据的准确性，要求数据源可靠，避免错误数据导致分析结果出现偏差；最后要对数据进行整合，可以将多种数据统一到一个平台，为后续的数据清洗和数据分析提供便利。数据采集与加载的详细步骤如表1.2.2所示。

表1.2.2　　　　　　　　　　　　　　　数据采集与加载的详细步骤

| 步骤 | 目的 | 主要任务 | 输出结果 |
|---|---|---|---|
| 1. 数据源确定 | 确定分析目标所需的内部和外部数据源 | 获取企业内部数据（收入、成本、预算、现金流等）；获取企业外部数据（市场趋势、宏观经济数据等） | 数据源列表，包括内部和外部数据的详细描述 |
| 2. 数据提取 | 从数据源中提取与分析目标相关的数据 | 使用SQL提取企业数据库中的结构化数据；从Excel或CSV文件中加载数据 | 初步筛选后的原始数据集 |
| 3. 数据整合 | 将多个来源的数据统一到一个平台 | 使用SQL的JOIN操作整合收入、成本等数据；合并内部和外部数据，生成统一的数据表 | 整合后的数据集 |

## （三）数据清洗

在企业财务数据处理中，数据清洗是整个处理流程的第三步，其作用是对采集到的数据进行处理和规范化操作，包括处理缺失值、重复值和异常值等，并进行字段标准化处理，以确保数据质量。数据清洗的详细步骤如表1.2.3所示。

表1.2.3　　　　　　　　　　　　　　　数据清洗的详细步骤

| 步骤 | 目的 | 主要任务 | 输出结果 |
|---|---|---|---|
| 1. 缺失值处理 | 填补或删除缺失值，确保数据完整性 | 删除不完整记录；通过平均值、中位数填补缺失值 | 无缺失值的数据集 |
| 2. 重复值处理 | 删除重复记录，避免数据重复影响分析结果 | 检测并删除重复的交易记录或错误数据 | 无重复值的数据集 |

续表

| 步骤 | 目的 | 主要任务 | 输出结果 |
| --- | --- | --- | --- |
| 3.异常值处理 | 检测并处理超出合理范围的异常值，提升数据准确性 | 设置合理范围，检测并修正异常值或标记问题数据 | 清洗后的数据集，无明显异常值 |
| 4.数据标准化 | 确保数据格式和单位一致，提升数据兼容性 | 统一货币单位、日期格式等 | 标准化的数据集 |

### （四）数据分析

在企业财务数据处理中，第四步是对清洗后的数据进行深入分析，挖掘有价值的信息，为企业决策提供数据支持。数据分析的详细步骤如表1.2.4所示。

表1.2.4　　　　　　　　　　　　　数据分析的详细步骤

| 步骤 | 目的 | 主要任务 | 输出结果 |
| --- | --- | --- | --- |
| 1.计算与建模 | 通过汇总、分组计算关键指标，为分析提供数据支持 | 按时间、部门或产品分类计算收入、成本和利润；<br>计算预算执行率等指标 | 汇总数据表、财务关键指标计算结果 |
| 2.趋势分析 | 发现财务数据的时间变化规律 | 使用时间序列分析方法，展示收入和成本的变化趋势 | 趋势分析图表及洞察报告 |
| 3.对比分析 | 比较实际数据与预算目标的差异，识别问题点 | 计算预算与实际支出的差异；<br>对比分析收入目标与实际实现情况 | 差异分析结果及问题点总结 |

### （五）数据可视化与决策

在企业财务数据处理中，第五步是通过图表直观呈现分析结果，并根据财务知识给出结论和建议，为决策提供支持。数据可视化与决策的详细步骤如表1.2.5所示。

表1.2.5　　　　　　　　　　　　数据可视化与决策的详细步骤

| 步骤 | 目的 | 主要任务 | 输出结果 |
| --- | --- | --- | --- |
| 1.创建图表 | 用图表直观呈现分析结果，提升结果的易读性 | 生成折线图、饼图、动态仪表盘，展示收入、成本、费用分布等数据 | 可视化图表和动态仪表盘 |
| 2.编写结论与建议 | 总结数据分析的发现并提出优化方案，为决策提供支持 | 总结关键发现（如高成本部门、收入增长点）；<br>提出资源分配调整和成本优化的建议 | 数据驱动的决策建议文档 |

## 二、认识SQL

SQL是一种专门用来与数据库进行"沟通"的语言，财务人员可以使用该语言进行企业财务数据库的搭建，以及数据加载、清洗与分析等。与其他编程语言（如Java、C、PHP等）不同，SQL中只有很少的关键字。SQL可以提供一种从数据库中简单、高效地读写数据的方法。

### （一）SQL的优点

第一，SQL不是某个特定数据库供应商专有的语言，几乎所有重要的数据库管理系统都支持SQL。

第二，SQL简单易学，它的语句是由描述性很强的英语单词组成的，而且这些单词的数目不多。

第三，SQL虽然简单，但实际上是一种功能强大的语言。灵活使用SQL的语言元素，可以进行非常复杂和高级的数据库操作。

### （二）SQL语句及其分类

SQL用关键字、表名、列名等组合而成的一条语句来描述操作。关键字是指那些含义或使用方法已事先定义好的英语单词，SQL包含具有"对表进行查询"或者"参考这个表"等各种意义的关键字。根据对关系数据库管理系统赋予的指令种类的不同，SQL语句可以分为以下3类。

#### 1. DDL

DDL（Data Description Language，数据描述语言）可以用来创建或者删除数据库及数据库中的表等对象。DDL包含的指令如表1.2.6所示。

表1.2.6　　　　　　　　　　　　　　　　　　DDL包含的指令

| 指令 | 描述 |
| --- | --- |
| CREATE | 功能：创建数据库和表等对象。<br>用SQL语句创建数据库的语法格式：<br>　　CREATE DATABASE [IF NOT EXISTS] 数据库名；<br>示例：CREATE DATABASE sales； |
| DROP | 功能：删除数据库和表等对象。<br>用SQL语句删除数据库的语法格式：<br>　　DROP DATABASE [IF EXISTS] 数据库名；<br>示例：DROP DATABASE sales； |
| ALTER | 功能：修改数据库和表等对象。<br>用SQL语句删除数据表中某列的语法格式：<br>　　ALTER TABLE 表名 DROP 列名；<br>示例：ALTER TABLE stu_chinese_score DROP chinese_score； |

#### 2. DML

DML（Data Manipulation Language，数据操纵语言）用来查询或者变更表中的记录。DML包含的指令如表1.2.7所示。

表1.2.7　　　　　　　　　　　　　　　　　　DML包含的指令

| 指令 | 描述 |
| --- | --- |
| SELECT | 功能：查询表中的数据。<br>用SQL语句查询表中数据的语法格式：<br>　　SELECT * FROM 表名；<br>示例：SELECT * FROM stu_chinese_score； |
| INSERT | 功能：向表中插入数据。<br>用SQL语句向表中插入数据的语法格式：<br>　　INSERT INTO 表名 VALUES(值1，值2，…)；<br>示例：INSERT INTO stu_chinese_score VALUES("姓名","学号")； |

续表

| 指令 | 描述 |
|---|---|
| UPDATE | 功能：更新表中的数据。<br>用 SQL 语句更新表中数据的语法格式：<br>　　UPDATE 表名 SET 列名 1= 列值 1, 列名 2= 列值 2,…  WHERE 列名 3= 列值 3,…;<br>示例：UPDATE stu_chinese_score SET 姓名 =" 张三 ", 班级 =" 一班 " WHERE 学号 ="123"; |
| DELETE | 功能：删除表中的数据。<br>用 SQL 语句删除表中数据的语法格式：<br>　　DELETE FROM 表名 WHERE 列名 1= 列值 1;<br>示例：DELETE FROM stu_chinese_score WHERE 姓名 =" 张三 "; |

### 3. DCL

DCL（Data Control Language，数据控制语言）用来确认或者取消对数据库中的数据进行的变更。除此之外，还可以对RDBMS（Relational Database Management System，关系数据库管理系统）的用户是否有权限操作数据库中的对象（数据表等）进行设定。DCL包含的指令如表1.2.8所示。

表1.2.8　　　　　　　　　　　　　　　　　　DCL包含的指令

| 指令 | 描述 |
|---|---|
| COMMIT | 功能：确认并提交对数据库中数据的变更（如 INSERT、UPDATE、DELETE 操作）。<br>用SQL语句确认并提交对数据库中数据变更的语法格式：<br>　　COMMIT;<br>示例：BEGIN TRANSACTION;<br>　　UPDATE accounts SET balance = balance - 100 WHERE id = 1;<br>　　UPDATE accounts SET balance = balance + 100 WHERE id = 2;<br>　　COMMIT; |
| ROLLBACK | 功能：取消当前事务中对数据库的所有变更，回滚到事务开始前的状态。<br>用SQL语句取消当前事务中对数据库所有变更的语法格式：<br>　　ROLLBACK;<br>示例：BEGIN TRANSACTION;<br>　　UPDATE products SET price = price * 0.9;<br>　　ROLLBACK; |
| GRANT | 功能：赋予用户或角色对数据库对象（如表、视图）的操作权限。<br>用SQL语句赋予用户或角色对数据库对象操作权限的语法格式：<br>　　GRANT 权限列表 ON 对象名 TO 用户/角色;<br>示例：GRANT SELECT, INSERT ON orders TO alice; |
| REVOKE | 功能：取消用户或角色对数据库对象的操作权限。<br>用SQL语句取消用户或角色对数据库对象操作权限的语法格式：<br>　　REVOKE 权限列表 ON 对象名 FROM 用户/角色;<br>示例：REVOKE DELETE ON customers FROM bob; |

## 三、SQL语句的基本书写与命名规则

多条SQL语句之间以分号";"分隔。SQL语句的关键字不区分大小写，但使用的时候建议将关键字大写，以方便区分，增强代码的可读性。建议读者使用的SQL语句的基本书写与命名规则如下。

（1）关键字大写，数据库名、表名和列名等小写。

（2）字段的命名应简洁明了，且能反映该字段的基本信息，字段名称中的单词可以使用下画线"_"连接。

（3）SQL语句中有字符串的时候，需要像"'abc'"这样，使用英文单引号"'"或者英文双引号"""将字符串进行标识。

（4）SQL语句中有日期的时候，同样需要使用英文单引号对其进行标识，如"'2025-01-26'"。

（5）SQL语句的单词之间必须使用半角空格（即英文空格）或换行符来进行分隔。没有正确实现单词分隔的语句会产生错误，无法正常执行。不能使用全角空格（即中文空格）作为单词的分隔符，否则会产生错误，出现无法预料的结果。

（6）SQL语句中的标点符号必须都是英文状态下的，即必须都是半角符号。

（7）SQL语句的注释包括单行注释（用"#"或"--"标识）和多行注释（用"/*""*/"标识），具体如图1.2.2所示。

```
1 ⊟/*多行注释
2   Navicat Premium Data Transfer
3   Source Server      : MySQL
4   Source Server Type : MySQL
5   Source Server Version : 80026
6   Source Host        : localhost:3306
7   Source Schema      : ctbi
8   Target Server Type : MySQL
9   Target Server Version : 80026
10  File Encoding      : 65001
11  Date: 03/06/2025 10:41:29
12 ⌊*/
13  CREATE DATABASE IF NOT EXISTS ctbi2 #单行注释，创建数据库
14  CHARACTER SET utf8mb4
15  COLLATE utf8mb4_general_ci;
16  use ctbi2;                    #单行注释，使用数据库
17  -- ------------------------------
18  -- Table structure for product        单行注释
19  -- ------------------------------
20 ⊟CREATE TABLE `product`  (  #单行注释，创建表
21    `department` varchar(50)  NOT NULL COMMENT '产品所属事业部',
22    `pclass` varchar(50)  NOT NULL COMMENT '产品细分类型',
23    `pname` varchar(100)  NOT NULL COMMENT '产品标准命名',
```

图1.2.2　SQL语句的注释

## 四、SQL编译环境构建

### （一）在计算机上安装MySQL编译环境

SQL能够在Oracle、Db2和SQL Server这些功能强大但价格昂贵的商业数据库软件上编译与运行，但许多中小企业更倾向于使用开源数据库软件。开源数据库具有执行速度快、易用性好、支持SQL、支持网络、可移植性强、费用低等特点，可满足中小企业的需求。对于预算有限的企业，开源数据库成为首选。

#### 1. 安装MySQL数据库服务器

在诸多的开源数据库产品中，MySQL被称为"最受欢迎的开源数据库"，被看作未来新兴数据库市场的"主导者"。MySQL是数据库系统的核心部分，负责存储、处理和管理数据。它是一

个后台服务程序，允许用户通过客户端工具或编程接口与其交互。安装MySQL后，用户可以通过本地或远程方式连接到服务器，执行数据查询、修改和其他管理操作。

　　MySQL针对个人用户和商业用户提供了不同版本的产品。MySQL社区版是可供个人用户免费下载和使用的开源数据库；对于商业用户，有标准版、企业版、集成版等多种版本可供选择，以满足特殊的商业和技术需求。其中，MySQL社区版的安装步骤如下。

　　（1）进入MySQL官网的下载页面，推荐选择带MSI Installer的版本（体积较小），单击"Download"按钮，如图1.2.3所示。

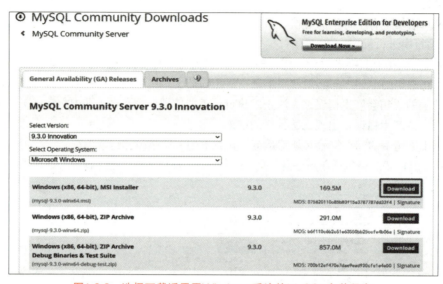

图1.2.3　选择下载适用于Windows系统的MySQL安装程序

　　（2）进入下载页面后，选择"No thanks, just start my download."，如图1.2.4所示。下载完成后，按照提示进行安装即可。

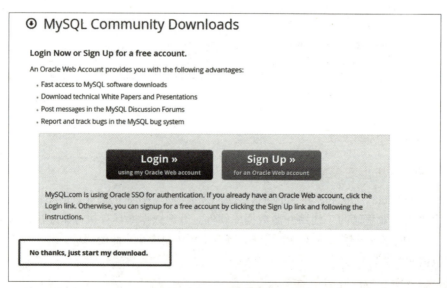

图1.2.4　选择不注册直接进行安装

### 2. 安装MySQL数据库管理客户端

MySQL数据库管理客户端是用于与MySQL服务器交互的工具。它可以是MySQL命令行客户端或图形化管理工具（如MySQL Workbench、Navicat）。它允许用户连接到MySQL服务器，执行SQL语句，管理数据库和用户。

（1）MySQL命令行客户端。MySQL数据库系统自带命令行客户端（MySQL Command Line Client）管理工具，用于进行数据库的管理与维护，如图1.2.5所示。然而，MySQL命令行客户端需要全程录入命令，对财务人员不太友好。

```
Enter password: ************
Welcome to the MySQL monitor.  Commands end with ; or \g.
Your MySQL connection id is 12
Server version: 9.3.0 MySQL Community Server - GPL

Copyright (c) 2000, 2025, Oracle and/or its affiliates.

Oracle is a registered trademark of Oracle Corporation and/or its
affiliates. Other names may be trademarks of their respective
owners.

Type 'help;' or '\h' for help. Type '\c' to clear the current input statement.

mysql> |
```

图1.2.5　MySQL命令行客户端

（2）MySQL Workbench图形化管理工具。对不习惯使用MySQL命令行客户端的用户来说，MySQL图形化管理工具比较友好，不需要用户熟练记忆操作命令。MySQL Workbench是一个开源、免费的桌面版MySQL数据库管理和开发工具，易学易用，很受用户欢迎，可以在官网下载后进行安装。MySQL Workbench的操作界面如图1.2.6所示。

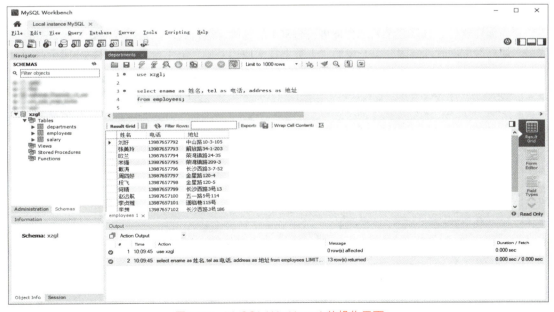

图1.2.6　MySQL Workbench的操作界面

（3）Navicat图形化管理工具。Navicat是一款由PremiumSoft CyberTech公司开发的数据库管理工具，专为数据库管理员、开发人员和数据分析师设计。它支持多种主流数据库（如MySQL、PostgreSQL、SQL Server、Oracle等）的管理操作，并提供直观的图形用户界面，简化了复杂的数据库操作流程。Navicat的操作界面如图1.2.7所示。Navicat是一款付费软件，但它提供14天免费试用服务，财务人员可以在试用期间体验它的所有功能。如果需要长期使用，用户需要在官网上购买授权版本。

图1.2.7　Navicat的操作界面

## （二）使用云平台进行编译

目前很多第三方平台提供了SQL的数据库云编译环境，优点是用户无须下载并安装MySQL等数据库编译软件，直接登录云平台即可进行SQL的编译与运行；缺点是用户需要注册云平台的账号。厦门网中网软件有限公司开发的"大数据技术应用基础"云平台界面如图1.2.8所示。

图1.2.8　厦门网中网软件有限公司开发的"大数据技术应用基础"云平台界面

## 五、Python编译环境构建

Python是一种高级编程语言，其首个版本由吉多·范·罗苏姆（Guido van Rossum）于1991年发布，是当前最流行的编程语言之一。它以简洁易读的语法和强大的功能而闻名，被广泛应用于数据分析、人工智能、Web开发、自动化等多个领域。财务人员可以使用该语言进行企业财务数据的采集与分析。

> 💡 **小知识**
>
> 编程语言的执行方式主要分为解释执行和编译执行。Python是典型的解释型语言。在运行Python程序时，Python解释器就如同一位"实时译者"，它从源代码首行起，逐行读取内容，每读一行便立刻将读取的内容转化为计算机可执行的机器指令并马上执行。整个过程如同边翻译边展示成果，程序随着解释器的逐行处理而逐步推进，直至完成任务。而C语言则是编译型语言的代表。在运行C语言程序前，需使用专门的编译器。编译器就像严谨的"事前翻译官"，会对整个C语言源代码进行全面且深入的分析与处理，先检查语法正确性，再将源代码完整翻译成计算机可直接运行的机器码，从而生成可执行文件。这就如同先完成全文翻译，再进行展示。

### （一）在计算机上安装Python解释环境

#### 1. 安装Python解释器

Python解释器是运行Python代码的核心工具。它负责将Python代码翻译为机器能够理解的指令并执行，从而实现程序的运行。如果希望在个人计算机上运行Python代码，需要安装Python解释器。登录Python的官网，可以下载最新版本的Python安装程序。Python官网页面如图1.2.9所示。

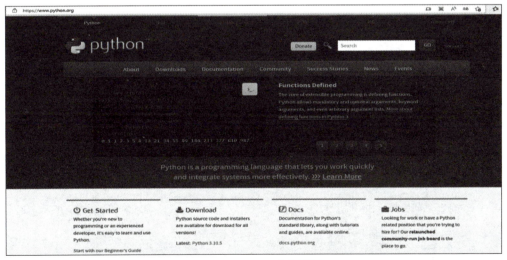

图1.2.9　Python官网页面

编写Python代码，并将其保存为扩展名为.py的文件。随后，通过Python解释器在命令行中运行该文件，即可查看代码的执行结果（见图1.2.10）。然而纯代码的编程环境对财务人员等非技术背景的用户来说可能不够友好。因此，可以选择安装集成开发环境（如PyCharm、Jupyter Notebook或Visual Studio Code），以获得更加直观和便捷的Python代码编写与运行体验。

图1.2.10　Python代码的执行结果

### 2.　安装集成开发环境

集成开发环境（Integrated Development Environment，IDE）是为程序开发提供支持的综合性工具，集成了代码编辑器、调试器、项目管理工具和其他辅助功能。对初学者和非技术人员而言，安装一个适合的集成开发环境可以显著提高开发效率。

Jupyter Notebook是一个简单直观的集成开发环境，特别适用于数据分析、机器学习和教学场景。它提供交互式的编程体验，可以将代码、文本、公式和图表整合在一个界面中，便于实时运行和展示代码运行结果。可以在命令提示符窗口中运行pip install notebook命令，如图1.2.11所示，该命令会自动下载并安装Jupyter Notebook及其依赖包。

图1.2.11　下载并安装Jupyter Notebook及其依赖包

安装完成后，可以执行jupyter notebook命令启动Jupyter Notebook，如图1.2.12所示。如果安装成功，Jupyter Notebook会在默认浏览器中自动打开，其操作界面如图1.2.13所示。

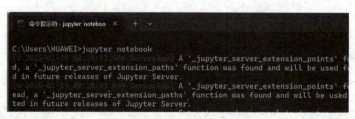

图1.2.12　启动Jupyter Notebook

图1.2.13　Jupyter Notebook的操作界面

### （二）使用云平台进行编译

目前很多第三方平台也提供了Python云编译环境，并内置了NumPy、Pandas、Matplotlib等常用第三方库，用户无须下载、安装Python编译环境，直接登录云平台即可运行Python代码。厦门网中网软件有限公司开发的Python云平台界面如图1.2.14所示。

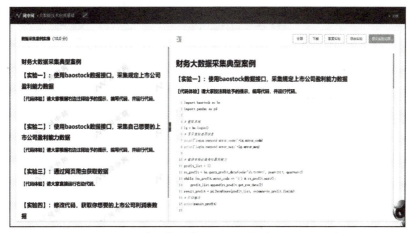

图1.2.14　厦门网中网软件有限公司开发的Python云平台界面

## 六、Power BI可视化环境构建

Power BI是由微软开发的一款商务智能（Business Intelligence，BI）工具，用于连接数据并对其进行可视化展示，从而帮助企业和个人做出数据驱动的决策。它集成了数据分析和交互式可视化功能，用户可以利用它轻松创建数据报告和仪表盘，实时洞察业务表现。

Power BI有多个版本，对初学者而言，推荐使用免费的Power BI Desktop。它支持Windows 7及以上版本的操作系统。下面是搭建Power BI可视化环境的方法。

### （一）下载安装文件

进入Power BI官网首页（见图1.2.15），在"产品"菜单的"Power BI"子菜单中找到"Desktop"，单击它进入Power BI Desktop下载页面，如图1.2.16所示。单击"立即下载"按钮，按照提示完成软件安装文件的下载。

图1.2.15　Power BI官网首页

图1.2.16　Power BI Desktop下载页面

## （二）安装软件

下载好软件安装文件后，双击运行它，然后依据安装向导的提示逐步操作。在安装过程中，可以根据自己的需求选择安装路径、是否创建桌面快捷方式等选项，完成相应设置后等待安装完成即可。

## （三）配置MySQL数据库连接

成功安装Power BI Desktop后，要进行关键的配置数据库连接操作，配置成功后才能从数据库中读取数据用于可视化分析。

### 1. 打开Power BI Desktop软件，选择数据源

打开Power BI Desktop，初次打开时可能会出现一些欢迎界面或者提示信息。进入Power BI Desktop的主页（见图1.2.17）后，会看到"选择数据源或以空白报表开始"的提示，其下包括多种能够连接的数据源，这里选择"从其他源获取数据"。

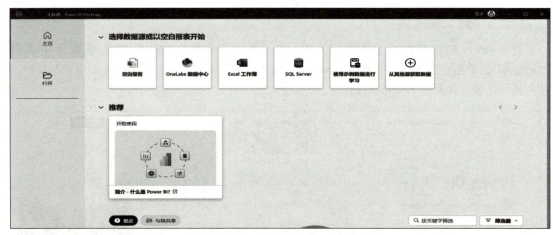

图1.2.17　Power BI Desktop的主页

### 2. 选择数据库类型

在弹出的"获取数据"对话框中，可通过滚动条查找你想要连接的数据库类型。例如，要连接MySQL数据库，就选中"MySQL数据库"选项，如图1.2.18所示，单击"连接"按钮。

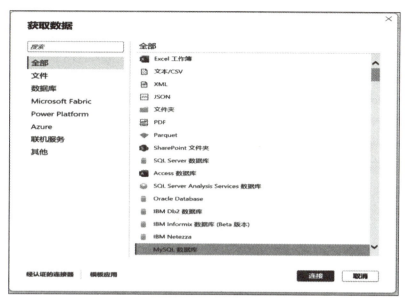

图1.2.18　选中"MySQL数据库"选项

### 3. 配置数据库连接参数

选择好数据库类型后，需要依据所选数据库的具体要求，在弹出的对话框中准确填写对应的连接参数。例如，选择MySQL数据库后，在弹出的"MySQL数据库"对话框中需要填写服务器地址（也就是数据库所在服务器的IP地址或者域名）、数据库名称、用户名及密码等信息，具体设置如图1.2.19、图1.2.20所示。一定要仔细核对，确保这些信息准确无误。填写完所有参数后，单击"连接"按钮，Power BI Desktop就会开始尝试连接数据库。

图1.2.19　设置MySQL数据库服务器的地址、数据库名称

图1.2.20　设置MySQL数据库服务器的用户名、密码

### 4. 测试连接与导入数据

Power BI Desktop会依照配置的数据库连接参数尝试连接数据库，如果连接成功了，会弹出一个对话框，如图1.2.21所示，在这里可以看到能导入的数据表或者视图等数据对象。可以按照自己后续的分析需求，勾选相应的数据表，然后单击"加载"按钮，数据库里的数据就能顺利导入Power BI Desktop环境中。导入完成后就可以充分运用这些数据，发挥Power BI Desktop强大的可视化功能，深入挖掘数据价值，制作出各类直观且极具洞察力的可视化报表和仪表盘。配置好的Power BI Desktop界面如图1.2.22所示。

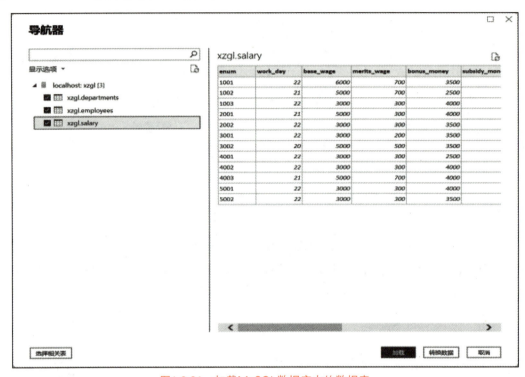

图1.2.21　加载MySQL数据库中的数据表

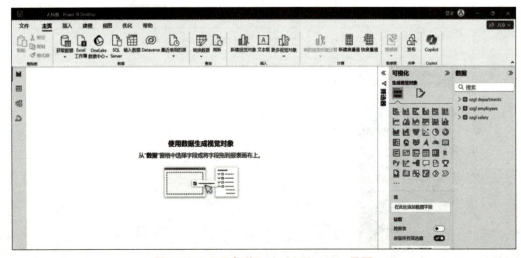

图1.2.22　配置好的Power BI Desktop界面

# 七、用Excel模拟大数据处理流程

考虑到我们在后面章节才展开SQL与Python的学习，所以本任务选择财务人员相对熟悉的Excel进行数据处理，先让读者了解大数据处理的大致思路及流程。

## （一）确定需求与目标

【任务1.2.1】与企业管理层沟通，明确薪资数据分析需求和目标。

第一步：了解需求。深入了解企业的实际需求，明确核心问题和业务目标。在这一过程中，我们明确本次数据处理的核心目标是：探究目标企业不同教育层次员工的薪资分配是否合理。

第二步：制订分析目标。将业务需求转化为具体的、可操作的分析目标，为后续的数据清洗和分析工作提供明确的指引，例如我们将不同教育层次（如本科、硕士、博士等）员工的平均薪资作为判断企业不同教育层次员工薪资分配是否合理的指标。

第三步：选择工具和方法。根据分析目标选择适合的工具和方法，高效完成数据清洗和分析工作。

## （二）数据采集与加载

【任务1.2.2】从薪资管理数据库中采集员工个人信息、工资构成和考勤记录等数据，确保数据完整性。

第一步：数据源确认。这一步需要确认分析目标所需的内部和外部数据源。如果是内部数据，可以直接从企业数据库获取。如果是外部数据，需要先采集数据并对其进行存储。如果采集的是少量数据且只需使用一次，则可以直接存储到CSV或者Excel文件中；如果采集的是大量数据且会重复使用，则可以存储到数据库中。很明显，这里我们需要分析的数据是企业内部的薪资数据。

在大数据时代，企业的数据管理面临诸多挑战。薪资数据的存储方式多样，部分企业使用Excel文件存储，这种文件可直接作为分析数据源；部分企业采用ERP软件管理薪资数据，可以将其导出为Excel格式的文件再进行分析。

然而，随着企业发展，企业的数据量呈爆炸式增长，若从ERP软件导出数据到Excel，则导出的Excel文件会很大，不仅会给数据分析带来不便，还可能导致性能下降和处理效率降低。学习本书后续章节的SQL语法后，可直接访问企业内部数据库，在数据库内筛选、排序、聚合数据，提取并导出所需信息。这样能减少数据处理工作量，显著提升分析效率和准确性，使分析工作更科学、严谨、高效，帮助我们更好地应对企业财务分析的复杂性，在处理大规模数据时游刃有余，为企业提供更有价值的决策支持。

第二步：数据提取。从数据源中提取与分析目标相关的数据。第一种提取方法是财务人员直接使用SQL语句提取企业数据库中的结构化数据。第二种提取方法是使用用友、金蝶等ERP软件将数据库数据导出为Excel或CSV格式。这里展示第一种提取方法。

连接MySQL数据库服务器，选中xzgl数据库，单击"新建查询"按钮，在查询窗口录入代码"SELECT * FROM employees;"并运行，可以选择需要的格式将数据导出，这里选择"Excel数据表"，如图1.2.23所示。在后续弹出的对话框中需要选择"包含列的标题"，使得导出的数据包含标题。最终导出的员工表如图1.2.24所示。

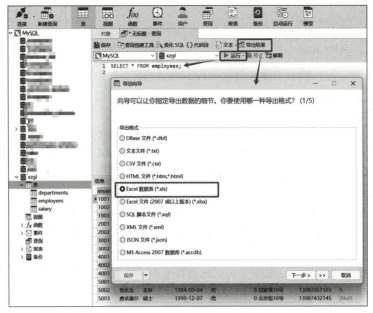

图1.2.23　将xzgl数据库的员工数据导出

| | A | B | C | D | E | F | G | H | I |
|---|---|---|---|---|---|---|---|---|---|
| 1 | enum | ename | education | birthday | sex | workyears | address | tel | dnum |
| 2 | 1001 | 刘好 | 大专 | 1989/1/15 | 女 | 4 | 中山路10-3-105 | 13987657792 | 1 |
| 3 | 1002 | 张美玲 | 大专 | 1979/9/7 | 女 | 5 | 解放路34-1-203 | 13987657793 | 1 |
| 4 | 1003 | 欧兰 | 硕士 | 2000/12/6 | 女 | 1 | 荣湾镇路24-35 | 13987657794 | 1 |
| 5 | 2001 | 米强 | 大专 | 1986/1/16 | 男 | 7 | 荣湾镇路209-3 | 13987657795 | 2 |
| 6 | 2002 | 戴涛 | 大专 | 1979/2/10 | 男 | 8 | 长沙西路3-7-52 | 13987657796 | 2 |
| 7 | 3001 | 周四好 | 大专 | 1969/3/10 | 男 | 13 | 金星路120-4 | 13987657797 | 3 |
| 8 | 3002 | 段飞 | 博士 | 1982/4/8 | 男 | 11 | 金星路120-5 | 13987657798 | 3 |
| 9 | 4001 | 何晴 | 本科 | 1990/5/8 | 男 | 6 | 长沙西路3号13 | 13987657799 | 4 |
| 10 | 4002 | 赵远航 | 本科 | 1999/6/7 | 男 | 2 | 五一路5号114 | 13987657100 | 4 |
| 11 | 4003 | 李贞雅 | 本科 | 1990/7/9 | 女 | 6 | 遥临巷115号 | 13987657101 | 4 |
| 12 | 5001 | 李想 | 大专 | 1998/8/11 | 男 | 1 | 长沙西路3号186 | 13987657102 | 5 |
| 13 | 5002 | 贺永念 | 本科 | 1984/9/4 | 男 | 8 | 田家湾10号 | 13987657103 | 5 |
| 14 | 5003 | 唐卓康尔 | 硕士 | 1999/12/7 | 男 | 0 | 北京街10号 | 13987432145 | |

图1.2.24　员工表（部分数据）

使用同样的方法新建查询，在查询窗口录入代码"SELECT * FROM salary;"并运行，可以将xzgl数据库的薪资数据导出。最终得到的薪资表如图1.2.25所示。

| | A | B | C | D | E | F | G | H | I | J | K |
|---|---|---|---|---|---|---|---|---|---|---|---|
| 1 | enum | work_day | base_wage | merits_wage | bonus_mone | subsidy_money | social_base | extra_deduction | loss_money | payroll | per_insurance_fund |
| 2 | 1001 | 22 | 6000 | 700 | 3500 | 800 | 10740 | 0 | | 11000 | 322.2 |
| 3 | 1002 | 21 | 5000 | 700 | 2500 | 800 | 8740 | 0 | 400 | 8600 | 262.2 |
| 4 | 1003 | 22 | 3000 | 300 | 4000 | 300 | 7340 | 0 | 0 | 7600 | 220.2 |
| 5 | 2001 | 21 | 5000 | 300 | 4000 | 300 | 9840 | 1000 | 400 | 9700 | 295.2 |
| 6 | 2002 | 22 | 3000 | 300 | 3500 | 300 | 6840 | 0 | 0 | 7100 | 205.2 |
| 7 | 3001 | 22 | 3000 | 200 | 3500 | 300 | 6740 | 3000 | 0 | 7000 | 202.2 |
| 8 | 3002 | 20 | 5000 | 300 | 3500 | 300 | 9040 | 800 | 800 | 8500 | 271.2 |
| 9 | 4001 | 22 | 3000 | 300 | 2500 | 800 | 6340 | 400 | 0 | 6600 | 190.2 |
| 10 | 4002 | 22 | 3000 | 300 | 4000 | 300 | 7340 | 400 | 0 | 7600 | 220.2 |
| 11 | 4003 | 21 | 5000 | 700 | 4000 | 300 | 9740 | 0 | 400 | 9600 | 292.2 |
| 12 | 5001 | 22 | 3000 | 300 | 4000 | 300 | 7840 | 0 | 0 | 8100 | 235.2 |
| 13 | 5002 | 22 | 3000 | 300 | 3500 | 800 | 7340 | 400 | 0 | 7600 | 220.2 |

图1.2.25　薪资表（部分数据）

第三步：数据整合。将多个来源的数据统一到一个平台，形成整合后的数据集。在 Excel 中，我们借助 VLOOKUP()函数，在员工表与薪资表之间建立关联，实现员工表与薪资表数据整合（见图1.2.26），以获取每名员工对应的应发工资数据。具体操作是：在员工表中运用 VLOOKUP()函数，通过比对员工表中的员工编号与薪资表中的员工编号，精准查找到与之匹配的应发工资数据，并将其呈现在员工表中。如此一来，我们就能在一个表格中直观地看到员工及其对应的应发工资信息，便于后续的数据分析与管理。

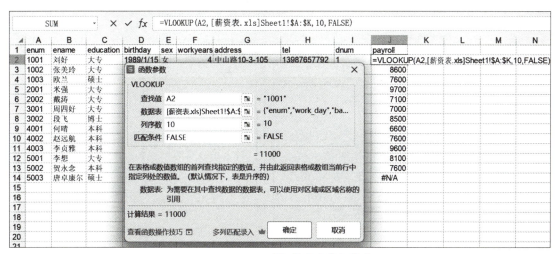

图1.2.26　员工表与薪资表数据整合

### （三）数据清洗

【任务1.2.3】对采集到的薪资数据进行处理和规范化操作，包括处理缺失值、重复值和异常值等，并进行字段标准化处理。

第一步：缺失值处理。填补或删除缺失值，确保数据完整性。图1.2.26中员工编号为5003的唐卓康尔的应发工资没有匹配项，意味着该员工本月没有应发工资。通过调查了解到，该员工为新员工且尚未工作，因此无应发工资。对该表建立副本，然后对副本中存在缺失值的记录进行删除操作。

第二步：重复值处理。删除重复记录，避免数据重复影响分析结果。检查员工编号，发现没有员工编号重复的情况。

第三步：异常值处理。检测并处理超出合理范围的异常值，提升数据准确性。通过查找最大值、最小值，并进行核对，确认没有异常值。

第四步：数据标准化。确保数据格式和单位一致，提升数据兼容性。这里应发工资的数据格式一致，不需要标准化。

### （四）数据分析

【任务1.2.4】根据清洗后的数据，进行该企业不同教育层次工资分配情况的分析，挖掘潜在问题。

第一步：计算与建模。建立透视表，将教育层次字段education拖放到"行"，将应发工资字段payroll拖放到"值"，即可建立呈现不同教育层次员工平均工资的透视表，如图1.2.27所示。

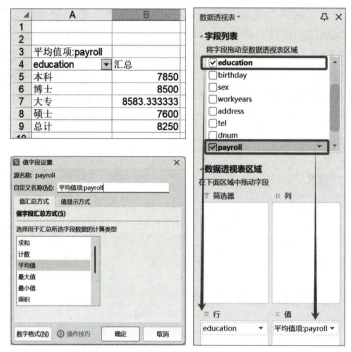

图1.2.27　建立呈现不同教育层次员工平均工资的透视表

第二步：趋势分析。在后续的大数据技术在财务中的应用课程中，我们将学习如何运用时间序列分析等方法对薪资数据进行趋势分析，这里不赘述。

第三步：对比分析。在后续的大数据技术在财务中的应用课程中，我们将学习使用更科学的方法进行对比分析。例如，通过假设检验，可以验证不同教育层次员工的薪资差异是否具有统计学意义，从而更精准地判断企业的薪资结构是否合理。

## （五）数据可视化与决策

【任务1.2.5】用图表直观呈现分析结果，并编写薪资策略优化报告，为企业薪资管理决策提供数据支持。

第一步：创建图表。如图1.2.28所示，选中透视表A4:B8数据区域，插入柱形图，可以对生成的柱形图进行一系列设置，结果如图1.2.29所示。

图1.2.28　创建柱形图

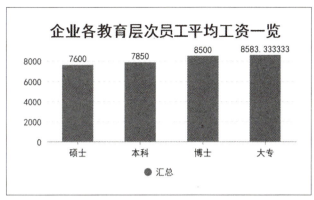

图1.2.29 不同教育层次员工平均工资柱形图

第二步：编写结论与建议。

从最后数据处理的结果来看，该企业不同教育层次员工的平均工资不符合一般认知中"学历越高，工资越高"的规律，而是呈现出一种较为复杂的分布状态。具体而言，大专学历员工的平均工资约为8 583.33元，是4个教育层次中最高的；其次是博士学历员工，平均工资为8 500元；然后是本科学历员工，平均工资为7 850元；硕士学历员工的平均工资最低，为7 600元。

所以，企业在薪酬制度的设计上没有合理设定与教育层次对应的薪酬差距。这种不均衡可能导致员工的满意度不高和对员工的激励效果较差，特别是高学历员工可能会对薪酬比较失望。企业应确保不同教育层次的员工承担的职责与其薪酬水平匹配。

总的来说，该企业的薪酬制度需要进行调整，以更好地激励不同教育层次的员工。

## 固知识技能

### 一、填空题

1. 在企业财务大数据处理中，_____是整个处理流程的第一步。

2. _____的作用是对采集到的数据进行处理和规范化操作，包括处理缺失值、重复值和异常值等，并进行字段标准化处理，以确保数据质量。

3. SQL（Structure Query Language，_____）是一种专门用来与数据库"沟通"的语言，财务人员可以使用该语言进行企业财务数据库的搭建，以及数据加载、清洗与分析等。

4. SQL语句的注释包括_____（用"#"或"--"标识）和_____（用"/*""*/"标识）。

### 二、设计题

请严格遵循大数据处理流程，对深圳市云服务科技有限公司不同部门的薪资支出情况进行分析，以帮助企业清晰地识别出哪些部门的薪资成本相对较高，哪些部门的相对较低。这些信息将为企业优化部门之间的薪资策略提供强有力的数据支持，有助于提高人力资源管理的效率和效益。

# 企业财务数据库构建

　　本项目聚焦于企业财务数据库的设计与数据存储，旨在帮助财务人员理解企业财务大数据处理中用到的内部数据是如何设计出来并最终实现的。

　　● 数据库的设计与创建：运用专业理论设计财务数据库，运用SQL语句创建财务数据库，清晰展现财务数据库的搭建过程，为财务人员提供一个明确的数据库构建方法。此操作是整个数据管理的基础，为后续的数据存储和处理提供了容器。

　　● 数据表的创建：创建相应的数据表，使财务人员能够直观地理解数据表结构如何承载企业财务数据。通过合理设计表结构，能将企业各类数据进行有效的分类和存储，为数据的有序化提供保障。

　　● 数据插入操作：通过具体的数据插入操作，详细展示企业数据如何存入数据表，这对于后续的数据分析具有重要意义。

## 任务一　设计企业财务数据库

　　**【知识目标】**了解数据管理的3个阶段和数据库管理系统的发展历史，掌握数据库设计的6个环节。

　　**【技能目标】**能区分数据管理的3个阶段，能完成薪资管理数据库的设计。

　　**【素质目标】**培养家国情怀，紧跟时代步伐，顺应实践发展，树立为中华民族伟大复兴而奋斗的志向。

动画2.1

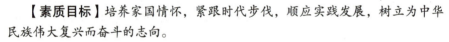

　　**小强：**数据库技术起源于20世纪60年代，是计算机科学中的一个重要分支。1961年，通用电气公司研发的IDS（Integrated Data Store，集成数据存储）成为世界上第一个数据库管理系统。此后，IBM（International Business Machines，国际商业机器）公司与霍尼韦尔公司先后推出了第一个层次数据库管理系统与第一个商用RDBMS。随着数据库技术和理论的不断创新与发展，先后涌现了大量的新型数据库系统，如Oracle、MySQL、Microsoft SQL Server、PostgreSQL、Db2等。

　　**大富学长：**在2017年Gartner发布的数据库系列报告中，我们首次看到了国产数据库的身影，如ApsaraDB、GBase、SequoiaDB。2018年，华为云等也出现在Gartner发布的数据库系列报告中。面对这些成绩，我们仍然要认识到，国产数据库的商业化之路任重而道远。你们这一代大学生应该认识到，科技是第一生产力。如果科技受制于人，则处处受制于人。当前国产数据库发展面临的困境主要在于人才缺乏和产业生态尚未形成。你们一定要有家国情怀，努力学习科学知识，掌握技术要领，在国家需要的领域、薄弱的环节寻求突破。

## 来自企业的技能任务

随着企业规模的不断扩大，传统的Excel方式已无法满足现代企业薪资管理的复杂需求。深圳市云服务科技有限公司决定建立一个高效的信息化薪资管理数据库，以提升薪资管理的效率与准确性。在数据库开发过程中，由于开发人员对企业薪资管理业务流程不熟悉，财务人员需全面收集和分析员工个人信息、部门信息、职位信息、考勤记录及工资构成等数据，辅助开发人员构建符合企业实际需求的数据库设计方案。

企业薪资管理数据库的设计与实施将遵循以下6个步骤：需求分析、概念结构设计、逻辑结构设计、物理结构设计、数据库实施以及运行与维护。数据库设计完成后，财务人员还需协助开发人员导入测试数据进行验证，并学习数据库的运行与维护技能，以保障系统长期稳定运行，从而支持企业薪资数据的科学决策。

为便于执行复杂的数据库设计，本任务将数据库设计过程细化为可操作的小任务。对于财务人员而言，具体技能要求和任务如下。

| 序号 | 岗位技能要求 | 对应企业任务 |
| --- | --- | --- |
| 1 | 需求分析 | 【任务2.1.1】为了帮助企业对薪资数据实现复杂的信息化管理，请调研某企业，对该企业的薪资管理数据库进行需求分析 |
| 2 | 概念结构设计 | 【任务2.1.2】在企业薪资管理数据库需求分析的基础上进行概念结构设计 |
| 3 | 逻辑结构设计 | 【任务2.1.3】在企业薪资管理数据库概念结构设计的基础上进行逻辑结构设计 |
| 4 | 物理结构设计 | 【任务2.1.4】在企业薪资管理数据库逻辑结构设计的基础上进行物理结构设计 |
| 5 | 数据库实施 | 【任务2.1.5】在企业薪资管理数据库物理结构设计的基础上进行数据库实施操作 |
| 6 | 数据库运行和维护 | 【任务2.1.6】在企业薪资管理数据库实施的基础上进行数据库运行和维护 |

##  学知识技能

财务人员每天都要接触大量杂乱无章的数据，这些数据需要整理成有用的信息，才能助力管理者做出决策。这就需要数据库技术来协同处理。如果没有数据库的支持，财务人员每天需要花费大量时间手动整理数据，其效率是非常低的。而数据库的应用，使财务人员整理数据的工作变得更加轻松、更有效率。

数据就是描述事物的基本符号。在现实生活中，任何可以用来描述事物属性的数字、文字、图像、声音等，都可以看作数据。数据库（Database）是存放数据的仓库，数据库中的数据是按照一定的格式存放的。用来管理数据库的计算机系统称为数据库管理系统（Database Management System，DBMS）。系统的使用者通常无法直接接触到数据库，因此，在使用系统的时候往往意识不到数据库的存在。其实大到银行账户的管理系统，小到手机的电话簿，甚至可以说社会的所有系统中，都有数据库的身影。

# 一、数据管理的3个阶段

数据管理技术的发展与硬件、软件、计算机应用的发展有密切联系。数据管理大致经历了3个阶段：人工管理阶段、文件管理阶段和数据库系统阶段。

## （一）人工管理阶段

20世纪50年代中期以前，数据管理主要由人工完成。该阶段的计算机系统主要用于科学计算，没有专门的软件对数据进行管理。该阶段的数据是面向程序的，即一组数据对应一个应用程序，数据与程序之间没有独立性，如果数据集发生了变化，相关的应用程序也要修改。程序之间无法共享数据资源，存在大量重复数据。人工管理阶段程序与数据集之间的关系如图2.1.1所示。

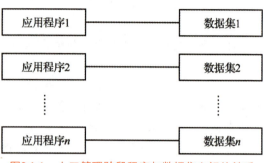

图2.1.1 人工管理阶段程序与数据集之间的关系

## （二）文件管理阶段

20世纪50年代中期到20世纪60年代中期，在硬件方面，外部存储器（简称外存）有了磁盘、磁鼓等直接存取数据的存储设备。在软件方面，操作系统中有了专门用于管理数据的软件，称之为文件系统。此时，计算机系统通过文件系统统一管理数据，程序和数据是分离的。这个阶段数据管理的特点如下。

### 1. 数据需要长期保存在外存上供反复操作

由于计算机可用于数据处理，经常对文件进行数据查询、修改、插入和删除等操作，数据需要长期保留，以便于反复操作。

### 2. 程序和数据之间有了一定的独立性

操作系统提供了文件管理功能和文件数据的存取方法，程序和数据之间有了数据存取的接口，程序可以通过文件名和数据"打交道"，不必寻找数据的物理存放位置。至此，数据有了物理结构和逻辑结构，但此时程序和数据之间的独立性尚不充分。

### 3. 文件的形式已经多样化

由于已经有了直接存取数据的存储设备，文件的形式不再局限于顺序文件，还包括索引文件、链表文件等，对文件的访问可以是顺序访问，也可以是直接访问。

### 4. 数据的存取基本上以记录为单位

文件管理阶段程序与文件组之间的关系如图2.1.2所示。

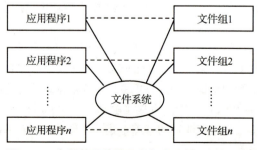

图2.1.2 文件管理阶段程序与文件组之间的关系

### （三）数据库系统阶段

数据库系统阶段是从20世纪60年代后期开始的。在这一阶段，数据库中的数据不再是面向某个应用程序的，而是面向整个企业（组织）的。这个阶段数据管理的特点如下。

#### 1. 采用复杂的结构化的数据模型

数据库系统不仅要描述数据本身，还要描述数据之间的联系。该阶段出现的数据模型包括网状模型、层次模型、关系模型。

#### 2. 较高的数据独立性

数据和程序彼此独立，数据存储结构的变化尽量不影响用户程序的使用。

#### 3. 较低的冗余度

数据库系统中的重复数据被减少到较低程度，这样，在有限的存储空间内可以存放更多的数据并减少存取时间。

#### 4. 具有数据控制功能

数据库系统能够保证数据的安全性，以防止数据丢失或被非法使用；能够确保数据的完整性，以保证数据正确、有效和相容；具有数据并发控制功能，避免并发程序之间相互干扰；具有数据恢复功能，在数据库被破坏或数据不可靠时，有能力把数据库恢复到最近某个时刻的正确状态。

数据库系统阶段程序与数据库之间的关系如图2.1.3所示。

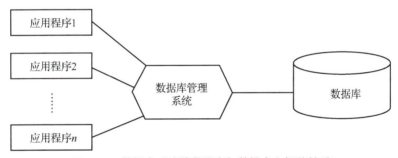

图2.1.3 数据库系统阶段程序与数据库之间的关系

## 二、数据库管理系统的发展历史

数据库管理系统是一种操纵和管理数据库的大型软件，用于建立、使用和维护数据库。它的功能是随着数据库的应用而发展起来的。第一代系统的功能主要集中在数据的组织与存储上，这代系统就是一种组织数据与存取数据的工具。第二代系统主要围绕OLTP（Online Transaction Processing，联机事务处理）应用展开，除了存储技术，重点发展事务处理子系统、查询优化子系统、数据访问控制子系统。第三代系统主要围绕OLAP（Online Analytical Processing，联机分析处理）应用展开，重点提出高效支持OLAP复杂查询的新的数据组织技术。第四代系统主要围绕大数据应用展开。

### （一）第一代：层次数据库和网状数据库管理系统

层次数据库是数据库管理系统的早期形式，其中的数据按照层次模型进行组织，如图2.1.4所示。网状数据库则是数据库概念、方法、技术的基石，其中的数据按照网状模型进行组织，如图2.1.5所示。

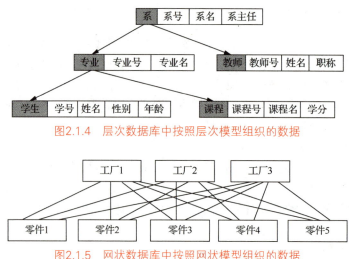

图2.1.4 层次数据库中按照层次模型组织的数据

图2.1.5 网状数据库中按照网状模型组织的数据

## （二）第二代：关系数据库管理系统

1970年，IBM公司的研究员E.F.科德在《大型共享数据库的关系数据模型》一文中提出了数据库的关系模型，为关系数据库技术奠定了理论基础。到了20世纪80年代，几乎所有新开发的数据库系统都是关系型的。真正使得关系数据库技术实用化的关键人物是詹姆斯·格雷（James Gray），他在解决保障数据的完整性、安全性，数据库的并发性，以及实现数据库的故障恢复功能等重大技术问题方面发挥了关键作用。RDBMS的出现，促进了数据库的小型化和普及化，使得在微型计算机上配置数据库系统成为可能。关系数据库主要用于支撑各种业务系统，我们将这类应用称为OLTP应用。

关系数据库的关系模型中的基本数据结构是二维数据表，关系数据库中按关系模型组织的员工表数据如图2.1.6所示。二维数据表必须满足相应的要求。

主键，唯一识别一个员工的列　　　　　　　　　　　　　　　　　　　　　外键，其他表的主键列

| enum | ename | education | birthday | sex | workyears | address | tel | dnum |
|------|-------|-----------|----------|-----|-----------|---------|-----|------|
| 1001 | 刘好 | 大专 | 1989-01-15 | 女 | 4 | 中山路10-3-105 | 13987657792 | 1 |
| 1002 | 张美玲 | 大专 | 1979-09-07 | 女 | 5 | 解放路34-1-203 | 13987657793 | 1 |
| 1003 | 欧兰 | 硕士 | 2000-12-06 | 女 | 1 | 荣湾镇路24-35 | 13987657794 | 1 |
| 2001 | 米强 | 大专 | 1986-01-16 | 男 | 7 | 荣湾镇路209-3 | 13987657795 | 2 |
| 2002 | 戴涛 | 大专 | 1979-02-10 | 男 | 8 | 长沙西路3-7-52 | 13987657796 | 2 |
| 3001 | 周四好 | 大专 | 1969-03-10 | 男 | 13 | 金星路120-4 | 13987657797 | 3 |
| 3002 | 段飞 | 博士 | 1982-04-08 | 男 | 11 | 金星路120-4 | 13987657798 | 3 |
| 4001 | 何晴 | 本科 | 1990-05-08 | 男 | 6 | 长沙西路3号13 | 13987657799 | 4 |
| 4002 | 穀沥帆 | 本科 | 1999-06-07 | 男 | 2 | 五一路5号114 | 13987657100 | 4 |
| 4003 | 李贞雅 | 本科 | 1990-07-09 | 女 | 6 | 逼临巷115号 | 13987657101 | 4 |
| 5001 | 李想 | 大专 | 1998-08-11 | 男 | 3 | 长沙西路3号186 | 13987657102 | 5 |
| 5002 | 贺永余 | 本科 | 1984-09-04 | 男 | 8 | 田家湾10号 | 13987657103 | 5 |
| 5003 | 唐桌康尔 | 硕士 | 1999-12-07 | 男 | 0 | 北京街10号 | 13987432145 | (Null) |

行

图2.1.6 关系数据库中按关系模型组织的员工表数据

（1）表指的是关系模型中某一特定的方面或部分的对象及其属性。

（2）表中的行通常叫作记录或元组，一行代表一个具有相同属性的对象。

（3）表中的列通常叫作字段或属性，代表存储对象共有的属性。

（4）数据表之间的关联通过"键"来实现。键分为主键和外键两种。主键就是表中的某一

列，其值能唯一地标识表中的每一行。外键是用于建立和加强两个表之间的连接的一列或多列，通过将原表中的主键添加到第二个表中，可创建两个表之间的连接，原表中的主键就成为第二个表的外键。

（5）表必须符合以下特定条件。

① 遵守信息原则，即每个单元只能存储一条数据。

② 列有唯一的名称，存储在列下的数据必须具有相同的数据类型，列没有顺序。

③ 每行数据是唯一的，行没有顺序。

④ 遵守实体完整性原则，即主键不能为空。

⑤ 遵守引用参照完整性原则，即外键的值必须来自其他表的主键列或者为空。

### （三）第三代：数据仓库管理系统

第三代系统可以看成关系数据库的延伸。由于数据库技术的普及，越来越多的数据存储在数据库中，除了支持业务处理，还可进行数据分析，因此将这类应用称为OLAP应用。数据仓库管理系统可以用关系数据库实现，也可以用特别的数据模型实现。

### （四）第四代：大数据管理系统

关系数据库成熟并广泛应用后，数据库研究和开发一度进入迷茫期。管理人员无法在一定时间内用常规软件工具对大量的数据进行获取、管理和处理，必须开发新处理模式才能管理海量、高增长率、多样化的信息资产。大数据管理系统的核心是Hadoop生态系统。它是大量工具的集合，这些工具可以协同工作来完成特定的任务。可以认为Hadoop是一个大数据管理系统，它将海量的结构化数据和非结构化数据聚集在一起，这些数据几乎涉及传统企业数据栈的每一个层次，在数据中心占据核心地位。也可以认为Hadoop是大规模并行执行框架，把超级计算机的能力带给大众，致力于加速企业级应用的执行。

## 三、数据库设计

数据库设计（Database Design）是指根据用户的需求，在某一具体的数据库管理系统上，设计数据库的结构并建立数据库。在企业管理数字化过程中，财务人员需要了解数据库设计的流程，以便更好地参与到企业管理数字化设计、数据库设计中。数据库设计环节包括需求分析环节、概念结构设计环节、逻辑结构设计环节、物理结构设计环节、数据库实施环节以及数据库运行和维护环节。

### （一）需求分析环节

数据库设计人员调查和分析用户的业务活动和数据的使用情况，厘清所用数据的种类、取值范围、数量，以及它们在业务活动中交互的情况，确定用户对数据库系统的使用要求和各种约束条件等，形成用户需求规约。

### （二）概念结构设计环节

#### 1. E-R图概述

数据库设计人员对用户描述的现实世界（对财务人员而言就是企业相关财务业务），建立抽象的概念模型。概念模型是在了解用户的需求、所在业务领域的工作情况以后，经过分析和总结提炼出来的用以描述用户业务需求的一些概念，如销售业务中的客户和订单、商品和业务员；薪资管理业务中的员工与部门、员工与工资等。概念模型使用E-R图（Entity-Relationship Diagram，实体-联系图）表示。E-R图主要由实体、属性和联系3个要素构成，具体的符号表示如图2.1.7所示。

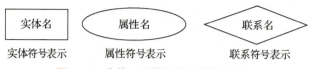

图2.1.7　实体、属性和联系的符号表示

（1）实体（Entity）是指现实世界中客观存在并可以相互区分的对象或概念。也就是说，实体可以是具体的人和事物，也可以是抽象的概念。在E-R图中，实体用矩形表示，矩形内写明实体名。严格来说，实体指表中的一行特定数据，如员工张三、李四都是一个实体。通常把整个表称为一个实体集，所有员工可以用实体集"员工"来表示。每一个实体集可以指定一个键作为主键，当一个属性或属性组合被指定为主键时，在实体集与属性的连线上标记斜线。

（2）属性（Attribute）是指实体所具有的某一特性。一个实体可由若干个属性来刻画。在E-R图中，属性用椭圆形表示，并用无向边将其与相应的实体连接起来。比如，员工的姓名、员工号、性别都是属性。

（3）联系（Relationship）是指实体之间相互连接的方式，也称为关系。在E-R图中，联系用菱形表示。

### 2．E-R图的类型

表示实体间联系情况的E-R图分为3种。

（1）一对一联系E-R图。如果实体集A中的每个实体最多只能和实体集B中的一个实体有联系，那么实体集A对实体集B的联系称为"一对一联系"，记为"1∶1"。例如，在企业人力资源管理系统中，有经理和部门两个实体集，每个部门只有一个经理，每个经理只能在一个部门，部门和经理之间是一对一联系。经理的属性包括编号、姓名、年龄、学历，部门的属性包括部门编号、部门名，经理和部门之间是管理关系，任职时间是这个管理关系的属性，具体的E-R图如图2.1.8所示。

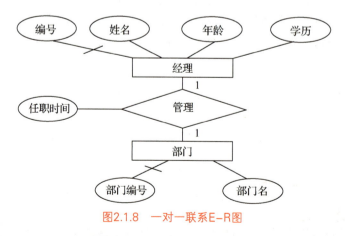

图2.1.8　一对一联系E-R图

（2）一对多联系E-R图。如果实体集A中的一个实体可以和实体集B中的多个实体有联系，而实体集B中的一个实体至多与实体集A中的一个实体有联系，那么实体集A对实体集B的联系称为"一对多联系"，记为"1∶$n$"。例如，在企业仓库管理系统中，有仓库和商品两个实体集。仓库用

来存放商品，且规定一类商品只能存放在一个仓库中，一个仓库可以存放多类商品，则仓库和商品之间是一对多联系。仓库的属性包括仓库号、地点、面积，商品的属性包括商品号、商品名、价格，仓库和商品之间是存放关系，数量是这个存放关系的属性，具体的E-R图如图2.1.9所示。

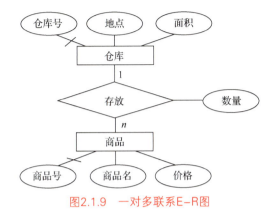

图2.1.9 一对多联系E-R图

（3）多对多联系E-R图。如果实体集A中的一个实体可以和实体集B中的多个实体有联系，且实体集B中的一个实体也可以与实体集A中的多个实体有联系，那么实体集A对实体集B的联系称为"多对多联系"，记为"$m:n$"。例如，在图书销售系统中，有图书和会员两个实体集，一种图书可以销售给多个会员，一个会员可以购买多种图书，则图书和会员之间是多对多联系。图书的属性包括书号、书名、单价，会员的属性包括身份号码、姓名、电话，图书和会员之间是销售关系，订购册数、合计金额、是否结清是这个销售关系的属性，具体的E-R图如图2.1.10所示。

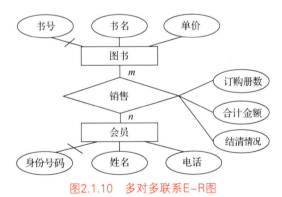

图2.1.10 多对多联系E-R图

## （三）逻辑结构设计环节

在这个环节，数据库设计人员的主要工作是将现实世界的概念模型设计成数据库的逻辑模型，即某种特定数据库管理系统所支持的逻辑模型。逻辑结构设计是将概念模型转化为具体的数据模型的过程，即按照概念结构设计环节建立的基本E-R模型，将选定的管理系统软件支持的关系（层次/网状/面向对象）模型，转换成相应的逻辑模型。

### 1. E-R模型向关系模型转换的原则

E-R模型向关系模型的转换要解决如何将实体和实体间的联系转换为关系的问题，并确定这些关系的属性和主键（关于主键的具体内容将在项目二任务三中详细介绍）。这种转换一般按下面的原则进行。

（1）一个实体转换为一个关系，实体的属性就是关系的属性，实体的主键就是关系的主键。

（2）一个联系转换为一个关系，联系的属性及联系所连接的实体的主键都转换为关系的属性，但是关系的主键会根据联系的类型变化。具体说明如下。

- 一对一联系：两端实体的主键都成为关系的候选主键。
- 一对多联系：$n$端实体的主键成为关系的主键。
- 多对多联系：两端实体的主键的组合成为关系的主键。

### 2. E-R模型向关系模型转换的方式

（1）一对一联系的E-R模型向关系模型转换有以下两种方式。

① 联系单独对应一个关系模型。由联系的属性、参与联系的各实体集的主键构成关系模型，其主键可选参与联系的任一端实体集的主键。图2.1.8所示的E-R模型转换成的关系模型如下。

经理(编号,姓名,年龄,学历)

部门(部门编号,部门名)

管理(部门编号,编号,任职时间)

或者：

管理(部门编号,编号,任职时间)

② 联系不单独对应一个关系模型。联系的属性及一端实体集的主键加入另一端实体集对应的关系模型。图2.1.8所示的E-R模型转换成的关系模型如下。

经理(编号,姓名,年龄,学历,部门编号,任职时间)

部门(部门编号,部门名)

或者：

经理(编号,姓名,年龄,学历)

部门(部门编号,部门名,编号,任职时间)

（2）一对多联系的E-R模型向关系模型转换有以下两种方式。

① 联系单独对应一个关系模型。由联系的属性、参与联系的各实体集的主键构成关系模型，$n$端实体集的主键作为关系模型的主键。图2.1.9所示的E-R模型转换成的关系模型如下。

仓库(仓库号,地点,面积)

商品(商品号,商品名,价格)

存放(商品号,仓库号,数量)

② 联系不单独对应一个关系模型。联系的属性及一端实体集的主键加入$n$端实体集对应的关系模型中，主键仍为$n$端实体集的主键。图2.1.9所示的E-R模型转换成的关系模型如下。

仓库(仓库号,地点,面积)

商品(商品号,商品名,价格,仓库号,数量)

（3）多对多联系的E-R模型向关系模型的转换。

当多对多联系单独对应一个关系模型时，该关系模型包括联系的属性、参与联系的各实体集的主键，该关系模型的主键由各实体集的主键共同组成。图2.1.10所示的E-R模型转换成的关系模型如下。

图书(书号,书名,单价)

会员(身份号码,姓名,电话)

销售(身份号码,书号,订购册数,合计金额,是否结清)

### 3. 优化数据模型

得到初步的数据模型后，还应该适当地修改、调整数据模型的结构，以进一步提高数据库应用系统的性能，这就是数据模型的优化。优化数据模型的步骤如下。

（1）确定数据依赖。

（2）对于各个关系模型之间的数据依赖进行极小化处理，消除冗余的联系。

（3）按照数据依赖的理论对关系模型进行分析，考察是否存在部分函数依赖、传递函数依赖、多值依赖等，确定各关系模型分别属于第几范式。

（4）按照需求分析环节得到的各种应用对数据处理的要求，分析对于这样的应用环境这些关系模型是否合适，确定是否要对它们进行合并或分解（并不是规范化程度越高的关系就越好）。

（5）对关系模型进行必要的分解，提高数据操作的效率和存储空间的利用率。

第一范式的目标是确保关系中每列的原子性，如果每列都是不可再分的最小数据单元（也称为最小的原子单元），则该关系满足第一范式（First Normal Form，1NF）。如图2.1.11所示，"班级"列可以拆分成"专业"和"班级"列。

| 姓名 | 班级 |
|------|------|
| 贺亚平 | 大数据与会计2203 |

1NF→

| 姓名 | 专业 | 班级 |
|------|------|------|
| 贺亚平 | 大数据与会计 | 2203 |

图2.1.11　1NF的转化

如果一个关系满足1NF，并且数据表里的所有非主键属性都和该数据表的主键有完全依赖关系，则该关系满足第二范式（Second Normal Form，2NF）。所谓"完全依赖"，是指不能存在仅依赖主键某部分的属性。如果有非主键属性只和主键的某部分有关的话，该关系就不满足2NF。所以，如果一个数据表的主键只有单一字段的话，它对应的关系就一定满足2NF。

如图2.1.12所示，主键由订单编号和产品编号组成，而产品品牌和单价只与主键中的产品编号相关，没有完全依赖于主键，所以需要将这个表拆分成两个表，这样每个表中的所有字段就全部依赖于拆分后的表的主键了。

| 订单编号 | 产品编号 | 单价 | 购买数量 | 产品品牌 |
|------|------|------|------|------|
| 1001 | A01 | 9 000 | 34 | 华为 |
| 1001 | A02 | 4 567 | 11 | 小米 |
| 2003 | A01 | 9 000 | 13 | 华为 |

2NF↓

| 订单编号 | 产品编号 | 购买数量 |
|------|------|------|
| 1001 | A01 | 34 |
| 1001 | A02 | 11 |
| 2003 | A01 | 13 |

| 产品编号 | 产品品牌 | 单价 |
|------|------|------|
| A01 | 华为 | 9 000 |
| A02 | 小米 | 4 567 |

图2.1.12　2NF的转化

如果一个关系满足2NF，并且除了主键列以外的其他列都不传递依赖于主键列，则该关系满足第三范式（Third Normal Form，3NF）。如图2.1.13所示，学号是主键，班级直接依赖于学号，教室直接依赖于班级，教室传递依赖于学号，所以需要将其拆成两个表，这样每个表中的所有字段就不传递依赖于拆分后的表的主键了。

| 学号 | 姓名 | 性别 | 电话 | 班级 | 教室 |
|------|------|------|------|------|------|
| 1001 | 王昊 | 男 | 13024834321 | 1班 | 302 |
| 2001 | 张琪 | 女 | 13024834301 | 2班 | 509 |
| 2002 | 柳明 | 男 | 13024834391 | 2班 | 509 |

3NF

| 学号 | 姓名 | 性别 | 电话 | 班级 |
|------|------|------|------|------|
| 1001 | 王昊 | 男 | 13024834321 | 1班 |
| 2001 | 张琪 | 女 | 13024834301 | 2班 |
| 2002 | 柳明 | 男 | 13024834391 | 2班 |

| 班级 | 教室 |
|------|------|
| 1班 | 302 |
| 2班 | 509 |

图2.1.13　3NF的转化

### （四）物理结构设计环节

数据库设计人员根据特定数据库管理系统所提供的多种存储结构和存取方法，依赖具体计算机结构，对具体的应用任务选定最合适的物理存储结构、存取方法和存取路径等。这个环节的目的就是形成物理数据库。在关系数据库中，将逻辑结构设计环节优化过的关系模型转化成数据库中的一个个关系表，每个属性用合适的类型和长度存储，并设置主键和相关约束，即可完成数据库的设计，满足应用程序对于数据的存储、插入、删除要求。

### （五）数据库实施环节

数据库设计人员在上述物理结构的基础上收集数据，并具体建立一个真正的数据库，运行一些典型的应用任务来验证数据库设计的正确性和合理性。

### （六）数据库运行和维护环节

数据库正式投入运行，在运行过程中，数据库设计人员必须不断地对其进行调整与修改。

### 练知识技能

【任务2.1.1】为了帮助企业对薪资数据实现复杂的信息化管理，请调研某企业，对该企业的薪资管理数据库进行需求分析。

以企业薪资管理数据库的设计为例，在需求分析环节，财务人员需要向开发人员解释企业的薪资管理流程，包括员工个人信息、工资构成、考勤记录等具体内容。财务人员和开发人员共同确定数据库系统需要收集和处理哪些数据，例如，员工相关需要录入系统的信息（如员工编号、员工姓名、教育层次、出生日期、性别、工作年限、家庭住址、电话、部门编号）、部门相关需要录入系统的信息（如部门编号、部门名称、部门电话）、员工薪资相关需要录入系统的信息（如员工编号、工作天数、基本工资、绩效工资、社保缴费基数、缺勤扣款、奖金、津贴、专项附加扣除、应发工资）。

【任务2.1.2】在企业薪资管理数据需求分析的基础上进行概念结构设计。

继续以企业薪资管理数据库的设计为例，概念结构设计是将需求分析阶段收集到的详细信息抽象化，形成一个高层次的数据模型。通过该阶段的设计，我们可以明确数据实体间的联系，如一对一、一对多或多对多联系，这有助于为所有利益相关者提供一个统一的数据视图，确保所有人都对数据的组织和结构有共同的理解。图2.1.14所示是根据前面的需求分析结果得到的企业薪资管理数据库的概念结构设计。与需求分析阶段的文字描述相比，该阶段生成的E-R图更好地展示了数据库中的实体以及它们之间的关系。

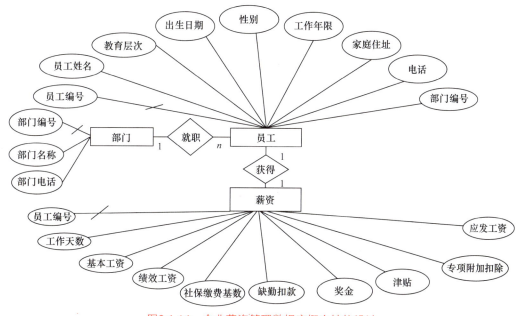

图2.1.14 企业薪资管理数据库概念结构设计

【任务2.1.3】在企业薪资管理数据库概念结构的基础上进行逻辑结构设计。

第一步：E-R模型向关系模型转换。

以企业薪资管理数据库的设计为例，员工与薪资两个实体的联系是一对一联系，这里它们拥有同一个主键，因此可以认为薪资表中的员工编号是外键，来自员工表的员工编号，转换好的关系模型为：

员工(员工编号,员工姓名,教育层次,出生日期,性别,工作年限,家庭住址,电话,部门编号)

薪资(员工编号,工作天数,基本工资,绩效工资,社保缴费基数,缺勤扣款,奖金,津贴,专项附加扣除,应发工资)

部门与员工两个实体是一对多联系，因此可以将"一"的那一端（部门）的主键（部门编号）放到"多"的那一端（员工）的关系模型中，转换好的关系模型为：

员工(员工编号,员工姓名,教育层次,出生日期,性别,工作年限,家庭住址,电话,部门编号)

部门(部门编号,部门名称,部门电话)

第二步：优化数据模型。

首先，由于设计的3个模型（员工、薪资、部门）的每一个列都是不可再分的最小单元，所以都满足1NF。

其次，由于设计的3个模型的每一个数据表的主键都是单一字段，因此都满足2NF。

最后，对于3NF，需要检查除了主键列以外的其他列都不传递依赖于主键列。在员工表中，部门编号是主键以外的字段，直接依赖于员工表的主键员工编号，因此不存在传递依赖，这意味着它满足3NF。薪资表、部门表同理，都满足3NF。

【任务2.1.4】在企业薪资管理数据库逻辑结构设计的基础上进行物理结构设计。

以企业薪资管理数据库的设计为例，进行物理结构设计时首先根据需求选择合适的RDBMS，如MySQL、PostgreSQL、Oracle或SQL Server等，本书使用的是MySQL。然后为每个表的每个字段选择合适的数据类型和长度。例如，对于部门表我们做如下设计：企业的部门编号为固定字符串类型，长度为3，所以设定为CHAR(3)，如果企业的部门编号有更多的扩展，则可以设置其他的长度；如果该城市企业的部门电话一般都是10个字符，可以设定为CHAR(10)；最后设定部门编号为主键。综上，应先创建数据库，再进行数据表的创建（这里仅展示部门表的物理结构设计，薪资表和员工表的物理结构设计后续会介绍，在此不赘述）。

```
CREATE DATABASE xzgl;
USE  xzgl;
CREATE TABLE  departments(
  dnum  CHAR(3) PRIMARY  KEY,
  dname  CHAR(20) NOT NULL,
  dphone  CHAR(10)
);
```

【任务2.1.5】在企业薪资管理数据库物理结构设计的基础上进行数据库实施操作。

以企业薪资管理数据库的设计为例，实施数据库时直接将物理结构设计环节的代码放到特定的数据库管理系统（MySQL）中运行，完成数据库、数据表等的创建，如图2.1.15所示。此外，填充数据到数据表中也是这个环节的任务。

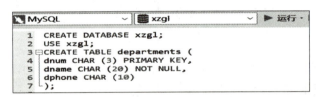

图2.1.15　薪资管理数据库的实施

【任务2.1.6】在企业薪资管理数据库实施的基础上进行数据库运行和维护。

以企业薪资管理数据库的设计为例，在运行和维护环节可以运行代码"SELECT user,Host FROM mysql.user;"进行安全性检查（其中user表是记录所有MySQL用户账号的表，存放在MySQL系统自带的核心数据库mysql中）；可以运行代码"SELECT dname FROM departments;"等SQL语句进行数据的查询和分析等。

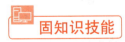 固知识技能

## 一、填空题

1. 数据管理技术的发展与硬件、软件、计算机应用的发展有密切联系。数据管理大致经历了3个阶段：_____、_____、_____。

2. 数据库设计的环节包括 _____、_____、_____、_____、_____，以及数据库运行和维护环节。

3. 某学生管理系统的开发人员经过需求分析环节的分析，在概念结构设计环节设计出来的E-R图如图2.1.16所示，请完成逻辑结构设计环节中E-R模型转换成关系模型的工作。

学生(学号,____,____, ____,____,总学分,备注)

课程(____,课程名,类别,____,学时,学分)

选课(学号,____,成绩)

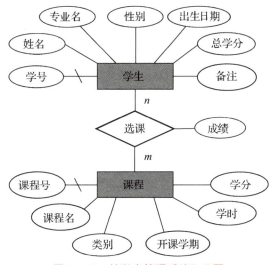

图2.1.16　某学生管理系统E-R图

4. 仅有好的RDBMS并不足以避免数据冗余，必须在数据库的设计过程中创建好的表结构，E.F.科德博士定义了规范化的3个级别，范式是具有最小冗余的表结构。这些范式是:_____、_____、_____。1NF的目标是确保关系中每列的_____，每列都是不可再分的最小数据单元。如果一个关系满足1NF，并且数据表里的所有非主键属性都和该数据表的主键有_____关系，则该关系满足2NF。如果一个关系满足2NF，并且除了主键列以外的其他列都_____主键列，则该关系满足3NF。

## 二、多选题

1. 以下有关E-R模型到关系模型转换的描述正确的有（　　　）。

   A. 假设A实体集与B实体集是1∶1联系，把A实体集的主键加入B实体集对应的关系，如果联系有属性也一并加入

   B. 假设A实体集与B实体集是1∶1联系，把B实体集的主键加入A实体集对应的关系，如果联系有属性也一并加入

   C. 假设A实体集与B实体集是1∶$n$联系，可将A实体集的主键纳入B实体集对应的关系中作为外键，同时把联系的属性也一并纳入B实体集对应的关系

   D. 假设A实体集与B实体集是$m$∶$n$联系，必须对"联系"单独建立一个关系，用来联系双方实体集。该关系的属性中至少要包括被它所联系的双方实体集的主键，并且如果联系有属性，也要归入这个关系

2. 数据表必须符合特定的条件，以下说法正确的有（　　　）。

   A. 遵守引用参照完整性原则，即外键的值必须来自其他表的主键列或者为空

   B. 列有唯一的名称，存储在列下的数据必须具有相同的数据类型，列没有顺序

    C. 每行数据可以冗余（多条行数据相同），行没有顺序

    D. 遵守实体完整性原则，即主键不能为空

## 三、简答题

1. 简述数据库与数据库管理系统的区别。
2. 简述企业财务数据库的设计步骤。

# 任务二　操作企业财务数据库

 **学习目标**

【**知识目标**】熟练掌握数据库的创建、显示、修改、使用以及删除命令的具体用法。

【**技能目标**】能独立或借助AI完成数据库的创建、显示、修改、使用、删除等操作；能对AI生成的代码进行甄别与修改，保证代码的正确性。

【**素质目标**】正确认识自我价值与社会价值之间的关系，坚定职业自信，增强工作责任感和使命感。

动画2.2

 **德技并修**

**大富学长**：企业的财务管理工作，如薪资管理、固定资产管理、采购管理、销售管理、库存管理、账务处理、量化投资管理等工作，都是通过财务软件完成的。而财务软件的数据其实都存储在数据库中。通常需要将不同业务的数据分门别类地存放在不同数据库中，比如，对于薪资管理用到的数据，技术人员会将它们存放到薪资管理数据库中。这些数据库各司其职，共同帮助企业完成财务管理工作，每一个数据库都是不可或缺的。同样地，当你们进入职场，在不同的岗位上完成自己的本职工作时，每个人都同等重要。我们要正确认识自己的价值，正是这份职业自信让我从一个普通的会计成长为拥有博士学位的财务总监，你们要相信自己。

**小强**：您的学习和工作经历给了我很大的鼓励，我要像学长一样扎实掌握专业知识和技能，为将来进入职场打下基础！

**大富学长**：世上无难事，只要肯登攀！就企业财务管理工作而言，在数据库操作方面，财务人员要掌握创建、显示、修改、使用、删除数据库的技能。你可以从为企业创建"薪资管理数据库"开始学习，然后独立完成创建"量化投资管理数据库"的技能练习，最后通过创建"固定资产管理数据库"进一步巩固与拓展所学知识与技能。

**来自企业的技能任务**

数据库作为存储企业各类数据的容器，在管理、查询和分析等方面起到了至关重要的作用。为便于搭建和管理数据库，本任务将企业数据库操作拆解为小任务。对于财务人员而言，具体技能要求和任务如下。

| 序号 | 岗位技能要求 | 对应企业任务 |
|------|------------|------------|
| 1 | 创建数据库 | 【任务2.2.1】帮助企业创建一个薪资管理数据库，将其命名为"xzgl"，其中的字符集和校对规则保持默认 |
| 2 | 显示数据库 | 【任务2.2.2】显示服务器中已经创建的数据库 |
| 3 | 修改数据库 | 【任务2.2.3】修改xzgl数据库的字符集为GB2312、校对规则为GB2312_chinese_ci |
| 4 | 使用数据库 | 【任务2.2.4】使用xzgl数据库 |
| 5 | 删除数据库 | 【任务2.2.5】删除xzgl数据库 |

注：为强化岗位技能训练，本书部分知识点设有额外的任务练习，此处不重复列出。以下不重复说明。

 学知识技能

# 一、创建数据库

数据库可以看成存储数据对象的容器。为了分门别类地保存数据，数据库中会有不同的数据对象，如表、视图等。不同的对象有不同的功能，比如"表"对象专用于数据的存储。

创建数据库是进行企业数据管理的基础，企业如果要实现员工薪资管理的信息化，则需要建立一个企业薪资管理数据库，然后在这个数据库的表对象中依次存储薪资管理涉及的所有信息，最终实现薪资发放、薪资查询等功能。用户可以采用SQL语句和图形用户界面两种方式操作数据库和数据对象。用SQL语句创建数据库的语法格式如下。

```
CREATE DATABASE  数据库名
    [DEFAULT] CHARACTER SET 字符集名
    [DEFAULT] COLLATE 校对规则名;
```

其中，字符集是多个字符的集合，每个字符集包含的字符个数不同。常见字符集包括ASCII（American Standard Code for Information Interchange，美国信息交换标准码）字符集、GB2312字符集等。由于数据库中存储的数据大部分都是各种文字，而不同国家文字对应的字符集不同，所以字符集对数据库的存储、处理性能，以及日后系统的移植、推广都会有影响。无论是创建MySQL数据库还是其他数据库，都存在字符集选择的问题。

!!!注意

如果在创建数据库时没有正确选择字符集，在后期就可能需要更换字符集，而更换字符集是代价比较高的操作，存在一定的风险。所以，用户应当一开始就选择正确的、合适的字符集，避免后期进行调整。

MySQL支持40多种字符集的200多种校对规则，每个字符集有一个默认校对规则。Latin1的默认校对规则是latin1_swedish_ci，GB2312的默认校对规则是GB2312_chinese_ci，其中，GB2312是中国国家标准的简体中文字符集。GB2312收录一般符号、序号、数字、拉丁字母、日文假名、希腊字母、俄文字母、汉语拼音符号、汉语注音字母、汉字等，共7 445个图形字符。在MySQL中，每一条SQL语句都以"；"作为结束标志。数据库名表示被创建的数据库的名字，数据库名必须符合以下规则。

- 数据库名必须唯一，建议使用英文字母、数字、下画线等；

- 数据库名内不能含有"/"及"."等非法字符；
- 数据库名最长不能超过64字节。

【**任务2.2.1**】帮助企业创建一个薪资管理数据库，将其命名为"xzgl"，其中的字符集和校对规则保持默认。

在创建数据库时，数据库名应当符合数据库的命名规则，这里我们将"薪资管理"汉语拼音的首字母"xzgl"作为数据库名。在编译窗口录入并运行如下代码，即可完成数据库的创建。

```
CREATE DATABASE xzgl;
```

在当今数字化浪潮中，AI凭借其强大的语言处理能力，成为人们编写代码时的得力助手。它能够快速地根据用户输入的提示词生成相应的代码。对财务人员而言，其在创建数据库的过程中，较容易出现拼写错误，因此可以借助AI完成代码编写，减少人为错误发生。

>  **AI赋能**
>
> 使用以下提示词可以让AI辅助生成具有指定功能的SQL代码。
>
> 请帮助我生成一段可以在MySQL服务器上运行的SQL代码。
> 创建xzgl数据库，该数据库的字符集和校对规则保持默认。
>
> 当然，AI对企业具体业务的理解不足、语义认知偏差都会导致其生成的代码并非总是准确无误的。需要我们依靠自身所掌握的业务知识以及SQL理论知识，对生成的代码进行甄别、修改。

## 二、显示数据库

创建好数据库以后，财务人员可以使用SHOW DATABASES命令显示服务器中已经创建的数据库，该命令的语法格式为：

```
SHOW DATABASES;
```

【**任务2.2.2**】显示服务器中已经创建的数据库。

在编译窗口录入并运行以下代码，即可显示该服务器中已经创建的数据库。

```
SHOW DATABASES;
```

该语句的执行结果如图2.2.1所示。我们可以看到该服务器中已有的4个系统数据库和刚刚创建的xzgl数据库。

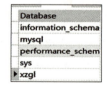

## 三、修改数据库

数据库创建完成后，如果需要修改数据库的参数，可以使用ALTER DATABASE命令。该命令的语法格式如下：

图2.2.1　显示服务器中已经创建的数据库

```
ALTER DATABASE  数据库名
    [DEFAULT] CHARACTER SET 字符集名
    [DEFAULT] COLLATE 校对规则名;
```

【**任务2.2.3**】修改xzgl数据库的字符集为GB2312、校对规则为GB2312_chinese_ci。

在编译窗口录入并运行以下代码，即可成功修改数据库的参数。

```
ALTER DATABASE xzgl
    CHARACTER SET GB2312
    COLLATE GB2312_chinese_ci;
```

 **AI赋能**

使用以下提示词可以让AI辅助生成具有指定功能的SQL代码。

请帮助我生成一段可以在 MySQL 服务器上运行的 SQL 代码。
修改 xzgl 数据库的字符集为 GB2312，校对规则为 GB2312_chinese_ci。

## 四、使用数据库

当MySQL服务器中有多个数据库时，可以使用USE命令指定使用当前数据库。这个语句也可以用来实现从一个数据库"跳转"到另一个数据库的操作，即在用CREATE DATABASE语句创建数据库之后，该数据库不会自动成为当前数据库，需要用USE语句来指定当前数据库。该命令的语法格式如下：

```
USE 数据库名；
```

【任务2.2.4】使用xzgl数据库。

在编译窗口录入并运行以下代码，即可将当前服务器使用的数据库切换到xzgl数据库。

```
USE xzgl;
```

之后的命令都将针对xzgl数据库实现。

## 五、删除数据库

使用DROP DATABASE命令可以将已经创建的数据库删除，该命令的语法格式如下：

```
DROP DATABASE 数据库名；
```

【任务2.2.5】删除xzgl数据库。

在编译窗口录入并运行以下代码，即可将xzgl数据库删除。

```
DROP DATABASE xzgl;
```

 **练知识技能**

企业在开展证券投资业务时需要构建一个数据库，用来存放与投资决策相关的重要数据。

【任务2.2.6】为企业创建一个量化投资数据库，将其命名为"lhtz"，其中的字符集设置为GB2312，默认校对规则是GB2312_chinese_ci。

在编译窗口录入并运行以下代码，即可创建lhtz数据库。在创建数据库的相关语法里，"DEFAULT"这个关键字可写可不写，这里选择写上。

```
CREATE DATABASE lhtz
      DEFAULT CHARACTER SET GB2312
      DEFAULT COLLATE GB2312_chinese_ci;
```

 **固知识技能**

### 一、填空题

1. 下面这段代码的意思是：创建一个名为＿＿＿＿＿＿＿的数据库，该数据库的＿＿＿＿＿＿＿是GB2312，该数据库的＿＿＿＿＿＿＿是GB2312_chinese_ci。

```
CREATE DATABASE yggz
    DEFAULT CHARACTER SET GB2312
    DEFAULT COLLATE GB2312_chinese_ci;
```

2. 代码"USE lhtz;"的作用是＿＿＿＿＿＿＿＿＿＿一个名为"lhtz"的＿＿＿＿＿＿＿＿＿＿。

### 二、单选题

1. 代码"DROP DATABASE mydb1;"的功能是（　　　）。
   A. 修改数据库名为mydb1　　　　　　　B. 删除数据库mydb1
   C. 使用数据库mydb1　　　　　　　　　D. 创建数据库mydb1
2. 代码"SHOW DATABASES;"的功能是（　　　）。
   A. 修改服务器中已经创建的数据库　　　B. 删除服务器中已经创建的数据库
   C. 显示服务器中已经创建的数据库　　　D. 创建服务器中的所有数据库

### 三、编程题

1. 为企业创建一个固定资产管理数据库，将其命名为"gdzc"，并保持默认的字符集和校对规则。
2. 显示服务器中已经创建的数据库。
3. 修改gdzc数据库的字符集为GB2312，校对规则为GB2312_chinese_ci。
4. 使用gdzc数据库。
5. 删除gdzc数据库。
6. 为企业创建一个销售数据库，将其命名为"sales"，其字符集设置为GB2312，校对规则设置为GB2312_chinese_ci。

# 任务三　操作企业财务数据表

 **学习目标**

【知识目标】掌握数据表的创建、显示、修改、复制、删除等命令的用法。

【技能目标】能独立或借助AI完成数据表的创建、显示、修改、复制和删除等操作；能对AI生成的代码进行甄别与修改，保证代码的正确性。

【素质目标】正确认识事物之间辩证联系的观点，懂得个体融入社会的重要性，逐步提升沟通能力、团队协作能力和组织管理能力。

动画2.3

## 德技并修

**大富学长:** 和现实生活中人们乘坐飞机时把衣物等放在行李箱,然后将行李箱存放在飞机的货舱里托运相似,企业财务管理工作中会先将需要使用的数据存放在数据表中,然后将数据表存放在数据库中。数据库和飞机的货舱相似,一个个数据表就像一个个行李箱,而各种数据就好比行李箱中的衣物。因此可以认为,财务人员工作中使用的薪资数据、报表数据、固定资产折旧数据等存放在数据库中,但是如果要更精确地描述,这些数据其实是存放在数据库的数据表中的。比如,企业所有员工的信息应当存放在员工表中。如果一个企业有400个员工,那么这个表将会有400行员工数据。为了区分存储在表中的400行员工数据,需要给数据表设置一个主键列,这个列的所有数据都不能相同。如果表的某列被其他表引用,就把该被引用的列叫作外键。外键负责实现这一个表与另一个表之间的联系,从而进行更复杂的连接和计算。比如,薪资表会引用员工表的员工编号列,来保证薪资里的所有员工的信息必须来自员工表,那么员工编号就作为外键连接了两个表。

**小强:** 数据表真抽象,数据表和数据表之间的联系就像现实中事物间的联系!所以,既然连数据表都是相关联的,那我也需要融入社会中,不做孤立的个体,多参加社团活动,锻炼自己的团队协作能力。

**大富学长:** 数据库中的数据表是根据我们现实生活中的事物抽象而来的,所以数据表和数据表之间的联系和现实世界事物和事物之间的联系非常相似。每一个大学生都应当锻炼自己的团队协作能力。

## 来自企业的技能任务

数据表是数据库中数据组织存储的关键形式,对高效管理数据意义重大。其中,主键是数据表的唯一标识符,它能确保表中每一行数据的唯一性,如同数据的"身份证",而且它在数据查询、更新和删除操作中起着重要的定位作用。外键则用于建立不同数据表之间的关联,使数据之间产生逻辑联系,实现数据的一致性和完整性。

数据类型规定了字段可存储的数据种类,如数值类型、字符串类型等。合理设置数据类型能有效节省存储空间,提高数据处理效率。为便于构建和管理数据表时合理运用主键、外键、数据类型,以及识别大数据中表的关联方式,本任务将企业数据表操作拆解为小任务。对于财务人员而言,具体技能要求和任务如下。

| 序号 | 岗位技能要求 | 对应企业任务 |
|---|---|---|
| 1 | 创建数据表 | 【任务2.3.1】在xzgl数据库中创建部门表departments以存放企业所有部门信息,该表的具体结构如表2.3.1所示 |
| | | 【任务2.3.2】在xzgl数据库中创建员工表employees以存放所有员工信息,该表的具体结构如表2.3.2所示 |
| | | 【任务2.3.3】在xzgl数据库中创建企业薪资表salary以存放各名员工的薪资数据,该表的具体结构如表2.3.3所示 |
| 2 | 显示数据表 | 【任务2.3.4】查看xzgl数据库中建立的所有数据表 |
| | | 【任务2.3.5】查看xzgl数据库中departments表的结构 |

续表

| 序号 | 岗位技能要求 | 对应企业任务 |
|---|---|---|
| 3 | 修改数据表 | 【任务2.3.6】在xzgl数据库的salary表中添加一列，具体设置如表2.3.5所示 |
| 4 | 复制数据表 | 【任务2.3.7】在xzgl数据库中创建salary_backup表，其结构和salary表的一样 |
| 5 | 删除数据表 | 【任务2.3.8】在xzgl数据库中删除salary_backup表 |

 学知识技能

# 一、创建数据表

在关系数据库中，信息存放在二维表中。一个关系数据库包含多个数据表，每个表包含行（记录）和列（字段）。数据库所包含的表之间通常是有关联的，其关联性由主键和外键所体现的参照关系实现。数据库不仅包含表，还包含其他的数据库对象，如视图、索引等。

为了能将现实世界的事物存放在数据库中，首先要进行建模，即将现实世界的事物转换为信息世界的实体；再将信息世界的实体转换为数据库世界的数据模型（在关系数据库中叫作关系模型）；最后使用DDL创建物理格式的物理模型，即数据表。在使用DDL创建数据表之前，我们需要掌握以下内容。

## （一）主键

每个表必有且仅有一个主键，主键不允许为NULL或者重复值，比如，企业财务管理系统薪资管理数据库中员工表employees的主键就是员工编号。用MySQL命令创建主键的方法有两种：第一种是直接在主键后面添加关键字"PRIMARY KEY"；第二种是在创建表列的最后添加"PRIMARY KEY(主键列名)"。

## （二）外键

外键用来与其他表建立关联。表与表之间的关联包括一对一关联、一对多关联、多对多关联。

### 1. 一对一关联

一对一关联表示A表的一条记录只能对应B表的一条记录。在薪资管理数据库中，薪资表与员工表之间的关联就是一对一关联，即一个员工只有一条薪资信息，每条薪资信息也只对应一个员工。

### 2. 一对多关联

一对多关联表示A表的一条记录能对应B表的多条记录，B表的一条记录只能对应A表的一条记录。在薪资管理数据库中，部门表与员工表之间的关联就是一对多关联，即一个部门可以有多个员工，一个员工只能在一个部门。

### 3. 多对多关联

多对多关联表示A表的一条记录能对应B表的多条记录，B表的一条记录也能对应A表的多条记录。在进销存管理数据库中，企业销售的商品表和客户表之间的关联就是典型的多对多关联，即一个商品可以让多个客户购买，一个客户也可以购买多种商品。使用MySQL命令创建外键的方法是：在创建表语句的最后添加"CONSTRAINT 外键约束名 FOREIGN KEY(本表列名) REFERENCES 外表名(外表列名)"。

## （三）数据类型

根据数据的内容和存储需求，MySQL将数据类型分为多个类别，如数值类型、日期和时间类型、字符串类型、二进制数据类型以及其他类型。选择正确的数据类型，对于提升数据库的性能和存储效率至关重要。

### 1. 数值类型

MySQL中的数值类型用于存储整数和浮动点数（浮点数）。数值类型根据存储的数字范围和精度进行分类。常见的数值类型包括以下几种。

- TINYINT：用于存储极小的整数，如状态标识等。其有符号数的取值范围是-128～127，无符号数的取值范围是0～255。
- SMALLINT：用于存储稍大的整数。其有符号数的取值范围是-32 768～32 767，无符号数的取值范围是0～65 535。
- MEDIUMINT：用于存储中等大小的整数。其有符号数的取值范围是-8 388 608～8 388 607，无符号数的取值范围是0～16 777 215。
- INT：用于存储常规的整数，如ID或数量。其有符号数的取值范围是-2 147 483 648～2 147 483 647，无符号数的取值范围是0～4 294 967 295。
- BIGINT：用于存储非常大的整数。其有符号数的取值范围是-9 223 372 036 854 775 808～9 223 372 036 854 775 807，无符号数的取值范围是0～18 446 744 073 709 551 615。
- FLOAT和DOUBLE：用于存储浮点数。FLOAT使用4字节存储数据，适用于精度要求较低的小数；DOUBLE使用8字节存储数据，适用于需要较高精度的小数。
- DECIMAL：用于存储定点数，在需要高精度计算的场景（如货币计算）很常见。使用DECIMAL 存储数据时根据定义的精度和小数位数分配空间，可以避免浮点数类型的精度问题。

> !!!注意
>
> 在MySQL中，浮点数类型包括FLOAT和DOUBLE类型，以科学记数法存储，由符号、指数和尾数位组成，可表示极大值或极小值，但精度有限，计算时易损失精度，适用于对精度要求较低的场景。

### 2. 日期和时间类型

MySQL提供了多种日期和时间类型。

- DATE：用于存储日期（年、月、日）。它使用3字节存储数据，日期范围从1000-01-01到9999-12-31。
- DATETIME：用于存储日期和时间，精确到秒。它使用8字节存储数据，适合存储完整的时间戳，如事件发生的精确时间。
- TIMESTAMP：用于存储自1970-01-01 00：00：01 UTC以来的时间戳，精确到秒。它使用4字节存储数据，可以用来记录数据的创建或修改时间。
- TIME：用于存储时间（时、分、秒），不包含日期。它使用3字节存储数据，适用于存储持续时间或时间段。
- YEAR：用于存储年份，使用1字节存储数据，范围从1901到2155。

### 3. 字符串类型

字符串类型用于存储文本数据。MySQL 提供了定长和变长两种字符串类型，适用于不同的应用需求，具体如下。

- CHAR：定长字符串类型，存储时会根据指定的长度进行填充。例如，如果定义了 CHAR(8)，则无论实际插入的字符数是多少，都会填充空格使其长度为 8。这种类型适用于存储长度固定的字段，如身份号码或电话号码。

- VARCHAR：变长字符串类型，按实际字符长度存储。它会额外存储1字节来标识字符串的长度，适用于存储长度不固定的文本，如产品名称、地址等。

> !!!注意
>
> 在 GB2312 编码下，1个英文字符占用 1字节，1个中文字符占用 2 字节。如果在员工表 employees 中设定 ename CHAR(8)，表示每个字段将分配 8 个字符的存储空间。例如，在插入"刘好"时，尽管该数据只占用 4 字节（2 个汉字，每个汉字占 2 字节），由于 CHAR(8) 是定长字段，MySQL 会分配 8 个字符的存储空间，并用 4 个空格填充，导致存储空间浪费。
>
> 如果设定 ename VARCHAR(8)，将"刘好"放入该字段时，这 2 个汉字实际占用了 4 字节，MySQL 会额外分配1字节用于存储数据的长度信息，数据只需要占用5字节的存储空间。

- TEXT：用于存储长文本数据，如文章、描述等内容。TEXT 类型具有以下几个变种：TINYTEXT（最大 255 字节）、TEXT（最大 65 535 字节）、MEDIUMTEXT（最大 16 777 215 字节）、LONGTEXT（最大4 294 967 295 字节）。

### 4. 二进制数据类型

二进制数据类型用于存储二进制数据，如图像或文件。

BLOB用于存储二进制数据，它具有以下几个变种：TINYBLOB（最大255字节）、BLOB（最大65 535字节）、MEDIUMBLOB（最大16 777 215 字节）、LONGBLOB（最大4 294 967 295字节）。

### 5. 其他类型

- ENUM：用于存储一组预定义的值中的一个。ENUM 是枚举类型，适用于存储一个选项。例如，ENUM('小', '中', '大') 用于存储3个可能的值之一。

- SET：类似于 ENUM，但允许存储多个值。SET是集合类型，适用于存储多个选项的组合。

## （四）创建数据表的具体流程

创建数据表的语法格式如下。

```
CREATE TABLE <表名> (
        <列名 1> <数据类型> [该列所需约束],
        <列名 2> <数据类型> [该列所需约束],
        …
        [<该表的约束 1>,<该表的约束 2>,…]
);
```

其中，数据类型是指定义列中存放的数值种类，数据表中的每个列都要求有名称和数据类型。在数据库中创建数据表时，经常会给各列增加一些约束条件，比如，某列数据不允许有空值，就要使用非空值约束；某列数据不能重复，就要使用不可重复约束。其中，约束条件是在数据类型之外添加一种额外的限制。常见约束包括如下几种。

- PRIMARY KEY：主键约束。一个表中必有且只能有一个主键。
- NOT NULL：非空值约束，表示该列必须有值，不能存在空值。
- UNIQUE：不可重复约束，表示该列值不能重复。
- DEFAULT：设置默认值约束。
- UNSIGNED：无符号约束，声明该列不允许出现负数。
- AUTO_INCREMENT：自动增长约束，表示每添加一条数据，自动在上一条数据的记录数上加1。该约束通常用于设置主键，且为整数类型，可定义起始值和步长。
- ZEROFILL：用0填充，表示数值不足位数的用0来填充，如INT(3),5的值为005。
- COMMENT：添加注释。
- FOREIGN KEY：外键约束。

【任务2.3.1】在xzgl数据库中创建部门表departments以存放企业所有部门信息，该表的具体结构如表2.3.1所示。

表2.3.1　　　　　　　　　　　　部门表departments的具体结构

| 列名 | 数据类型 | 是否为空 | 备注 |
|---|---|---|---|
| dnum | CHAR(3) | NOT NULL | 部门编号，主键 |
| dname | CHAR(20) | NOT NULL | 部门名称 |
| dphone | CHAR(10) | | 部门电话 |

在创建数据表时，数据表的名称、表中数据列的名称最好使用英文小写字母形式，同时每个表都需要设置主键。在departments表中设置部门编号来区分数据表的部门信息。在编译窗口录入并运行以下代码，即可创建departments表。

```
USE xzgl;                         -- 切换到运行命令的特定数据库
CREATE TABLE  departments(
  dnum   CHAR(3) NOT NULL,
  dname  CHAR(20) NOT NULL,
  dphone CHAR(10),
  PRIMARY KEY(dnum)
);
```

需要注意的是：SQL语句不区分大小写，语句中创建的数据表的每一列需要用"，"隔开，SQL语句的末尾需要用"；"来表示语句的结束。此外，departments表的主键是dnum，由于主键本身就不能为空，因此上述代码中第三行dnum后的关键字"NOT NULL"可以省略。

 AI赋能

使用以下提示词可以让AI辅助生成具有指定功能的SQL代码。

请帮助我生成一段可以在MySQL服务器上运行的SQL代码。
（1）使用xzgl数据库（切换到xzgl数据库）；
（2）创建名称为departments的表，该表有3个列，列名分别为dnum、dname、dphone，数据类型分别是CHAR(3)、CHAR(20)、CHAR(10)，其中dnum、dname不能为空，dnum是主键。

【任务2.3.2】在xzgl数据库中创建员工表employees以存放所有员工信息，该表的具体结构如表2.3.2所示。

表2.3.2　　　　　　　　员工表employees的具体结构

| 列名 | 数据类型 | 是否为空 | 备注 |
| --- | --- | --- | --- |
| enum | CHAR(6) | NOT NULL | 员工编号，主键 |
| ename | CHAR(10) | NOT NULL | 员工姓名 |
| education | CHAR(4) | NOT NULL | 教育层次 |
| birthday | DATE | NOT NULL | 出生日期 |
| sex | CHAR(2) | DEFAULT '男' | 性别 |
| workyears | TINYINT(1) | | 工作年限 |
| address | VARCHAR(30) | | 家庭住址 |
| tel | CHAR(12) | | 电话 |
| dnum | CHAR(3) | | 部门编号，外键，来自departments表 |

现实生活中，员工的各种信息和员工表的列名一一对应，将"enum"设置为唯一表示员工的主键，由于每个员工都会有对应的部门，因此员工表中还需要引入部门表的主键"dnum"作为该表的外键。在编译窗口录入并运行以下代码，即可创建employees表。

```
CREATE TABLE  employees(
   enum  CHAR(6) NOT NULL PRIMARY KEY,
   ename  CHAR(10) NOT NULL,
   education  CHAR(4) NOT NULL,
   birthday  DATE NOT NULL,
   sex  CHAR(2) DEFAULT '男',
   workyears  TINYINT(1),
   address  VARCHAR(30),
   tel  CHAR(12),
   dnum  CHAR(3),
   CONSTRAINT fk_dnum FOREIGN KEY(dnum) REFERENCES departments(dnum)
);
```

该代码直接在主键后面录入"PRIMARY KEY"来设置主键；"NOT NULL"的意思是在录入数据时该列数据必须有值，否则会报错；"DEFAULT '男'"表示在录入数据时如果没有录入该列数据，则自动使用默认值"男"作为该列的数据内容；代码"CONSTRAINT fk_dnum FOREIGN KEY(dnum) REFERENCES departments(dnum)"表示在录入数据时employees表的dnum列数据来自departments表的dnum列，并将该外键约束命名为"fk_dnum"。

AI赋能

使用以下提示词可以让AI辅助生成具有指定功能的SQL代码。

请帮助我生成一段可以在MySQL服务器上运行的SQL代码。
（1）创建名称为employees的表，包括enum、ename、education、birthday、sex、workyears、address、tel、dnum共9列，它们对应的数据类型为CHAR(6)、CHAR(10)、CHAR(4)、DATE、CHAR(2)、TINYINT(1)、VARCHAR(30)、CHAR(12)、CHAR(3)；
（2）前面4列不能为空，sex列默认值为"男"。其中，enum是主键；dnum是外键，来自departments表的dnum列，并将该外键约束命名为"fk_dnum"。

【**任务2.3.3**】在xzgl数据库中创建企业薪资表salary以存放各名员工的薪资数据，该表的具体结构如表2.3.3所示。

表2.3.3　　　　　　　　　　　　　薪资表salary的具体结构

| 列名 | 数据类型 | 是否为空 | 备注 |
| --- | --- | --- | --- |
| enum | CHAR(6) | NOT NULL | 员工编号，主键，外键 |
| work_day | TINYINT(2) | NOT NULL | 工作天数 |
| base_wage | DECIMAL(8,2) | NOT NULL | 基本工资 |
| merits_wage | DECIMAL(8,2) | | 绩效工资 |
| bonus_money | DECIMAL(8,2) | | 奖金 |
| subsidy_money | DECIMAL(8,2) | | 津贴 |
| social_base | DECIMAL(8,2) | | 社保缴费基数 |
| extra_deduction | DECIMAL(8,2) | | 专项附加扣除 |
| loss_money | DECIMAL(8,2) | | 缺勤扣款 |
| payroll | DECIMAL(8,2) | | 应发工资 |

salary表的enum来自employees表的enum，而enum既在salary表中作为主键唯一标识每一个员工，又作为外键连接employees表和salary表。在编译窗口录入并运行以下代码，即可创建salary表。

```
CREATE TABLE salary(
    enum CHAR(6) NOT NULL PRIMARY KEY,          -- 设置主键
    work_day TINYINT(2) NOT NULL,               -- 不能为空
    base_wage DECIMAL(8,2) NOT NULL,
    merits_wage DECIMAL(8,2),                   -- 两位小数，最多6位整数
    bonus_money DECIMAL(8,2),
    subsidy_money DECIMAL(8,2),
    social_base DECIMAL(8,2),
    extra_deduction DECIMAL(8,2),
    loss_money DECIMAL(8,2),
    payroll DECIMAL(8,2),
    CONSTRAINT fk_enum FOREIGN KEY(enum) REFERENCES employees(enum)  -- 设置外键
);
```

 **AI赋能**

使用以下提示词可以让AI辅助生成具有指定功能的SQL代码。

请帮助我生成一段可以在MySQL服务器上运行的SQL代码。

（1）创建名称为salary的表，包含enum、work_day、base_wage、merits_wage、bonus_money、subsidy_money、social_base、extra_deduction、loss_money、payroll共10个列，其中enum和work_day两列对应的数据类型分别为CHAR(6)和TINYINT(2)，其他列的数据类型都是DECIMAL(8,2)；

（2）enum列为主键，同时也是外键，来自employees表的enum列，并将该外键约束命名为"fk_enum"。

若xzgl数据库已创建好3个表，使用MySQL Workbench编译器时，可单击"Database"菜单的"Reverse Engineer"命令通过逆向工程生成E-R图，以查看表关联情况；而使用Navicat编译器时，可以直接在E-R图中看到表之间的关联。薪资管理数据库3个表的E-R图如图2.3.1所示。

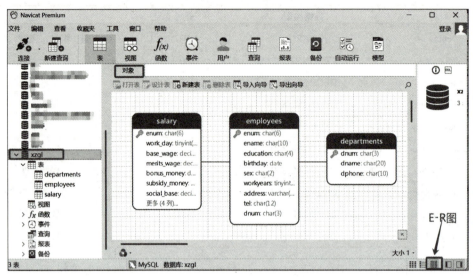

图2.3.1　薪资管理数据库3个表的E-R图

在图2.3.1呈现的E-R图中，3个表之间有两条连线，这些连线代表着它们通过外键相互连接。只要单击任意两个表之间的连线，就能查看把这两个表连接起来的具体外键信息。比如，对于employees表与departments表，由于employees表的dnum列是参照departments表的dnum列设置的，也就是存在外键关联，所以这两个表之间会有一条连线来体现这种关联。

## 二、显示数据表

### （一）显示数据表名

SHOW TABLES是用于显示数据库中的所有数据表的名称的命令，其语法格式为：

```
SHOW TABLES;
```

【任务2.3.4】查看xzgl数据库中建立的所有数据表。

在编译窗口录入并运行以下代码，即可显示在该数据库中建立的所有数据表，如图2.3.2所示。

```
SHOW TABLES;
```

图2.3.2　数据库中建立的所有数据表

### （二）显示数据表结构

DESCRIBE是用于查看特定数据库中具体的某一个表的结构的命令，其语法格式为：

```
DESCRIBE 或者 DESC 表名；
```

其中，DESC是DESCRIBE的缩写，二者用法相同。

【任务2.3.5】查看xzgl数据库中departments表的结构。

在编译窗口录入并运行以下代码，即可显示departments表的结构，如图2.3.3所示。

```
DESC departments;
```

| Field | Type | Null | Key | Default | Extra |
|-------|------|------|-----|---------|-------|
| ▶ dnum | char(3) | NO | PRI | (Null) | |
| dname | char(20) | NO | | (Null) | |
| dphone | char(10) | YES | | (Null) | |

图2.3.3  departments表的结构

## 三、修改数据表

ALTER TABLE用于更改原有表的结构。它可以增加或删减列、创建或取消索引、更改原有列的类型、重新命名列或表。该命令的语法格式如表2.3.4所示。

表2.3.4                     ALTEB TABLE命令的语法格式

| 语法格式 | 代码功能 |
|----------|----------|
| ALTER  TABLE 表名<br>ADD  COLUMN  列定义； | 添加列 |
| ALTER  TABLE 表名<br>ALTER  COLUMN 列名  SET  DEFAULT  默认值； | 修改列默认值 |
| ALTER  TABLE 表名<br>CHANGE COLUMN  旧列名 新列定义； | 重命名列 |
| ALTER  TABLE 表名<br>DROP COLUMN 列名； | 删除列 |
| ALTER  TABLE 表名<br>RENAME TO 新表名； | 重命名表 |

【任务2.3.6】在xzgl数据库的salary表中添加一列，具体设置如表2.3.5所示。

表2.3.5                     在salary表中添加一列的具体设置

| 列名 | 数据类型 | 是否为空 | 备注 |
|------|----------|----------|------|
| per_insurance_fund | DECIMAL(8,2) | | 五险一金（个人） |

在编译窗口录入并运行以下代码即可在salary表中添加per_insurance_fund列。

```
ALTER TABLE salary
ADD COLUMN  per_insurance_fund DECIMAL(8,2);
```

 AI赋能

使用以下提示词可以让AI辅助生成具有指定功能的SQL代码。

请帮助我生成一段可以在MySQL服务器上运行的SQL代码。
在salary表中添加一列，该列的名称为per_insurance_fund，数据类型为DECIMAL(8,2)。

## 四、复制数据表

在需要构建一个结构和目标表结构一样的表时，可以采用复制表的方法来复制现有数据表的结构，其语法格式为：

```
CREATE TABLE 新表名 LIKE 参照表名;
```

【任务2.3.7】在xzgl数据库中创建salary_backup表，其结构和salary表的一样。

在编译窗口录入并运行以下代码，即可在数据库中复制出一个结构和salary表结构一样的salary_backup表，但是不复制表中数据。

```
CREATE TABLE salary_backup LIKE salary;
```

若需复制表结构并同时迁移数据（不保留约束），可以在编译窗口录入并运行以下代码。

```
CREATE TABLE salary_backup2 SELECT * FROM salary;
```

若需复制表结构并同时迁移数据，且要把表的主键、外键等约束也都复制过去，可以在编译窗口录入并运行以下代码。

```
# 步骤1：创建结构相同的表（保留所有约束）
CREATE TABLE salary_backup3 LIKE salary;
# 步骤2：复制数据
INSERT INTO salary_backup3 SELECT * FROM salary;
```

 **AI赋能**

使用以下提示词可以让AI辅助生成具有指定功能的SQL代码。

请帮助我生成一段可以在 MySQL 服务器上运行的 SQL 代码。
(1) 创建表 salary_backup，结构与 salary 完全相同（含主键、外键、索引等约束），但不含数据；
(2) 创建表 salary_backup2，结构与 salary 相同并复制数据，但不含任何约束；
(3) 创建表 salary_backup3，结构与 salary 完全相同（含所有约束），并复制全部数据。

## 五、删除数据表

需要删除一个表时可以使用DROP TABLE命令，其语法格式为：

```
DROP  TABLE   表名1 [,表名2，…];
```

这个命令会将表的描述、表的完整性约束、索引及和表相关的权限等全部删除。

【任务2.3.8】在xzgl数据库中删除salary_backup表。

在编译窗口录入并运行以下代码，即可删除salary_backup表。如果要删除多个表，可将要删除的表的名称用英文逗号隔开。

```
DROP TABLE salary_backup;
```

 **练知识技能**

企业在进行证券投资时构建了量化投资数据库lhtz，这个数据库中存放了企业的资产负债表、利润表等重要数据。

!!!**注意**

　　读者可依据在xzgl案例中介绍的专业知识和提示词，自行编写提示词让AI协助我们编写功能相同的代码，并进行结果比对。在这个过程中，希望读者能将所学知识与AI的优势相结合，更加高效且准确地掌握SQL代码的编写方法及应用场景。

　　【**任务2.3.9**】在lhtz数据库中创建上市企业行业分类表stock_industry，该表的具体结构如表2.3.6所示。

表2.3.6　　　　　　　　　　上市企业行业分类表stock_industry的具体结构

| 列名 | 数据类型 | 是否为空 | 备注 |
|---|---|---|---|
| ts_code | CHAR(6) | NOT NULL | 证券代码，主键 |
| code_name | CHAR(8) | NOT NULL | 证券名称 |
| industry | VARCHAR(8) | NOT NULL | 企业所属行业 |

　　在编译窗口录入并运行以下代码，即可完成上市企业行业分类表的创建。

```
USE  lhtz;                        -- 将当前操作数据库切换到 lhtz 数据库
CREATE TABLE stock_industry(
  ts_code CHAR(6) NOT NULL PRIMARY KEY,              -- 设置主键
  code_name CHAR(8) NOT NULL,
  industry VARCHAR(8) NOT NULL
);
```

　　【**任务2.3.10**】在lhtz数据库创建利润表income，该表的具体结构如表2.3.7所示。

表2.3.7　　　　　　　　　　　利润表income的具体结构

| 列名 | 数据类型 | 是否为空 | 备注 |
|---|---|---|---|
| ts_code | CHAR(6) | NOT NULL | 证券代码，联合主键，外键，来自stock_industry表 |
| end_date | DATE | NOT NULL | 报告期，联合主键 |
| oper_income | DECIMAL(10,2) | | 营业收入 |
| oper_cost | DECIMAL(10,2) | | 营业成本 |
| tax_surchg | DECIMAL(10,2) | | 税金及附加 |
| sell_exp | DECIMAL(10,2) | | 销售费用 |
| admin_exp | DECIMAL(10,2) | | 管理费用 |
| fin_exp | DECIMAL(10,2) | | 财务费用 |
| operate_profit | DECIMAL(10,2) | | 营业利润 |
| non_oper_income | DECIMAL(10,2) | | 营业外收入 |
| non_oper_cost | DECIMAL(10,2) | | 营业外支出 |
| total_profit | DECIMAL(10,2) | | 利润总额 |
| income_tax | DECIMAL(10,2) | | 所得税费用 |
| net_profit | DECIMAL(10,2) | | 净利润 |

在编译窗口录入并运行以下代码，即可完成income表的创建。

```
CREATE TABLE income(                        -- 在 lhtz 数据库中创建 income 表
  ts_code CHAR(6) NOT NULL,                 -- 按照表的结构依次创建数据表的各个列
  end_date DATE NOT NULL,
  oper_income DECIMAL(10,2),
  oper_cost DECIMAL(10,2),
  tax_surchg DECIMAL(10,2),
  sell_exp DECIMAL(10,2),
  admin_exp DECIMAL(10,2),
  fin_exp DECIMAL(10,2),
  operate_profit DECIMAL(10,2),
  non_oper_income DECIMAL(10,2),
  non_oper_cost DECIMAL(10,2),
  total_profit DECIMAL(10,2),
  income_tax DECIMAL(10,2),
  net_profit DECIMAL(10,2),
  PRIMARY KEY(ts_code,end_date),
  CONSTRAINT fk_income FOREIGN KEY(ts_code) REFERENCES stock_industry(ts_code));
-- ts_code 和 end_date 联合作为 income 表的主键
```

【任务2.3.11】在lhtz数据库中创建资产负债表balancesheet，该表的具体结构如表2.3.8所示。

表2.3.8　　　　　　　　　　资产负债表balancesheet的具体结构

| 列名 | 数据类型 | 是否为空 | 备注 |
|---|---|---|---|
| ts_code | CHAR(6) | NOT NULL | 证券代码，联合主键，外键，来自stock_industry表 |
| end_date | DATE | NOT NULL | 报告期，联合主键 |
| cash_all | DECIMAL(10,2) | | 货币资金 |
| receivable | DECIMAL(10,2) | | 应收账款 |
| advances_suppliers | DECIMAL(10,2) | | 预付账款 |
| inventories | DECIMAL(10,2) | | 存货 |
| tol_cur_assets | DECIMAL(10,2) | | 流动资产合计 |
| long_equity | DECIMAL(10,2) | | 长期股权投资 |
| fixed_assets | DECIMAL(10,2) | | 固定资产 |
| intangible_assets | DECIMAL(10,2) | | 无形资产 |
| non_cur_assets | DECIMAL(10,2) | | 非流动资产合计 |
| assets | DECIMAL(10,2) | | 资产总计 |
| short_debt | DECIMAL(10,2) | | 短期借款 |
| accounts_pay | DECIMAL(10,2) | | 应付账款 |
| payroll | DECIMAL(10,2) | | 应付职工薪酬 |
| interest | DECIMAL(10,2) | | 应付利息 |

续表

| 列名 | 数据类型 | 是否为空 | 备注 |
|---|---|---|---|
| cur_liabilities | DECIMAL(10,2) | | 流动负债合计 |
| non_cur_liabilities | DECIMAL(10,2) | | 非流动负债合计 |
| liabilities | DECIMAL(10,2) | | 负债合计 |
| owners_equity | DECIMAL(10,2) | | 所有者权益合计 |

在编译窗口录入并运行以下代码，即可完成balancesheet表的创建。

```
CREATE TABLE balancesheet(          -- 在 lhtz 数据库中创建 balancesheet 表
  ts_code CHAR(6) NOT NULL,         -- 按照表的结构依次创建数据表的各个列
  end_date DATE NOT NULL,
  cash_all DECIMAL(10,2),
  receivable DECIMAL(10,2),
  advances_suppliers DECIMAL(10,2),
  inventories DECIMAL(10,2),
  tol_cur_assets DECIMAL(10,2),
  long_equity DECIMAL(10,2),
  fixed_assets DECIMAL(10,2),
  intangible_assets DECIMAL(10,2),
  non_cur_assets DECIMAL(10,2),
  assets DECIMAL(10,2),
  short_debt DECIMAL(10,2),
  accounts_pay DECIMAL(10,2),
  payroll DECIMAL(10,2),
  interest DECIMAL(10,2),
  cur_liabilities DECIMAL(10,2),
  non_cur_liabilities DECIMAL(10,2),
  liabilities DECIMAL(10,2),
  owners_equity DECIMAL(10,2),
  PRIMARY KEY(ts_code,end_date),
  CONSTRAINT fk_balance FOREIGN KEY(ts_code) REFERENCES stock_industry(ts_code));
/*ts_code 和 end_date 联合作为 balancesheet 表的主键*/
```

【任务2.3.12】为lhtz数据库中的balancesheet表、income表添加列，具体设置如表2.3.9所示。

表2.3.9　　　　　　　　　　　　　添加列的具体设置

| 列名 | 数据类型 | 是否为空 | 备注 |
|---|---|---|---|
| industry | VARCHAR(20) | NOT NULL | 企业所属行业 |

在编译窗口录入并运行以下代码，即可完成两个数据表中数据列的添加。

```
ALTER TABLE balancesheet
ADD COLUMN  industry VARCHAR(20) NOT NULL;
ALTER TABLE income
ADD COLUMN  industry VARCHAR(20) NOT NULL;
```

【任务2.3.13】删除lhtz数据库中balancesheet表和income表中的industry列。

在编译窗口录入并运行以下代码，即可删除两个数据表中的industry列。

```
ALTER TABLE balancesheet
DROP COLUMN  industry;
ALTER TABLE income
DROP COLUMN  industry;
```

【任务2.3.14】查看lhtz数据库中income表的结构。

在编译窗口录入并运行以下代码，即可查看修改后的income表的结构。

```
DESC income;
```

【任务2.3.15】复制lhtz数据库中income表的结构，构建income_backup表。

在编译窗口录入并运行以下代码，即可复制income表的结构。

```
CREATE TABLE income_backup LIKE income;
```

【任务2.3.16】删除lhtz数据库中的income_backup表。

在编译窗口录入并运行以下代码，即可删除income_backup表。

```
DROP TABLE income_backup;
```

在lhtz数据库中创建3个表之后，也可以直接在Navicat编译器对象下的E-R图中查看这些表。图2.3.4展示的E-R图显示了这3个表通过外键相互连接，单击任意两个表之间的连线，即可查看把这两个表连接起来的具体外键信息。

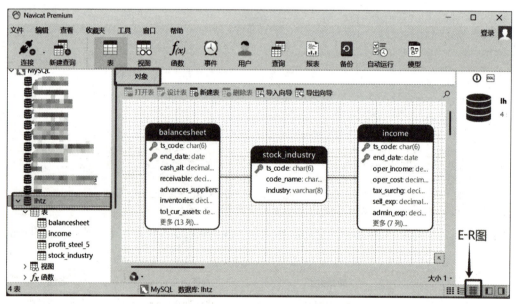

图2.3.4　量化投资数据库3个表的E-R图

## 固知识技能

### 一、填空题

1. 如下代码创建的数据表的名称是_____，主键是_____，外键是_____，在录入数据时如果没有录入tel的值，则使用值_____。

```
CREATE TABLE  students  (
  snum  CHAR(6) NOT NULL PRIMARY KEY,
  sname  CHAR(10) NOT NULL,
  tel  CHAR(12) DEFAULT '13900090001',
  cnum  CHAR(3),
  FOREIGN KEY (cnum) REFERENCES class(cnum)
);
```

2. 如下代码创建的数据表的名称为_____，有_____个列。其中，chinese列为语文成绩列，该列的数据类型为DECIMAL(5, 3)，表示该列有_____位小数，_____位整数。

```
CREATE TABLE  chengji  (
  snum VARCHAR(6) NOT NULL,
  chinese DECIMAL(5, 3) ,
  math DECIMAL(5, 3),
  english DECIMAL(5, 3) ,
  PRIMARY KEY (snum)
);
```

## 二、单选题

1. 建表语句中NOT NULL表示的含义是（　　）。

  A．允许空格　　　　　　　　　B．非空值约束

  C．不允许写入数据　　　　　　D．不允许读取数据

2. 建表语句中的DEFAULT '女'表示的含义是（　　）。

  A．如果该列没有录入数据，则默认为女

  B．不管该列有没有录入数据都默认为女

  C．如果该列没有录入数据，则默认为非女

  D．不管该列有没有录入数据都默认为非女

## 三、编程题

1. 在gdzc数据库中创建固定资产折旧表fixed_assets_depreciation，该表的具体结构如表2.3.10所示。

表2.3.10　　　固定资产折旧表fixed_assets_depreciation的具体结构

| 列名 | 数据类型 | 是否为空 | 备注 |
| --- | --- | --- | --- |
| assets_no | VARCHAR(10) | NOT NULL | 固定资产编号，主键 |
| assets_name | VARCHAR(50) | NOT NULL | 固定资产名称 |
| classification | VARCHAR(30) |  | 固定资产类别 |
| amount | INT(11) | NOT NULL | 数量 |
| unit | VARCHAR(10) |  | 单位 |
| user_department | VARCHAR(30) |  | 使用部门 |
| buy_time | DATE | NOT NULL | 购买日期 |
| original_value | DECIMAL(10,2) | NOT NULL | 原值 |

续表

| 列名 | 数据类型 | 是否为空 | 备注 |
|---|---|---|---|
| depreciation_value | DECIMAL(10,2) | | 月折旧值 |
| impairment | DECIMAL(10,2) | | 固定资产减值 |
| used_status | VARCHAR(10) | | 使用状态 |
| limit_years | INT(11) | | 使用年限 |
| rest_rate | DECIMAL(10,2) | | 残值率 |

2．查看gdzc数据库中数据表的情况。

3．在gdzc数据库的fixed_assets_depreciation表中添加一列，具体设置如表2.3.11所示。

表2.3.11　　　　　　fixed_assets_depreciation表中添加一列的具体设置

| 列名 | 数据类型 | 是否为空 | 备注 |
|---|---|---|---|
| origin | VARCHAR(20) | | 原始信息 |

4．删除fixed_assets_depreciation表的origin列。

5．在sales数据库中创建商品信息表ginfo，该表的具体结构如表2.3.12所示。

表2.3.12　　　　　　　　商品信息表ginfo的具体结构

| 列名 | 数据类型 | 是否为空 | 备注 |
|---|---|---|---|
| gid | CHAR(4) | NOT NULL | 商品编号，主键 |
| gname | VARCHAR(12) | NOT NULL | 商品名称 |
| gclass | VARCHAR(6) | NOT NULL | 商品类别 |
| gprice | DECIMAL(8,2) | DEFAULT NULL | 商品售价 |
| gcost | DECIMAL(8,2) | DEFAULT NULL | 商品成本 |
| mount | INT | DEFAULT 0 | 商品库存 |

6．在sales数据库中创建客户信息表cinfo，该表的具体结构如表2.3.13所示。

表2.3.13　　　　　　　　客户信息表cinfo的具体结构

| 列名 | 数据类型 | 是否为空 | 备注 |
|---|---|---|---|
| cid | CHAR(6) | NOT NULL | 客户编号，主键 |
| cname | VARCHAR(8) | NOT NULL | 客户姓名 |
| cgender | CHAR(2) | | 客户性别 |
| cbirth | DATE | DEFAULT NULL | 客户生日 |
| membership | CHAR(2) | | 是否会员 |
| province | VARCHAR(16) | | 所在省份 |
| city | VARCHAR(20) | | 所在城市 |
| address | VARCHAR(40) | | 地址 |

7. 在sales数据库中创建订单表gorder，该表的具体结构如表2.3.14所示。

表2.3.14　　　　　　　　　　　　订单表gorder的具体结构

| 列名 | 数据类型 | 是否为空 | 备注 |
|---|---|---|---|
| order_id | CHAR(9) | NOT NULL | 订单编号，主键 |
| order_date | DATE | NOT NULL | 订购日期，不能为空 |
| cid | CHAR(6) | | 本次订单的客户编号，外键，来自cinfo表，数据类型必须和cinfo表的客户编号数据类型相同 |
| gid | CHAR(4) | | 本次订单的商品编号，外键，来自ginfo表，数据类型必须和ginfo表的商品编号数据类型相同 |
| saleway | CHAR(8) | | 订购方式 |
| smount | BIGINT(20) | DEFAULT 0 | 订购数量，默认为0 |
| payment | CHAR(2) | DEFAULT"否" | 是否付款，默认为"否" |

# 任务四　插入企业财务数据

 学习目标

【知识目标】掌握不给出列名的单行数据插入、多行数据插入方法，以及给出列名的单行数据插入、多行数据插入方法。

【技能目标】能独立或借助AI完成不给出列名的单行数据插入、多行数据插入，给出列名的单行数据插入、多行数据插入操作；能对AI生成的代码进行甄别与修改，保证代码的正确性。

【素质目标】正确理解量变与质变的辩证关系，认真学习科学文化知识，不断积累，成为技术过硬、信念坚定的国家栋梁。

动画2.4

德技并修

**小强**：每次正式学习之前我都会预习，今天要学习企业财务数据的插入了，感觉每天都在进步。

**大富学长**："不积跬步，无以至千里；不积小流，无以成江海。"我们国家越来越强大，这是几代人不断努力和奋斗的结果。你们年轻人要夯实基本功，向下扎根，将来就能长成一棵无畏风雨的大树。将数据表建立以后，就可以将相关的数据存入数据表中。比如，财务人员要进行企业的薪资管理，那么员工表、部门表、薪资表中就应该保存对应的员工数据、部门数据、薪资数据。虽然有图形化的数据录入界面，但是如果我们要使用Python等编程语言把抓取到的数据存入数据库，就必须要用我们今天要学的命令实现。

**来自企业的技能任务**

SQL 插入语句至关重要。它可以初始化数据库，让系统顺利运转；能及时补充新数据，保持信息实时性。不过插入数据要严格匹配字段的数据类型，避免出错。本任务将通过拆解的小任务，介绍向数据表插入数据的方法，为企业精准决策筑牢数据根基。对于财务人员而言，具体技能要求和任务如下。

| 序号 | 岗位技能要求 | 对应企业任务 |
|---|---|---|
| 1 | 不给出列名的单行数据插入 | 【任务2.4.1】使用"不给出列名的单行数据插入"技能向xzgl数据库的departments表插入财务部的信息 |
| 2 | 不给出列名的多行数据插入 | 【任务2.4.2】使用"不给出列名的多行数据插入"技能向xzgl数据库的departments表插入其他部门的信息 |
| | | 【任务2.4.3】使用"不给出列名的多行数据插入"技能向xzgl数据库的employees表插入多条员工信息 |
| 3 | 给出列名的单行数据插入 | 【任务2.4.4】使用"给出列名的单行数据插入"技能向xzgl数据库的employees表插入员工"唐卓康尔"的信息 |
| 4 | 给出列名的多行数据插入 | 【任务2.4.5】使用"给出列名的多行数据插入"技能向xzgl数据库的salary表插入员工薪资信息 |

 **学知识技能**

创建了数据库和数据表后，下一步就是向表中插入数据。通过INSERT语句可以向表中插入一行或多行数据，其语法格式和描述如表2.4.1所示。

表2.4.1　　　　　　　　　　　向表中插入数据的语法格式和描述

| 语法格式 | 描述 |
|---|---|
| `INSERT INTO 表名 VALUES (…);` | 不给出列名的单行数据插入，要求插入数据的列和表列一一对应，插入一行数据 |
| `INSERT INTO 表名 VALUES (…),(…),(…);` | 不给出列名的多行数据插入，要求插入数据的列和表列一一对应，插入的多行数据用","隔开 |
| `INSERT INTO 表名(列名1,列名2,列名3) VALUES (列1数据,列2数据,列3数据);` | 给出列名的单行数据插入，当插入数据的列数小于表的列数时使用，插入一行数据 |
| `INSERT INTO 表名(列名1,列名2,列名3) VALUES (列1数据,列2数据,列3数据), (列1数据, 列2数据,列3数据);` | 给出列名的多行数据插入，当插入数据的列数小于表的列数时使用，插入的多行数据用","隔开 |

如果给表的全部列插入数据，列名可以省略。如果给表的部分列插入数据，需要指定这些列的列名。对于没有指定的列，它们的值根据列默认值或有关属性来确定。MySQL中的处理原则如下。

（1）具有IDENTITY属性的列，系统生成序号值来唯一标识列。

（2）具有默认值的列，其值为默认值。

（3）没有默认值的列，若允许为空值，则其值为空值；若不允许为空值，则报错。

（4）数据类型为TIMESTAMP的列，系统自动赋值。

# 一、不给出列名的数据插入

## （一）不给出列名的单行数据插入

在向数据表插入单行数据时，如果表的列数和插入数据的列数相同，在编写代码时可以省略表的列名。

【任务2.4.1】使用"不给出列名的单行数据插入"技能向xzgl数据库的departments表插入财务部的信息，具体数据如表2.4.2所示。

表2.4.2 向departments表插入单行数据

| 部门编号 | 部门名称 | 部门电话 |
|---|---|---|
| dnum | dname | dphone |
| 1 | 财务部 | 88657641 |

departments表有3列，插入的数据正好也有3列，因此可以省略表的列名。在编译窗口录入并运行以下代码，即可向表插入数据。需要注意的是，在MySQL中，向数据类型为数值的列插入值时是直接插入的，而向数据类型为字符串（字符）、日期和时间的列插入值时，该值要用英文单引号或英文双引号进行标识。

```
INSERT INTO  departments  VALUES ('1', '财务部', '88657641');
```

**AI赋能**

使用以下提示词可以让AI辅助生成具有指定功能的SQL代码。

请帮助我生成一段可以在MySQL服务器上运行的SQL代码。
不给出列名的单行数据插入。向departments表插入一行数据，依次为1、财务部、88657641，它们的数据类型为字符串型。

## （二）不给出列名的多行数据插入

向数据表插入多行数据时，如果表的列数和插入数据的列数相同，在编写代码时也可以省略表的列名。

【任务2.4.2】使用"不给出列名的多行数据插入"技能向xzgl数据库的departments表插入其他部门的信息，具体数据如表2.4.3所示。

表2.4.3 向departments表插入多行数据

| 部门编号 | 部门名称 | 部门电话 |
|---|---|---|
| dnum | dname | dphone |
| 2 | 行政部 | 88657642 |
| 3 | 经理办公室 | 88657643 |
| 4 | 生产部 | 88657644 |
| 5 | 市场部 | 88657645 |
| 6 | 安全监察部 | 88657646 |

　　departments有3列，插入的数据正好也有3列，因此可以省略表的列名，其中，插入的多行数据用"，"隔开。在编译窗口录入并运行以下代码，即可向表插入多行数据。

```
INSERT INTO  departments  VALUES ('2', '行政部', '88657642'),
                                 ('3', '经理办公室', '88657643'),
                                 ('4', '生产部', '88657644'),
                                 ('5', '市场部','88657645'),
                                 ('6', '安全监察部', '88657646');
```

### AI赋能

　　使用以下提示词可以让AI辅助生成具有指定功能的SQL代码。

请帮助我生成一段可以在MySQL服务器上运行的SQL代码。
不给出列名的多行数据插入。向departments表插入5行数据，分别是：

| | | |
|---|---|---|
| 2 | 行政部 | 88657642 |
| 3 | 经理办公室 | 88657643 |
| 4 | 生产部 | 88657644 |
| 5 | 市场部 | 88657645 |
| 6 | 安全监察部 | 88657646 |

它们的数据类型都是字符串型。

　　【任务2.4.3】使用"不给出列名的多行数据插入"技能向xzgl数据库的employees表插入多条员工信息，具体数据如表2.4.4所示。

表2.4.4　　　　　　　　　　　向employees表插入多行数据

| 员工编号 | 员工姓名 | 教育层次 | 出生日期 | 性别 | 工作年限 | 家庭住址 | 电话 | 部门编号 |
|---|---|---|---|---|---|---|---|---|
| enum | ename | education | birthday | sex | workyears | address | tel | dnum |
| 4003 | 李贞雅 | 本科 | 1990-07-09 | 女 | 6 | 遥临巷115号 | 13987657101 | 4 |
| 5002 | 贺永念 | 本科 | 1984-09-04 | 男 | 8 | 田家湾10号 | 13987657103 | 5 |

　　由于插入数据的列数和表的列数相同，因此可以采用"不给出列名的多行数据插入"技能完成该任务，插入的多行数据使用"，"隔开。在编译窗口录入并运行以下代码，即可向表插入多条员工信息。

```
INSERT INTO employees VALUES('4003','李贞雅','本科','1990-07-09','女',6,'遥临巷115号','13987657101','4'),('5002','贺永念','本科','1984-09-04','男',8,'田家湾10号','13987657103','5');
```

### AI赋能

　　使用以下提示词可以让AI辅助生成具有指定功能的SQL代码。

请帮助我生成一段可以在MySQL服务器上运行的SQL代码。
不给出列名的多行数据插入。向employees表插入两行数据，分别是：

| | | | | | | | | |
|---|---|---|---|---|---|---|---|---|
| 4003 | 李贞雅 | 本科 | 1990-07-09 | 女 | 6 | 遥临巷115号 | 13987657101 | 4 |
| 5002 | 贺永念 | 本科 | 1984-09-04 | 男 | 8 | 田家湾10号 | 13987657103 | 5 |

其中，第4列数据的类型是DATE型，第6列数据的类型为TINYINT型，其他数据的类型都是字符串型。

## 二、给出列名的数据插入

### （一）给出列名的单行数据插入

在向数据表插入单行数据时，如果表的列数和插入数据的列数不同，在编写代码时不能省略表的列名。

【任务2.4.4】使用"给出列名的单行数据插入"技能向xzgl数据库的employees表插入员工"唐卓康尔"的信息，具体数据如表2.4.5所示。

表2.4.5　　　　　　　　　　　向employees表插入单行数据

| 员工编号 | 员工姓名 | 受教育程度 | 出生日期 | 性别 | 工作年限 | 家庭住址 | 电话 | 部门编号 |
|---|---|---|---|---|---|---|---|---|
| enum | ename | education | birthday | sex | workyears | address | tel | dnum |
| 5003 | 唐卓康尔 | 硕士 | 1999-12-07 | 男 | 0 | 北京街10号 | 13987432145 | |

employees有9列，而插入的员工数据中，因为该员工尚未分配部门，所以dnum列空缺；同时，该员工的性别和默认性别相同，所以插入数据时可以使用默认性别。因此，只需要插入7列数据。在编译窗口录入并运行以下代码，即可向给出列名的表插入单行数据。

```
INSERT INTO employees(enum,ename,education,birthday,workyears,address,tel)
VALUES ('5003','唐卓康尔','硕士','1999-12-07',0,'北京街10号','13987432145');
```

 **AI赋能**

使用以下提示词可以让AI辅助生成具有指定功能的SQL代码。

> 请帮助我生成一段可以在MySQL服务器上运行的SQL代码。
> 给出列名的单行数据插入。向employees表插入一行数据：
> 5003　唐卓康尔　硕士　1999-12-07　男　0　北京街10号　13987432145
> 这些数据对应的列名为：
> enum  ename  education  birthday  sex  workyears  address  tel  dnum
> 其中，birthday列的数据类型是DATE型，workyears列的数据类型为TINYINT型，其他数据的类型都是字符串型。

### （二）给出列名的多行数据插入

【任务2.4.5】使用"给出列名的多行数据插入"技能向xzgl数据库的salary表插入员工薪资信息，具体数据如表2.4.6所示。

表2.4.6　　　　　　　　向salary表插入多行数据（金额单位：元）

| 员工编号 | 工作天数 | 基本工资 | 绩效工资 | 奖金 | 津贴 | 社保缴费基数 | 专项附加扣除 |
|---|---|---|---|---|---|---|---|
| enum | work_day | base_wage | merits_wage | bonus_money | subsidy_money | social_base | extra_deduction |
| 4003 | 22 | 5 000 | 700 | 4 000 | 300 | 9 740 | 0 |
| 5002 | 22 | 3 000 | 300 | 3 500 | 800 | 7 340 | 400 |

企业员工的薪资数据列包含两部分：第一部分为每月录入的数据，第二部分为每月月末根据每月录入数据计算得到的数据。第一部分数据需要由财务人员插入，而第二部分数据需要设置相关算法进行集合计算。在编译窗口录入并运行以下代码，即可向表中插入给出列名的多行员工薪资数据。

```
INSERT INTO salary(enum,work_day,base_wage,merits_wage,bonus_money,subsidy_
money, social_base,extra_deduction) VALUES ('4003',22,5000,700,4000,300,9740,0),
('5002',22,3000,300,3500,800,7340,400);
```

 **AI赋能**

使用以下提示词可以让AI辅助生成具有指定功能的SQL代码。

请帮助我生成一段可以在MySQL服务器上运行的SQL代码。
给出列名的多行数据插入。向salary表插入两行数据：

| 4003 | 22 | 5000 | 700 | 4000 | 300 | 9740 | 0 |
| 5002 | 22 | 3000 | 300 | 3500 | 800 | 7340 | 400 |

这些数据对应的列名为：
enum、work_day、base_wage、merits_wage、bonus_money、subsidy_money、social_base、extra_deduction
其中，enum列的数据类型是字符串型，work_day列的数据类型是TINYINT型，其他列的数据类型是DECIMAL型。

 **练知识技能**

【任务2.4.6】在lhtz数据库的stock_industry表中插入证券代码为"300123"的上市企业"亚光科技"，所属行业为"国防军工"。

在编译窗口录入并运行以下代码，即可向stock_industry表插入数据。

```
INSERT INTO stock_industry(ts_code,code_name,industry)
VALUES('300123','亚光科技','国防军工');
```

【任务2.4.7】在lhtz数据库的income表中插入证券代码为"300123"的上市企业2024年的利润表数据，如表2.4.7所示。

表2.4.7　　　　　　　　　　　　　利润表数据　　　　　　　　　　金额单位：万元

| 证券代码 | 报告期 | 营业收入 | 营业成本 | 税金及附加 | 销售费用 | 管理费用 | 财务费用 | 营业外收入 | 营业外支出 |
|---|---|---|---|---|---|---|---|---|---|
| ts_code | end_date | oper_income | oper_cost | tax_surchg | sell_exp | admin_exp | fin_exp | non_oper_income | non_oper_cost |
| 300123 | 20241231 | 900 | 300 | 34 | 58 | 100 | 50 | 200 | 89 |

在编译窗口录入并运行以下代码，即可向income表插入数据。

```
INSERT INTO income(ts_code,end_date,oper_income,oper_cost,tax_surchg,sell_exp,
admin_exp, fin_exp,non_oper_income,non_oper_cost)
VALUES('300123','20241231',900,300,34,58,100,50,200,89);
```

【**任务2.4.8**】在lhtz数据库的balancesheet表中插入证券代码为"300123"的上市企业2024年的资产负债表数据，如表2.4.8所示。

表2.4.8　　　　　　　　　　　　　资产负债表数据　　　　　　　　　　　金额单位：万元

| 证券代码 | 报告期 | 货币资金 | 应收账款 | 预付账款 | 存货 | 长期股权投资 | 固定资产 | 无形资产 | 短期借款 | 应付账款 | 应付职工薪酬 | 应付利息 |
|---|---|---|---|---|---|---|---|---|---|---|---|---|
| ts_code | end_date | cash_all | receivable | advances_suppliers | inventories | long_equity | fixed_assets | intangible_assets | short_debt | accounts_pay | payroll | interest |
| 300123 | 20241231 | 500 | 1000 | 200 | 800 | 1300 | 1500 | 50 | 200 | 600 | 1050 | 500 |

在编译窗口录入并运行以下代码，即可向balancesheet表插入数据。

```
INSERT INTO  balancesheet(ts_code,end_date,cash_all,receivable,advances_
suppliers, inventories,long_equity,fixed_assets,intangible_assets,short_
debt,accounts_pay,
payroll,interest)
VALUES('300123','20241231',500,1000,200,800,1300,1500,50,200,600,1050,500);
```

 固知识技能

## 一、填空题

1. 请对代码 "INSERT INTO xs VALUES('081101','王林','计算机',1,'1990-02-10', 50,NULL,NULL);"进行适当的解释。

（1）该代码完成的是向表＿＿＿＿数据的操作。

（2）该代码操作的表的名称是＿＿＿＿。

2. 请对代码 "INSERT INTO departments(dnum,dname,dphone)VALUES('008','会计学院','0731-88116465');"进行适当的解释。

（1）该代码操作的表的名称是＿＿＿＿。

（2）该表中插入数据的列名分别是＿＿＿＿、＿＿＿＿、＿＿＿＿。

## 二、单选题

1. 向数据表中插入记录的SQL关键字是（　　　）。

A．DELETE　　　　　　　　　　B．UPDATE

C．INSERT　　　　　　　　　　D．SELECT

2. 下面的SQL语句应补充的关键字是（　　　）。

＿＿＿＿ INTO client (s_name)＿＿＿＿('贺亚平')

A．UPDATE，VALUES　　　　　B．INSERT，VALUE

C．INSERT，VALUES　　　　　D．DELETE，LIKE

## 三、编程题

1. 在gdzc数据库的fixed_assets_depreciation表中插入表2.4.9所示的固定资产数据。

表2.4.9 固定资产数据 金额单位：元

| 固定资产编号 | 固定资产名称 | 固定资产类别 | 数量 | 单位 | 使用部门 | 购买日期 | 原值 | 月折旧值 | 固定资产减值 | 使用状态 | 使用年限 | 残值率 |
|---|---|---|---|---|---|---|---|---|---|---|---|---|
| assets_no | assets_name | classification | amount | unit | user_department | buy_time | original_value | depreciation_value | impairment | used_status | limit_years | rest_rate |
| 1010001 | 办公楼 | 房屋建筑物 | 1 | 栋 | 行政部 | 2018-08-12 | 5 000 000 | 448 611.11 | | 正在使用 | 30 | 0.05 |

2. 在sales数据库的cinfo表中插入客户信息数据，如表2.4.10所示。

表2.4.10 在cinfo表中插入客户信息数据

| 客户编号 | 客户姓名 | 客户性别 | 客户生日 | 是否会员 | 所在省份 | 所在城市 | 地址 |
|---|---|---|---|---|---|---|---|
| cid | cname | cgender | cbirth | membership | province | city | address |
| 100002 | 葛天 | 女 | 2001-02-03 | 是 | 湖南省 | 邵阳市 | 遥临巷3栋301 |
| 100001 | 蔡五 | 女 | 2000-01-01 | 是 | 湖南省 | 长沙市 | 九方小区2栋201 |

3. 在sales数据库的ginfo表中插入商品信息数据，如表2.4.11所示。

表2.4.11 在ginfo表中插入商品信息数据

| 商品编号 | 商品名称 | 商品类别 | 商品售价 | 商品成本 | 商品库存 |
|---|---|---|---|---|---|
| gid | gname | gclass | gprice | gcost | mount |
| 1001 | 高跟鞋 | 鞋类 | 169 | 86 | 300 |
| 1019 | 头饰 | 饰品类 | 40 | 10 | 3002 |

4. 在sales数据库的gorder表中插入一条订单数据，如表2.4.12所示。

表2.4.12 在gorder表中插入一条订单数据

| 订单编号 | 订购日期 | 本次订单的客户编号 | 本次订单的商品编号 | 订购方式 | 订购数量 | 是否付款 |
|---|---|---|---|---|---|---|
| 100000001 | 2024-02-01 | 100001 | 1019 | 线上自营 | 3 | 是 |

# 企业财务数据清洗

本项目的核心在于阐述企业财务数据的清洗方法，旨在通过一系列操作提高数据库中的数据质量，为企业决策提供可靠的数据支持。

- 修改操作：及时更新发生变动的数据，确保数据能实时反映企业的最新动态。随着企业的发展，数据会不断更新，此操作可以保证数据的及时性。
- 删除操作：可有效清理冗余或无用的数据。在企业的日常运营中，会产生大量的数据，其中不乏过时或重复的数据，通过删除操作可以保证数据库的简洁性和数据的有效性。

## 任务一　修改企业财务数据

### 学习目标

【知识目标】掌握有WHERE子句和无WHERE子句的表数据修改方法。

【技能目标】能独立或借助AI完成有WHERE子句和无WHERE子句的表数据修改；能对AI生成的代码进行甄别与修改，保证代码的正确性。

【素质目标】培养执着专注、精益求精、一丝不苟、追求卓越的工匠精神，认真对待数据清洗工作。

动画3.1

### 德技并修

**大富学长**：在企业实务中，企业先建立用于财务管理的数据库，再建立存放数据的数据表，然后将数据存入数据表，接下来可能会遇到对数据表的数据进行修改、删除的场景。比如，一个员工由于技能级别提升（由原来的初级晋升到中级），因此他的薪资需要增加，这个时候就需要使用修改语句对薪资表中的数据进行修改。我们在对数据表中的数据进行修改时，一定要秉承执着专注、精益求精、一丝不苟、追求卓越的工匠精神。数据表中的数据对企业而言非常重要，是企业进行数据分析的基础，一定不能出错。

**小强**：我国自古就有尊崇和弘扬工匠精神的优良传统，瓷器、丝绸、木雕等精美制品和许多庞大壮观的工程都展示了我们先进的工艺水平，这些都离不开技术人员精益求精的工匠精神。我们这一代人一定会将这种精神延续下去，认真、踏实地学好技术。

**来自企业的技能任务**

| 序号 | 岗位技能要求 | 对应企业任务 |
|------|------------|-------------|
| 1 | 有WHERE子句的表数据修改 | 【任务3.1.1】财务人员在核对薪资管理数据时发现，员工编号是"4003"的员工的工作天数应该是21天，请修改salary表中相应员工的数据 |
| 2 | 无WHERE子句的表数据修改 | 【任务3.1.2】在xzgl数据库的salary表中，通过公式计算该表中所有员工的缺勤扣款数据，其中：缺勤扣款=(22-工作天数)×400 |
|  |  | 【任务3.1.3】在xzgl数据库的salary表中，通过公式计算该表中所有员工的应发工资数据、五险一金（个人）数据，其中：<br>应发工资=基本工资+绩效工资+奖金+津贴-缺勤扣款<br>五险一金（个人）=社保缴费基数×0.03 |

**特别说明：**

（1）从本任务开始，所有案例数据库的数据表中都新增了数据；

（2）后续每次任务的操作起点都是本任务完成后的数据集。

 **学知识技能**

# 一、有WHERE子句的表数据修改

在数据表中插入初始数据后，财务人员可以使用相关公式对数据表中需要计算的数据列统一计算，然后得出结果。如果在进行数据检查时发现特定数据需要修改，可以通过修改语句完成。

要修改表中的数据，可以使用UPDATE语句。UPDATE语句可以用来修改一个表，也可以用来修改多个表。修改表数据的语法格式如表3.1.1所示。

表3.1.1　　　　　　　　　　　　　　修改表数据的语法格式

| 语法格式 | 代码功能 |
|---------|---------|
| UPDATE　表名<br>SET　列名1=表达式1，列名2=表达式2，…； | 修改数据表中的所有数据，令指定列数值等于表达式的值。如果指定多个列，则列与列之间用","隔开 |
| UPDATE　表名<br>SET　列名1=表达式1，列名2=表达式2，…<br>WHERE　条件； | 修改数据表中满足WHERE条件的数据，令指定列数值等于表达式的值。如果指定多个列，则列与列之间用","隔开 |

上述语法格式中，SET子句要根据WHERE子句中指定的条件对符合条件的数据行进行修改。若语句中不设定WHERE子句，则修改所有行。若同时修改所在数据行的多个列值，则列与列之间用","隔开。

【任务3.1.1】财务人员在核对薪资管理数据时发现，员工编号是"4003"的员工的工作天数应该是21天，请修改salary表中相应员工的数据。

在这个业务场景中，需要修改员工编号是"4003"的员工的工作天数，所以需要使用WHERE子句。在编译窗口录入并运行以下代码，即可对4003号员工的工作天数进行修改。

```
UPDATE salary
SET work_day=21
```

```
WHERE enum='4003';
```

 **AI赋能**

　　使用以下提示词可以让AI辅助生成具有指定功能的SQL代码。

请帮助我生成一段可以在MySQL服务器上运行的SQL代码。
修改salary表，将该表中enum为"4003"的数据的work_day改为21，其中enum的数据类型是字符串类型，work_day的数据类型是整数类型。

## 二、无WHERE子句的表数据修改

【任务3.1.2】在xzgl数据库的salary表中，通过公式计算该表中所有员工的缺勤扣款数据，其中：

$$缺勤扣款=(22-工作天数)\times 400$$

　　在这个业务场景中，需要对数据表的所有数据进行计算、修改，因此不需要使用WHERE子句。在编译窗口录入并运行如下代码，即可计算salary表中所有员工的缺勤扣款数据。

```
UPDATE salary
SET loss_money=(22- work_day)*400;
```

 **AI赋能**

　　使用以下提示词可以让AI辅助生成具有指定功能的SQL代码。

请帮助我生成一段可以在MySQL服务器上运行的SQL代码。
修改salary表，将该表中所有记录的loss_moneys列的值设置成(22- work_day)*400。

　　【任务3.1.3】在xzgl数据库的salary表中，通过公式计算该表中所有员工的应发工资数据、五险一金（个人）数据，其中：

$$应发工资=基本工资+绩效工资+奖金+津贴-缺勤扣款$$
$$五险一金（个人）=社保缴费基数\times 0.03$$

　　由于需要对整个数据表所有员工的应发工资、五险一金（个人）数据进行计算、修改，因此不需要使用WHERE子句；同时，由于需要计算两个列的数据，因此在录入计算公式时，两个公式需要使用"，"隔开。在编译窗口录入并运行如下代码，即可计算、修改salary表中所有员工的应发工资数据、五险一金（个人）数据。

```
UPDATE salary
SET payroll=base_wage+merits_wage+bonus_money+subsidy_money-loss_money, per_
insurance_fund=social_base*0.03;
```

 **AI赋能**

　　使用以下提示词可以让AI辅助生成具有指定功能的SQL代码。

请帮助我生成一段可以在MySQL服务器上运行的SQL代码。
请修改salary表：
（1）将该表中所有记录的payroll列的值设置成base_wage+merits_wage+bonus_money+subsidy_money-loss_money；
（2）将该表中所有记录的per_insurance_fund列的值设置成social_base*0.03。

练知识技能

【**任务3.1.4**】依据利润计算公式，完成lhtz数据库的income表中营业利润、利润总额、所得税费用、净利润数据的计算。相关公式为：

$$营业利润=营业收入-营业成本-税金及附加-销售费用-管理费用-财务费用$$
$$利润总额=营业利润+营业外收入-营业外支出$$
$$所得税费用=利润总额 \times 0.25$$
$$净利润=利润总额-所得税费用$$

在编译窗口录入并运行如下代码，即可修改income表中需要计算的所有列数据。

```
UPDATE income
SET operate_profit=oper_income-oper_cost-tax_surchg-sell_exp-admin_exp-fin_exp,
    total_profit=operate_profit+non_oper_income-non_oper_cost,
    income_tax=total_profit*0.25,
    net_profit=total_profit-income_tax;
```

【**任务3.1.5**】依据资产负债计算公式，完成lhtz数据库的balancesheet表中流动资产合计、非流动资产合计、资产合计、流动负债合计、负债合计、所有者权益合计数据的计算。相关公式为：

$$流动资产合计=货币资金+应收账款+预付账款+存货$$
$$非流动资产合计=长期股权投资+固定资产+无形资产$$
$$资产总计=流动资产合计+非流动资产合计$$
$$流动负债合计=短期借款+应付账款+应付职工薪酬+应付利息$$
$$负债合计=流动负债合计+非流动负债合计$$
$$所有者权益合计=资产总计-负债合计$$

在编译窗口录入并运行如下代码，即可修改balancesheet表中需要计算的所有列数据。

```
UPDATE balancesheet
SET tol_cur_assets=cash_all+receivable+advances_suppliers+inventories,
    non_cur_assets=long_equity+fixed_assets+intangible_assets,
    assets=tol_cur_assets+non_cur_assets,
    cur_liabilities=short_debt+accounts_pay+payroll+interest,
    liabilities=cur_liabilities+non_cur_liabilities,
    owners_equity=assets-liabilities;
```

固知识技能

### 一、单选题

1. 代码"UPDATE student SET s_name ='王军'"的执行结果是（　　　）。

　　A. 只对姓名为"王军"的记录进行更新

　　B. 把表的名称改为"s_name"

　　C. 将表中所有人的姓名都更新为"王军"

　　D. 语句不完整，不能执行

2. 修改表记录的SQL语句关键字是（　　　）。

    A．DELETE

    B．UPDATE

    C．INSERT

    D．SELECT

### 二、编程题

1. 在gdzc数据库的fixed_assets_depreciation表中，将编号为"1020001"的固定资产使用状态设置为"闲置"。

2. 在gdzc数据库的fixed_assets_depreciation表中，将编号为"1020001"的固定资产使用部门设置为"生产部"。

3. 订单编号为"100000006"的客户收到货后，立刻完成付款。请在sales数据库的gorder表中修改该笔订单的付款状态，即将payment更新为"是"。

4. 客户编号为"100001"的客户更新自己的收货地址为"八峰小区32栋2101"。请在sales数据库的cinfo表中更新该客户的收货地址。

5. 订单编号为"100000002"的客户在购买商品编号为"1004"的商品后，将该商品的订购数量smount在原来的基础上增加2。基于销售的业务逻辑，ginfo表中该商品库存mount会减少2。请对sales数据库的gorder表和ginfo表的数据进行更新。

# 任务二　删除企业财务数据

## 学习目标

【知识目标】掌握有WHERE子句的表数据删除、同时删除两个表的数据、使用TRUNCATE TABLE语句删除表数据、无WHERE子句的表数据删除方法。

动画3.2

【技能目标】能独立或借助AI完成有WHERE子句的表数据删除、同时删除两个表的数据、使用TRUNCATE TABLE语句删除表数据、无WHERE子句的表数据删除；能对AI生成的代码进行甄别与修改，保证代码的正确性。

【素质目标】对待事物能够"取其精华，去其糟粕"，能够辩证地看待问题，努力提升个人专业能力水平。

## 德技并修

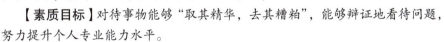

**大富学长：**"取其精华，去其糟粕"讲的是吸取事物中好的、有用的部分，舍弃事物中坏的、无用的部分。我们要学会从中华优秀传统文化中汲取智慧和力量，古为今用，固本培元，磨砺心性。在企业财务相关的数据库中，随着业务量的增长和业务类型的变化，数据表中会有越来越多的数据，同时也会产生非常多的无效数据，占用服务器大量的存储资源。今天我们要学习的技能就是删除数据表中的无效数据。

**小强：**学长的"取精华、去糟粕、修己身、学技能、兴中华"这番话，我们已牢记于心，并且必定付诸行动。

来自企业的技能任务

| 序号 | 岗位技能要求 | 对应企业任务 |
|---|---|---|
| 1 | 有WHERE子句的单表数据删除 | 【任务3.2.1】员工编号为"1002"的员工因为个人原因离职，该员工的所有数据需要删除，请帮助财务人员将该员工在salary表中的相关数据删除，再将其在employees表中的相关数据删除 |
| 2 | 同时删除两个表的数据 | 【任务3.2.2】员工编号为"2002"的员工因为个人原因离职，该员工的所有数据需要删除，请帮助财务人员将该员工在employees表和salary表中的相关数据同时删除 |
| 3 | 使用TRUNCATE TABLE语句删除表数据 | 【任务3.2.3】如果某种情况下需要将salary表的数据全部删除，请使用TRUNCATE TABLE语句完成 |
| 4 | 无WHERE子句的表数据删除 | 【任务3.2.4】如果某种情况下需要将employees表的数据全部删除，请使用无WHERE子句的表数据删除语句完成 |

学知识技能

## 一、有WHERE子句的数据删除

在MySQL中，可以使用DELETE语句删除表中的一行或者多行数据。除了使用DELETE语句从单个或多个表中删除数据，还可以使用TRUNCATE TABLE语句删除指定表中的所有数据，具体语法格式如表3.2.1所示。

表3.2.1 删除表数据语法格式

| 语法格式 | 代码功能 |
|---|---|
| `DELETE FROM 表名；` | 删除单个数据表中的所有数据 |
| `DELETE 表名1，表名2，…`<br>`FROM 表名1，表名2，…`<br>`[WHERE 条件]；` | 删除多个数据表中的数据。若有WHERE条件子句，则删除满足WHERE条件的数据；若没有，则删除数据表中的全部数据 |
| `TRUNCATE TABLE 表名；` | 删除指定表中的所有数据 |

TRUNCATE TABLE语句的功能与无WHERE子句的DELETE语句的功能相同，二者均可删除表中的全部行，但使用TRUNCATE TABLE删除表数据的速度比使用DELETE删除表数据的速度快，且使用的系统资源和事务日志资源较少。DELETE语句每次删除一行数据，便会在事务日志中为所删除的每行数据记录一项日志。而TRUNCATE TABLE通过释放存储表数据所用的数据页来删除数据，并且只在事务日志中记录页的释放。对于使用了索引和视图的表，不能使用TRUNCATE TABLE语句删除数据，而应使用DELETE语句删除数据。

【任务3.2.1】员工编号为"1002"的员工因为个人原因离职，该员工的所有数据需要删除，请帮助财务人员将该员工在salary表中的相关数据删除，再将其在employees表中的相关数据删除。

本任务中需要删除员工编号为"1002"的员工的薪资信息，所以需要使用WHERE子句进行有选择的数据删除。由于该员工的薪资信息和基本情况信息分别存放在两个数据表中，可以分别使用DELETE语句删除两个表中的数据，但是，由于salary表的员工编号是来自employees表的外键，所以删除数据时应当先删除外键所在表中的数据，再删除源表中的数据。在编译窗口录入并运行以下代码，即可将两个数据表中的无效数据先后删除。

```
DELETE FROM  salary
WHERE enum='1002';
DELETE FROM  employees
WHERE enum='1002';
```

 **AI赋能**

使用以下提示词可以让AI辅助生成具有指定功能的SQL代码。

请帮助我生成一段可以在MySQL服务器上运行的SQL代码。
依次从salary、employees表中删除enum为"1002"的数据，其中enum的数据类型是字符串类型。

【任务3.2.2】员工编号为"2002"的员工因为个人原因离职，该员工的所有数据需要删除，请帮助财务人员将该员工在employees表和salary表中的相关数据同时删除。

在任务3.2.1中，1002号员工的数据是通过两个步骤删除的：先删除salary表中的数据，再删除employees表中的数据。其实，这两个步骤可以统一在一个语句中完成。用DELETE删除多个表的数据的操作与用DELETE删除单个表的数据的操作略有不同，删除多个表的数据不但要在FROM关键字后输入需要删除数据的表名，还要在DELETE关键字后输入需要删除数据的表名，同时要在WHERE子句中说明两个表之间的连接关系。

在编译窗口录入并运行以下代码，即可将两个数据表的无效数据同时删除。

```
DELETE salary,employees
FROM  salary,employees
WHERE salary.enum=employees.enum AND employees.enum='2002';
```

 **AI赋能**

使用以下提示词可以让AI辅助生成具有指定功能的SQL代码。

请帮助我生成一段可以在MySQL服务器上运行的SQL代码。
使用一条DELETE语句删除employees表和salary表中enum为"2002"的数据，其中enum的数据类型是字符串类型。

## 二、无WHERE子句的数据删除

【任务3.2.3】如果某种情况下需要将salary表的数据全部删除，请使用TRUNCATE TABLE语句完成。

TRUNCATE TABLE删除表数据的限制比较多，若某表被其他表进行外键引用，则不能使用该语句删除表数据。同时，使用该语句删除的数据没有写入日志，因此无法恢复，这也是该语句的一个缺点。在编译窗口录入并运行以下代码，即可将salary表的数据删除。

```
TRUNCATE TABLE salary;
```

**AI赋能**

　　使用以下提示词可以让AI辅助生成具有指定功能的SQL代码。

请帮助我生成一段可以在 MySQL 服务器上运行的 SQL 代码。
用 TRUNCATE TABLE 语句删除 salary 数据表中的所有数据。

　　【任务3.2.4】如果某种情况下需要将employees表的数据全部删除，请使用无WHERE子句的表数据删除语句完成。

　　在删除表数据的时候，如果没有写WHERE子句，则会将表中所有数据全部删除。在编译窗口录入并运行以下代码，即可将employees表的数据全部删除。

```
DELETE FROM employees;
```

**AI赋能**

　　使用以下提示词可以让AI辅助生成具有指定功能的SQL代码。

请帮助我生成一段可以在 MySQL 服务器上运行的 SQL 代码。
用 DELETE 语句删除 employees 数据表中的所有数据。

 **练知识技能**

　　【任务3.2.5】对lhtz数据库进行以下操作：删除balancesheet表中证券代码为"300123"且报告期为"2022-12-31"的企业信息。

　　在编译窗口录入并运行以下代码，即可完成数据的删除。

```
DELETE FROM balancesheet
WHERE ts_code='300123'AND end_date='2022-12-31';
```

　　【任务3.2.6】假设证券代码为"300123"的企业退市，请帮助工作人员在lhtz数据库的stock_industry表、income表、balancesheet表中删除该企业的所有相关信息。

　　在编译窗口录入并运行以下代码，即可完成关联数据的删除。请讨论数据表的删除顺序。

```
DELETE FROM income
WHERE ts_code='300123';
DELETE FROM  balancesheet
WHERE ts_code='300123';
DELETE FROM stock_industry
WHERE ts_code='300123';
```

 **固知识技能**

**一、填空题**

　　课程表的数据如图3.2.1所示。如果要将该表中课程号为"2"的课程删除，命令是：

```
DELETE _____ 课程表
WHERE 课程号 ='_____';
```

图3.2.1 课程表的数据

## 二、判断题

1. 当一个表中所有行都被DELETE语句删除后，该表也同时被删除了。（　　）
2. 使用TRUNCATE TABLE删除表数据的速度比使用DELETE删除表数据的速度慢。（　　）

## 三、单选题

1. 代码"DELETE FROM student WHERE snum>5"中，如果取消"WHERE snum>5"，只执行"DELETE FROM student"，这意味着（　　）。

    A．删除student表

    B．删除student表的所有记录

    C．删除数据库student

    D．语句不完整，不能执行

2. 关于代码"DELETE FROM bonus WHERE ename='贺亚平'"的说法错误的是（　　）。

    A．这是一条删除语句

    B．删除的是bonus表的记录

    C．删除的是满足ename='贺亚平'的行数据

    D．删除的是满足bonus='贺亚平'的行数据

## 四、编程题

1. 企业将闲置固定资产进行出售，请帮助财务人员在gdzc数据库中将使用状态为"闲置"的固定资产从gdzc数据库的fixed_assets_depreciation表中删除

2. 经过分析，企业在售的商品中"靴子"销量非常差，一直都没有销售记录，因此请将该商品在sales数据库的ginfo表中删除，后续不进行销售。

3. 经过分析，客户编号为"100023"的客户没有购买记录，假设该客户的账号长达6年都没有激活记录，请在sales数据库的cinfo表中将该客户删除。

# 项目四

## 企业财务数据分析与优化

在企业实务中，财务人员需要对财务数据进行分析与挖掘，以获取更有价值的信息，基本思路如图4.0.1所示。本项目的学习内容包含7个部分：单表查询、查询结果排序、多表查询、聚合函数和嵌套查询、分组查询、视图操作、提升查询效率。

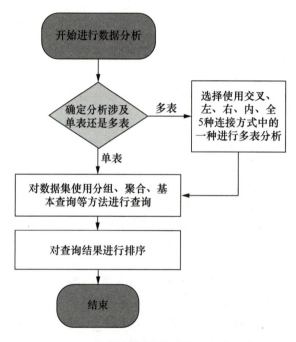

图4.0.1　企业数据分析与优化的基本思路

## 任务一　单表查询

### 学习目标

【知识目标】掌握财务数据单表查询的方法，理解其功能机制。

【技能目标】能独立或借助AI完成无WHERE子句和有WHERE子句的单表查询，以及指定列的查询；能对AI生成的代码进行甄别与修改，保证代码的正确性。

【素质目标】明白个人的成长主要靠自身努力，能够克己修身，实现自我价值的提升。

动画4.1

**德技并修**

**大富学长**：儒家四圣之一的曾子在回答孔子的提问时说过，"吾日三省吾身：为人谋而不忠乎？与朋友交而不信乎？传不习乎？"这句话讲的是：曾子每天都多次自觉反省——为别人做的事是否尽心竭力，与朋友交往是否诚心诚意，老师传授的学业是否温习了。简而言之，其中的道理就是做人要不断检视自己，发现自身缺点，弥补自身不足。其实，企业在生产经营中也经常要复盘任务实施情况。企业经营者可以通过SQL查询语句查询数据库中的有关数据，对企业的经营情况进行分析。今天我们就要学习如何对企业员工薪资情况、投资企业财务分析情况、固定资产情况进行查询和分析。

**小强**：这一点我做得还不够好，以后的生活中我一定要克己修身。我的改变，就从好好学习使用查询语句来分析企业经营状况开始吧！

**来自企业的技能任务**

| 序号 | 岗位技能要求 | 对应企业任务 |
|---|---|---|
| 1 | 无WHERE子句的单表查询 | 【任务4.1.1】请帮助财务部工作人员通过salary表查看本月所有员工的薪资情况 |
| 2 | 查询指定的列与定义列别名 | 【任务4.1.2】请帮助工会通过employees表查询所有员工的姓名、电话、家庭住址，以便寄送员工福利，并为对应的ename、tel、address 3列指定中文别名 |
| 3 | 消除重复的行 | 【任务4.1.3】请帮助财务部工作人员通过employees表查询本企业员工的教育层次情况，并消除重复的行 |
| 4 | 计算列值 | 【任务4.1.4】请帮助财务部工作人员通过salary表计算所有员工应发工资减去五险一金（个人）后的结果 |
| 5 | 有WHERE子句的单表查询 | 【任务4.1.5】请帮助财务部工作人员通过salary表查询员工编号为"4003"的员工本月的工作天数与缺勤扣款 |
| | | 【任务4.1.6】请帮助财务部工作人员通过employees表查询工作年限大于6年的企业员工信息 |
| | | 【任务4.1.7】请帮助财务部工作人员通过salary表查看应发工资低于8 000元且奖金低于3 000元的员工的薪资情况 |
| | | 【任务4.1.8】请帮助财务部工作人员通过employees表查询家庭住址包含"金星路"3个字的员工信息 |
| | | 【任务4.1.9】请帮助工会通过employees表查询1990—1999年出生的员工的姓名、电话、家庭住址，以便进行相关调研 |
| | | 【任务4.1.10】请帮助财务部工作人员通过employees表查询教育层次为"博士""硕士"的员工信息 |
| | | 【任务4.1.11】请帮助财务部工作人员通过employees表查询尚未分配部门的员工信息 |

**特别说明：**

本任务的操作起点是项目三任务一数据修改任务完成后的数据集。后续每次任务的操作起点都是该数据集，不再一一说明。

 学知识技能

使用数据库和数据表的主要目的是存储数据，以便在需要时进行检索、统计或组织输出。使用SQL查询语句，可以从表或视图中快捷、高效地检索数据。简单的SELECT语句的语法如下：

```
SELECT    输出列表达式
FROM      表名
[WHERE    条件];
```

## 一、无WHERE子句的单表查询

无WHERE子句的单表查询是最简单的查询，其语法格式为：

```
SELECT *
FROM 表名；
```

在SELECT语句指定列的位置上使用"*"时，表示查询表中的所有列。无WHERE子句的单表查询功能相当于对FROM后面特定表中的所有数据进行查找、显示。

【任务4.1.1】请帮助财务部工作人员通过salary表查看本月所有员工的薪资情况。

最简单的单表查询就是直接查询表中所有的数据列。在编译窗口录入并运行以下代码，即可查看salary表中的所有数据。该语句的执行结果如图4.1.1所示。

```
SELECT *
FROM salary;
```

| enum | work_day | base_wage | merits_wage | bonus_money | subsidy_money | social_base | extra_deduction | loss_money | payroll | per_insurance_fund |
|---|---|---|---|---|---|---|---|---|---|---|
| 1001 | 22 | 6000.00 | 700.00 | 3500.00 | 800.00 | 10740.00 | 0.00 | 0.00 | 11000.00 | 322.20 |
| 1002 | 21 | 5000.00 | 700.00 | 2500.00 | 800.00 | 8740.00 | 0.00 | 400.00 | 8600.00 | 262.20 |
| 1003 | 22 | 3000.00 | 300.00 | 4000.00 | 300.00 | 7340.00 | 0.00 | 0.00 | 7600.00 | 220.20 |
| 2001 | 21 | 5000.00 | 300.00 | 4000.00 | 800.00 | 9840.00 | 1000.00 | 400.00 | 9700.00 | 295.20 |
| 2002 | 22 | 3000.00 | 300.00 | 3500.00 | 300.00 | 6840.00 | 0.00 | 0.00 | 7100.00 | 205.20 |
| 3001 | 22 | 3000.00 | 200.00 | 3500.00 | 300.00 | 6740.00 | 3000.00 | 0.00 | 7000.00 | 202.20 |
| 3002 | 20 | 5000.00 | 500.00 | 3500.00 | 300.00 | 9040.00 | 800.00 | 800.00 | 8500.00 | 271.20 |
| 4001 | 22 | 3000.00 | 300.00 | 2500.00 | 800.00 | 6340.00 | 400.00 | 0.00 | 6600.00 | 190.20 |
| 4002 | 22 | 3000.00 | 300.00 | 4000.00 | 300.00 | 7340.00 | 400.00 | 0.00 | 7600.00 | 220.20 |
| 4003 | 21 | 3000.00 | 700.00 | 4000.00 | 300.00 | 9740.00 | 0.00 | 400.00 | 9600.00 | 292.20 |
| 5001 | 22 | 3000.00 | 300.00 | 4000.00 | 800.00 | 7840.00 | 0.00 | 0.00 | 8100.00 | 235.20 |
| 5002 | 22 | 3000.00 | 300.00 | 3500.00 | 800.00 | 7340.00 | 400.00 | 0.00 | 7600.00 | 220.20 |

图4.1.1　无WHERE子句的单表查询语句的执行结果

 AI赋能

使用以下提示词可以让AI辅助生成具有指定功能的SQL代码。

请帮助我生成一段可以在 MySQL 服务器上运行的 SQL 代码。
查询 salary 表中的所有数据。

## 二、查询指定的列与定义列别名

对数据库的数据表等对象进行查询时，如果数据表的列非常多，但并不需要查询每一个数据列的数据，查询人员可以通过指定要查询的列来实现。这时，各列名之间要以","分隔。有时候，英文列名可能令人难以理解，这时可以给相关列起一个中文别名，直接添加在对应列名的后面即可，其语法格式如下：

```
SELECT  列1  别名1, 列2  别名2, …
FROM  表名；
```

列名和别名之间添加AS关键字也是正确的，语法格式如下所示：

```
SELECT  列1  AS  别名1, 列2  AS  别名2, …
FROM  表名；
```

【任务4.1.2】请帮助工会通过employees表查询所有员工的姓名、电话、家庭住址，以便寄送员工福利，并为对应的ename、tel、address 3列指定中文别名。

在进行数据查询时，财务人员为了能够精确看到自己关注的数据，就需要查询特定的列，这时可以把所关注的数据列列出，各列之间用","隔开。在编译窗口录入并运行以下代码，即可查询employees表中工会关注的数据列。该语句的执行结果如图4.1.2所示。

```
SELECT ename AS 姓名, tel AS 电话, address AS 家庭住址
FROM employees;
```

AI赋能

使用以下提示词可以让AI辅助生成具有指定功能的SQL代码。

请帮助我生成一段可以在 MySQL 服务器上运行的 SQL 代码。
查询 employees 表中 3 个列 ename、tel、address 的值。

| 姓名 | 电话 | 家庭住址 |
|---|---|---|
| 刘好 | 13987657792 | 中山路10-3-105 |
| 张美玲 | 13987657793 | 解放路34-1-203 |
| 欧兰 | 13987657794 | 荣湾镇路24-35 |
| 米强 | 13987657795 | 荣湾镇路209-3 |
| 戴涛 | 13987657796 | 长沙西路3-7-52 |
| 周四好 | 13987657797 | 金星路120-4 |
| 段飞 | 13987657798 | 金星路120-5 |
| 何晴 | 13987657799 | 长沙西路3号13 |
| 赵远航 | 13987657100 | 五一路5号114 |
| 李贞雅 | 13987657101 | 逶临巷115号 |
| 李想 | 13987657102 | 长沙西路3号186 |
| 贺永念 | 13987657103 | 田家湾10号 |
| 唐卓康尔 | 13987432145 | 北京街10号 |

图4.1.2　查询指定列的结果

## 三、消除重复的行

在查询数据表时，如果只选择特定的列，可能会出现重复行，比如员工的教育层次、部门等。这时可以使用DISTINCT关键字消除结果集中的重复行，其语法格式为：

```
SELECT DISTINCT 字段列表
```

该语句的含义是对结果集中的重复行只选择一个，保证行的唯一性。

【任务4.1.3】请帮助财务部工作人员通过employees表查询本企业员工的教育层次情况，并消除重复的行。

在使用SELECT语句查询employees表中教育层次情况（education列数据）时，查询结果中会有重复数据，使用DISTINCT语句可以消除列中重复的数据。在编译窗口录入并运行以下代码，即可消除重复行。该语句的执行结果如图4.1.3所示。

图4.1.3　消除重复行的结果

```
SELECT DISTINCT education
FROM employees;
```

**AI赋能**

　　使用以下提示词可以让AI辅助生成具有指定功能的SQL代码。

请帮助我生成一段可以在 MySQL 服务器上运行的 SQL 代码。
查询 employees 表的 education 列数据，并消除查询结果中重复的行。

## 四、计算列值

　　使用SELECT语句对列进行查询时，可以输出对列值进行计算（如加、减、乘、除）后的值，即SELECT语句可使用表达式的值作为列值，其语法格式为：

SELECT 表达式1，表达式2，…

　　**【任务4.1.4】**请帮助财务部工作人员通过salary表计算所有员工应发工资减去五险一金（个人）后的结果。

　　在SELECT语句中加入表达式"payroll-per_insurance_fund"可以得到新的数据列。在编译窗口录入并运行以下代码，即可查询到新的计算列。该语句的执行结果如图4.1.4所示。

```
SELECT enum, payroll-per_insurance_fund
FROM salary;
```

**AI赋能**

　　使用以下提示词可以让AI辅助生成具有指定功能的SQL代码。

请帮助我生成一段可以在 MySQL 服务器上运行的 SQL 代码。
查询 salary 表，显示 enum 列，以及 payroll 列减去 per_insurance_fund 列的差。

| enum | payroll-per_insurance_fund |
|------|----------------------------|
| 1001 | 10677.80 |
| 1002 | 8337.80 |
| 1003 | 7379.80 |
| 2001 | 9404.80 |
| 2002 | 6894.80 |
| 3001 | 6797.80 |
| 3002 | 8228.80 |
| 4001 | 6409.80 |
| 4002 | 7379.80 |
| 4003 | 9307.80 |
| 5001 | 7864.80 |
| 5002 | 7379.80 |

图4.1.4　计算列值的结果

## 五、有WHERE子句的单表查询

　　在单表查询中，如果需要使用WHERE子句，则该子句必须紧接FROM子句。WHERE子句中可以设定一个条件从FROM子句的中间结果中选取行，其语法格式为：

```
WHERE   列名 运算符 值；
```

### （一）比较运算符

比较运算符用于比较两个表达式的值，MySQL支持的比较运算符及其具体说明如表4.1.1所示。

表4.1.1　　　　　　　　　　　MySQL支持的比较运算符及其具体说明

| 比较运算符 | 说明 |
| --- | --- |
| = | 等于 |
| <> | 不等于 |
| > | 大于 |
| < | 小于 |
| >= | 大于或等于 |
| <= | 小于或等于 |

当两个表达式的值均不为空值时，比较运算将返回逻辑值TRUE（真）或FALSE（假）；而当两个表达式的值中有一个为空值或都为空值时，将返回UNKNOWN。

【任务4.1.5】请帮助财务部工作人员通过salary表查询员工编号为"4003"的员工本月的工作天数与缺勤扣款。

在查询语句中输入特定的列名，表示对列数据进行选择。当我们需要对行数据进行查询时，需要使用WHERE子句。本任务要从数据表中筛选出员工编号为"4003"的员工，因此要在WHERE子句中限定相应条件。在编译窗口录入并运行以下代码，即可完成对特定数据的查询。该语句的执行结果如图4.1.5所示。

```
SELECT enum, work_day,loss_money
FROM salary
WHERE enum='4003';
```

| enum | work_day | loss_money |
| --- | --- | --- |
| 4003 | 21 | 400.00 |

图4.1.5　使用比较运算符=的查询结果

**AI赋能**

使用以下提示词可以让AI辅助生成具有指定功能的SQL代码。

请帮助我生成一段可以在MySQL服务器上运行的SQL代码。
查询salary表中enum为"4003"的enum、work_day、loss_money这3个列。

【任务4.1.6】请帮助财务部工作人员通过employees表查询工作年限大于6年的企业员工信息。

在WHERE子句中，可以使用比较运算符对工作年限进行筛选。在编译窗口录入并运行以下代码，即可查询出满足条件的数据。该语句的执行结果如图4.1.6所示。

```
SELECT *
FROM employees
WHERE workyears>6;
```

AI赋能

使用以下提示词可以让AI辅助生成具有指定功能的SQL代码。

请帮助我生成一段可以在 MySQL 服务器上运行的 SQL 代码。
查询 employees 表中 workyears 大于 6 的所有列的信息。

| enum | ename | education | birthday | sex | workyears | address | tel | dnum |
|---|---|---|---|---|---|---|---|---|
| 2001 | 米强 | 大专 | 1986-01-16 | 男 | 7 | 荣湾镇路209-3 | 13987657795 | 2 |
| 2002 | 戴涛 | 大专 | 1979-02-10 | 男 | 8 | 长沙西路3-7-52 | 13987657796 | 2 |
| 3001 | 周四好 | 大专 | 1969-03-10 | 男 | 13 | 金星路120-4 | 13987657797 | 3 |
| 3002 | 段飞 | 博士 | 1982-04-08 | 男 | 11 | 金星路120-5 | 13987657798 | 3 |
| 5002 | 贺永念 | 本科 | 1984-09-04 | 男 | 8 | 田家湾10号 | 13987657103 | 5 |

图4.1.6　使用比较运算符>的查询结果

## （二）逻辑运算符

使用逻辑运算符可以构建更为复杂的查询条件。逻辑运算返回的结果是1或0，分别表示TRUE或FALSE。MySQL支持的逻辑运算符及其具体说明如表4.1.2所示。

表4.1.2　　　　　　　　　MySQL支持的逻辑运算符及其具体说明

| 逻辑运算符 | 符号形式 | 描述 | 说明 |
|---|---|---|---|
| NOT | ! | 非运算 | 如果x是TRUE，那么!x的结果是FALSE；如果x是FALSE，那么!x的结果是TRUE |
| OR | \|\| | 或运算 | 如果x或y任意一个是TRUE，那么x\|\|y的结果是TRUE，否则结果是FALSE |
| AND | && | 与运算 | 如果x和y都是TRUE，那么x&&y的结果是TRUE，否则结果是FALSE |
| XOR | ^ | 异或运算 | 如果x和y不相同，那么x^y的结果是TRUE，否则结果是FALSE |

【任务4.1.7】请帮助财务部工作人员通过salary表查看应发工资低于8 000元且奖金低于3 000元的员工的薪资情况。

本任务使用AND逻辑运算符将多个条件进行组合。在编译窗口录入并运行以下代码，即可查询出满足条件的数据。该语句的执行结果如图4.1.7所示。

```
SELECT *
FROM salary
WHERE payroll<8000 AND bonus_money<3000;
```

AI赋能

使用以下提示词可以让AI辅助生成具有指定功能的SQL代码。

请帮助我生成一段可以在 MySQL 服务器上运行的 SQL 代码。
查询 salary 表中 payroll 列数据小于 8000 且 bonus_money 列数据小于 3000 的所有列的信息。

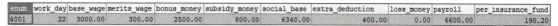

| enum | work_day | base_wage | merits_wage | bonus_money | subsidy_money | social_base | extra_deduction | loss_money | payroll | per_insurance_fund |
|------|----------|-----------|-------------|-------------|---------------|-------------|-----------------|------------|---------|--------------------|
| 4001 | 22 | 3000.00 | 300.00 | 2500.00 | 800.00 | 6340.00 | 400.00 | 0.00 | 6600.00 | 190.20 |

图4.1.7　使用逻辑运算符AND的查询结果

## （三）LIKE运算符

LIKE运算符用于指出一个字符串是否与指定的字符串相匹配，其运算对象可以是CHAR、VARCHAR、TEXT、DATETIME等类型的数据，返回逻辑值TRUE或FALSE。使用LIKE运算符进行模式匹配时，常使用特殊符号"_"和"%"进行模糊查询，其中，"%"代表0个、单个或多个字符，"_"代表单个字符。

【任务4.1.8】请帮助财务部工作人员通过employees表查询家庭住址包含"金星路"3个字的员工信息。

由于地址信息可能由多个字构成，所以需要使用"%"表示前后可能存在多个字。在编译窗口录入并运行以下代码，即可查询出满足条件的数据。该语句的执行结果如图4.1.8所示。

```
SELECT *
FROM employees
WHERE address LIKE '%金星路%';
```

**AI赋能**

使用以下提示词可以让AI辅助生成具有指定功能的SQL代码。

请帮助我生成一段可以在 MySQL 服务器上运行的 SQL 代码。
用 LIKE 语句查询 employees 表中 address 列包含"金星路"3 个字的数据信息。

| enum | ename | education | birthday | sex | workyears | address | tel | dnum |
|------|-------|-----------|----------|-----|-----------|---------|-----|------|
| 3001 | 周四好 | 大专 | 1969-03-10 | 男 | 13 | 金星路120-4 | 13987657797 | 3 |
| 3002 | 段飞 | 博士 | 1982-04-08 | 男 | 11 | 金星路120-5 | 13987657798 | 3 |

图4.1.8　使用LIKE运算符的查询结果

## （四）范围比较

用于范围比较的关键字有两个：BETWEEN和IN。其中，BETWEEN用于表示查询条件是某个范围，其语法格式为：

表达式 [ NOT ] BETWEEN 表达式1　AND　表达式2

当不使用NOT关键字时，若表达式的值在表达式1与表达式2之间（包括这两个值），则返回TRUE，否则返回FALSE；当使用NOT关键字时，返回值刚好与BETWEEN语句的返回值相反（不包括边界值）。需要注意的是，表达式1的值应当不大于表达式2的值。

IN关键字用于指定一个值表，值表中列出所有可能的值，当如下语法格式中的"表达式"的值与值表中的任一个值匹配时，返回TRUE，否则返回FALSE。

表达式 IN（表达式1 [,…]）

【任务4.1.9】请帮助工会通过employees表查询1990—1999年出生的员工的姓名、电话、家庭住址，以便进行相关调研。

在编译窗口录入并运行以下代码，即可查询出满足条件的数据。该语句的执行结果如图4.1.9所示。

```
SELECT ename, tel, address
FROM employees
WHERE birthday BETWEEN '1990-01-01' AND '1999-12-31';
```

 **AI赋能**

使用以下提示词可以让AI辅助生成具有指定功能的SQL代码。

请帮助我生成一段可以在 MySQL 服务器上运行的 SQL 代码。
使用 BETWEEN 关键字查询 employees 表中 birthday 列值在 1990 年到 1999 年之间的 ename、tel、address 列的信息。

| ename | tel | address |
|---|---|---|
| 何晴 | 13987657799 | 长沙西路3号13 |
| 赵远航 | 13987657100 | 五一路5号114 |
| 李贞雅 | 13987657101 | 遥临巷115号 |
| 李想 | 13987657102 | 长沙西路3号186 |
| 唐卓康尔 | 13987432145 | 北京街10号 |

图4.1.9　使用BETWEEN关键字的查询结果

【任务4.1.10】请帮助财务部工作人员通过employees表查询教育层次为"博士""硕士"的员工信息。

在编译窗口录入并运行以下代码，即可查询出满足条件的数据。该语句的执行结果如图4.1.10所示。

```
SELECT *
FROM employees
WHERE education IN('博士','硕士');
```

| enum | ename | education | birthday | sex | workyears | address | tel | dnum |
|---|---|---|---|---|---|---|---|---|
| 1003 | 欧兰 | 硕士 | 2000-12-06 | 女 | 1 | 荣湾镇路24-35 | 13987657794 | 1 |
| 3002 | 段飞 | 博士 | 1982-04-08 | 男 | 11 | 金星路120-5 | 13987657798 | 3 |
| 5003 | 唐卓康尔 | 硕士 | 1999-12-07 | 男 | 0 | 北京街10号 | 13987432145 | (NULL) |

图4.1.10　使用IN关键字的查询结果

 **AI赋能**

使用以下提示词可以让AI辅助生成具有指定功能的SQL代码。

请帮助我生成一段可以在 MySQL 服务器上运行的 SQL 代码。
使用 IN 关键字查询 employees 表中 education 为 '博士' 和 '硕士' 的所有列的信息。

## （五）空值比较

当需要判定一个表达式的值是否为空值时，可使用IS NULL关键字，其语法格式为：

```
表达式 IS [NOT] NULL
```

当不使用NOT关键字时，若表达式的值为空值，则返回TRUE，否则返回FALSE；当使用NOT关键字时，若表达式的值为空值，则返回FALSE，否则返回TRUE。

【任务4.1.11】请帮助财务部工作人员通过employees表查询尚未分配部门的员工信息。

在编译窗口录入并运行以下代码，即可查询出满足条件的数据。该语句的执行结果如图4.1.11所示。

```
SELECT *
FROM employees
WHERE dnum IS NULL;
```

AI赋能

使用以下提示词可以让AI辅助生成具有指定功能的SQL代码。

请帮助我生成一段可以在MySQL服务器上运行的SQL代码。
查询employees表中dnum为NULL的所有列的信息。

| enum | ename | education | birthday | sex | workyears | address | tel | dnum |
|------|-------|-----------|----------|-----|-----------|---------|-----|------|
| 5003 | 唐卓康尔 | 硕士 | 1999-12-07 | 男 | 0 | 北京街10号 | 13987432145 | (NULL) |

图4.1.11　使用IS NULL关键字的查询结果

练知识技能

【任务4.1.12】请帮助财务部工作人员通过income表查看上市企业利润数据。

在编译窗口录入并运行以下代码，即可查看income表的所有数据。该语句的执行结果如图4.1.12所示。

```
SELECT * FROM income;
```

| ts_code | end_date | oper_income | oper_cost | tax_surchg | sell_exp | admin_exp | fin_exp | operate_profit | non_oper_incom | non_oper_cost | total_profit | income_tax | net_profit |
|---------|----------|-------------|-----------|------------|----------|-----------|---------|----------------|----------------|---------------|--------------|------------|------------|
| 300046 | 2022-12-31 | 605 | 217 | 11 | 17 | 91 | 21 | 248 | 157 | 57 | 348 | 87 | 261 |
| 300046 | 2023-12-31 | 646 | 229 | 12 | 20 | 83 | 21 | 281 | 166 | 60 | 387 | 96.75 | 290.25 |
| 300046 | 2024-12-31 | 767 | 226 | 11 | 23 | 83 | 24 | 400 | 168 | 63 | 505 | 126.25 | 378.75 |
| 300077 | 2022-12-31 | 653 | 267 | 47 | 71 | 147 | 79 | 42 | 219 | 121 | 140 | 35 | 105 |
| 300077 | 2023-12-31 | 692 | 277 | 49 | 72 | 137 | 77 | 80 | 226 | 122 | 184 | 46 | 138 |
| 300077 | 2024-12-31 | 811 | 272 | 47 | 73 | 135 | 78 | 206 | 226 | 123 | 309 | 77.25 | 231.75 |
| 300102 | 2022-12-31 | 630 | 243 | 22 | 45 | 120 | 51 | 149 | 189 | 90 | 248 | 62 | 186 |
| 300102 | 2023-12-31 | 670 | 254 | 25 | 47 | 111 | 50 | 183 | 197 | 92 | 288 | 72 | 216 |
| 300102 | 2024-12-31 | 790 | 250 | 24 | 49 | 110 | 52 | 305 | 198 | 94 | 409 | 102.25 | 306.75 |
| 300123 | 2022-12-31 | 900 | 300 | 34 | 58 | 100 | 50 | 358 | 200 | 89 | 469 | 117.25 | 351.75 |

图4.1.12　income表查询结果（前10条）

【任务4.1.13】请帮助财务部工作人员查看income表中上市企业的证券代码、报告期、净利润的情况。

在编译窗口录入并运行以下代码，即可查看income表的特定列数据信息。该语句的执行结果如图4.1.13所示。

```
SELECT ts_code,end_date,net_profit
FROM income;
```

【任务4.1.14】请帮助财务部工作人员查询balancesheet表中存储的上市企业股票代码，消除重复的行。

在编译窗口录入并运行以下代码，即可消除重复行。该语句的执行结果如图4.1.14所示。

```
SELECT DISTINCT ts_code
FROM balancesheet;
```

| ts_code | end_date | net_profit |
|---|---|---|
| 300046 | 2022-12-31 | 261 |
| 300046 | 2023-12-31 | 290.25 |
| 300046 | 2024-12-31 | 378.75 |
| 300077 | 2022-12-31 | 105 |
| 300077 | 2023-12-31 | 138 |
| 300077 | 2024-12-31 | 231.75 |
| 300102 | 2022-12-31 | 186 |
| 300102 | 2023-12-31 | 216 |
| 300102 | 2024-12-31 | 306.75 |
| 300123 | 2022-12-31 | 351.75 |

图4.1.13　income表特定列数据的查询（前10条）

| ts_code |
|---|
| 300046 |
| 300077 |
| 300102 |
| 300123 |
| 300223 |
| 300683 |
| 300841 |
| 600000 |
| 600004 |
| 600006 |

图4.1.14　balancesheet表消除重复行后的股票代码（前10条）

**【任务4.1.15】**请帮助财务部工作人员在lhtz数据库中通过balancesheet表计算表中所有企业历年的资产负债率（资产负债率=负债合计/资产总计）。

在编译窗口录入并运行以下代码，即可计算出企业历年的资产负债率。该语句的执行结果如图4.1.15所示。

```
SELECT ts_code, end_date, liabilities/assets AS debt_asset_ratio
FROM balancesheet;
```

**【任务4.1.16】**请帮助财务部工作人员通过balancesheet表计算表中所有企业历年的产权比率（产权比率=负债合计/所有者权益合计）。

在编译窗口录入并运行以下代码，即可计算出企业历年的产权比率。该语句的执行结果如图4.1.16所示。

```
SELECT ts_code, end_date, liabilities/owners_equity AS equity_ratio
FROM balancesheet;
```

| ts_code | end_date | debt_asset_ratio |
|---|---|---|
| 300046 | 2022-12-31 | 0.452511 |
| 300046 | 2023-12-31 | 0.434283 |
| 300046 | 2024-12-31 | 0.429316 |
| 300077 | 2022-12-31 | 0.493902 |
| 300077 | 2023-12-31 | 0.474566 |
| 300077 | 2024-12-31 | 0.465047 |
| 300102 | 2022-12-31 | 0.474699 |
| 300102 | 2023-12-31 | 0.456222 |
| 300102 | 2024-12-31 | 0.448349 |
| 300123 | 2022-12-31 | 0.446729 |
| 300123 | 2023-12-31 | 0.454173 |
| 300123 | 2024-12-31 | 0.518732 |
| 300223 | 2022-12-31 | 0.452039 |
| 300223 | 2023-12-31 | 0.435032 |
| 300223 | 2024-12-31 | 0.429427 |
| 300683 | 2023-12-31 | 0.291821 |
| 300841 | 2023-12-31 | 0.287708 |
| 600000 | 2024-12-31 | 0.266068 |
| 600004 | 2023-12-31 | 0.289945 |
| 600006 | 2022-12-31 | 0.303151 |
| 600007 | 2022-12-31 | 0.284487 |
| 600161 | 2023-12-31 | 0.26873 |

图4.1.15　资产负债率查询结果

| ts_code | end_date | equity_ratio |
|---|---|---|
| 300046 | 2022-12-31 | 0.826522 |
| 300046 | 2023-12-31 | 0.767669 |
| 300046 | 2024-12-31 | 0.752284 |
| 300077 | 2022-12-31 | 0.975904 |
| 300077 | 2023-12-31 | 0.903188 |
| 300077 | 2024-12-31 | 0.869322 |
| 300102 | 2022-12-31 | 0.903672 |
| 300102 | 2023-12-31 | 0.838986 |
| 300102 | 2024-12-31 | 0.812741 |
| 300123 | 2022-12-31 | 0.807432 |
| 300123 | 2023-12-31 | 0.832084 |
| 300123 | 2024-12-31 | 1.077844 |
| 300223 | 2022-12-31 | 0.824948 |
| 300223 | 2023-12-31 | 0.770011 |
| 300223 | 2024-12-31 | 0.752623 |
| 300683 | 2023-12-31 | 0.412072 |
| 300841 | 2023-12-31 | 0.403919 |
| 600000 | 2024-12-31 | 0.362524 |
| 600004 | 2023-12-31 | 0.408342 |
| 600006 | 2022-12-31 | 0.435032 |
| 600007 | 2022-12-31 | 0.397599 |
| 600161 | 2023-12-31 | 0.367483 |

图4.1.16　产权比率查询结果

**【任务4.1.17】**请帮助财务部工作人员通过balancesheet表查询股票代码为600000的股票在2024年12月31日的资产总计、负债合计、所有者权益合计。

在编译窗口录入并运行以下代码，即可查到特定股票特定日期的资产、负债、所有者权益。该语句的执行结果如图4.1.17所示。

```
SELECT ts_code,assets AS 资产,liabilities AS 负债,owners_equity AS 所有者权益
FROM balancesheet
WHERE ts_code='600000' and end_date='2024-12-31';
```

| ts_code | 资产 | 负债 | 所有者权益 |
|---|---|---|---|
| ▶ 600000 | 27234.03 | 7246.11 | 19987.92 |

图4.1.17　特定股票特定日期的资产、负债、所有者权益查询结果

【任务4.1.18】请帮助财务部工作人员通过income表查询股票代码为300123的股票的2022—2024年的期间费用（管理费用、销售费用、财务费用）。

在编译窗口录入并运行以下代码，即可查到特定股票特定日期区间的期间费用。该语句的执行结果如图4.1.18所示。

```
SELECT ts_code,admin_exp,sell_exp,fin_exp,end_date
FROM income
WHERE  end_date BETWEEN '2022-12-31' AND '2024-12-31' AND ts_code='300123'
```

| ts_code | admin_exp | sell_exp | fin_exp | end_date |
|---|---|---|---|---|
| ▶ 300123 | 100 | 58 | 50 | 2022-12-31 |
| 300123 | 110 | 60 | 54 | 2023-12-31 |
| 300123 | 120 | 50 | 50 | 2024-12-31 |

图4.1.18　特定股票特定日期区间的期间费用查询结果

 固知识技能

## 一、单选题

1. 在如下代码中，LIKE关键字表示的含义是（　　　）。
   SELECT *
   FROM student
   WHERE sname 'LIKE '% 卓康 %';
   A．条件比较　　　　B．范围比较　　　　C．模糊查询　　　　D．逻辑运算

2. 代码"SELECT (9+6*5+3%2)/5-3"的运算结果是（　　　）。
   A．1　　　　　　　B．3　　　　　　　C．5　　　　　　　D．7

3. 代码"SELECT * FROM student"中的"*"表示的含义是（　　　）。
   A．普通的字符　　　B．错误信息　　　　C．模糊查询　　　　D．所有的字段名

## 二、编程题

1. 请帮助财务部工作人员通过gdzc数据库的fixed_assets_depreciation表查询企业所有固定资产的数据。

2. 请帮助财务部工作人员通过gdzc数据库的fixed_assets_depreciation表查询使用年限为10年的固定资产的情况。

3. 请帮助财务部工作人员通过gdzc数据库的fixed_assets_depreciation表查询购买日期在2023年8月1日到2024年2月1日的固定资产情况。

4. 请帮助财务部工作人员通过gdzc数据库的fixed_assets_depreciation表查询名称中含有

"机"的固定资产情况。

5．为了更好地了解企业产品在全国范围内的客户分布情况，财务部工作人员需要查找sales数据库的cinfo表得到客户分布省份情况信息。

# 任务二　查询结果排序

 **学习目标**

动画4.2

【知识目标】掌握对数据查询结果进行排序及返回限定行数结果的命令用法。

【技能目标】能独立或借助AI完成数据查询结果的排序、返回限定行数等操作；能对AI生成的代码进行甄别与修改，保证代码的正确性。

【素质目标】深刻理解实践是检验真理的唯一标准，认真学习中华优秀传统文化的实践观，能够知行合一，以知促行、以行求知。

 **德技并修**

**小强**：我昨天预习本任务课程时有些地方没明白，然后在网上查询了相关知识，先在理论层面有了初步的了解，然后在实训平台上进行了实践操作，最后彻底明白了。

**大富学长**：你的经历正好可以用"博学之，审问之，慎思之，明辨之，笃行之"来概括，这是《礼记·中庸》中谈学习方法的一句话，意思是：要博学多才，就要审慎地探问、慎重地思考、明晰地辨别、忠实地践行。这5个步骤又叫"学问思辨、身体力行"，也代表着知行合一、学以致用。学问思辨透彻明晰的人，才会笃诚地身体力行，才会坚定成熟、持之以恒，更好地为国家做贡献。

 **来自企业的技能任务**

| 序号 | 岗位技能要求 | 对应企业任务 |
|---|---|---|
| 1 | 对数据查询结果进行排序 | 【任务4.2.1】查询xzgl数据库的salary表，将员工按应发工资进行降序排列。如果应发工资相等，则按奖金升序排列，并显示查询结果中从第7条记录开始的4条记录 |
| 2 | 返回限定行数 | 【任务4.2.2】查询xzgl数据库的employees表，将员工按出生日期进行升序排列，并显示前4条记录 |

 **学知识技能**

## 一、ORDER BY子句

在企业实务中，财务人员使用SELECT语句查询企业需要的数据后，得到的查询结果往往是杂乱无章的。要将查询到的结果按照某种顺序排列好以便查看，需要用到ORDER BY子句，其语法格式为：

```
ORDER BY 列名　ASC 或 DESC
```

其中，列名表示要排序的列的名称；ASC表示将查询结果按照升序进行排列，如果ORDER BY子句后面不注明排序规则，默认按照升序排列；DESC表示将查询结果按照降序进行排列。如果需要对多个列的查询结果进行排序，只要录入多个列名，列名之间用"，"分隔即可。

## 二、LIMIT子句

有时满足查询要求的数据集中的数据很多，如果要限定显示的行数，可以使用LIMIT子句。该子句强制SELECT语句返回指定行数的记录，其语法格式为：

```
LIMIT  行数  或  偏移量,行数
```

LIMIT子句可接收一个或两个数值参数。如果给定两个参数，第一个参数指定第一条返回记录的偏移量，第二个参数指定返回记录的最大行数。初始记录的偏移量是0（而不是1）。

【任务4.2.1】查询xzgl数据库的salary表，将员工按应发工资进行降序排列。如果应发工资相等，则按奖金升序排列，并显示查询结果中从第7条记录开始的4条记录。

如果直接运行SQL语句进行薪资数据的查询，薪资数据的排序不可预料，此时可使用ORDER BY子句加上特定的列名让显示的数据有章可循。先按应发工资对数据进行降序排列；当员工具有相同的应发工资时，应发工资相同的员工再按照奖金进行升序排列。salary表共有12条记录，而当前只需要查询从第7条记录开始的4条记录，且由于数据库记录的偏移量从0开始，所以，在使用LIMIT子句时，第7条记录的偏移量应该为6。在编译窗口录入并运行以下代码，即可显示符合要求的数据。该语句的执行结果如图4.2.1所示。

```
SELECT * FROM salary
ORDER BY payroll DESC,bonus_money ASC
LIMIT 6,4;
```

**AI赋能**

使用以下提示词可以让AI辅助生成具有指定功能的SQL代码。

请帮助我生成一段可以在MySQL服务器上运行的SQL代码。
查询salary表，查询结果按payroll降序排列；若payroll相同，则按bonus_money升序排列；
显示第7条记录开始的4条记录。

| enum | work_day | base_wage | merits_wage | bonus_money | subsidy_money | social_base | extra_deduction | loss_money | payroll | per_insurance_fund |
|---|---|---|---|---|---|---|---|---|---|---|
| 5002 | 22 | 3000.00 | 300.00 | 3500.00 | 800.00 | 7340.00 | 400.00 | 0.00 | 7600.00 | 220.20 |
| 1003 | 22 | 3000.00 | 300.00 | 4000.00 | 300.00 | 7340.00 | 0.00 | 0.00 | 7600.00 | 220.20 |
| 4002 | 22 | 3000.00 | 300.00 | 4000.00 | 300.00 | 7340.00 | 400.00 | 0.00 | 7600.00 | 220.20 |
| 2002 | 22 | 3000.00 | 300.00 | 3500.00 | 300.00 | 6840.00 | 0.00 | 0.00 | 7100.00 | 205.20 |

图4.2.1　salary表数据排序结果

【任务4.2.2】查询xzgl数据库的employees表，将员工按出生日期进行升序排列，并显示前4条记录。

在编译窗口录入并运行以下代码，即可显示符合要求的数据。该语句的执行结果如图4.2.2所示。

```
SELECT * FROM employees
ORDER BY  birthday
LIMIT 4;
```

**AI赋能**

使用以下提示词可以让AI辅助生成具有指定功能的SQL代码。

请帮助我生成一段可以在 MySQL 服务器上运行的 SQL 代码。
查询 employees 表，查询结果按 birthday 升序排列，显示前 4 条记录。

| enum | ename | education | birthday | sex | workyears | address | tel | dnum |
|------|-------|-----------|-----------|-----|-----------|---------|-----|------|
| 3001 | 周四妤 | 大专 | 1969-03-10 | 男 | 13 | 金星路120-4 | 13987657797 | 3 |
| 2002 | 戴涛 | 大专 | 1979-02-10 | 男 | 8 | 长沙西路3-7-52 | 13987657796 | 2 |
| 1002 | 张美玲 | 大专 | 1979-09-07 | 女 | 5 | 解放路34-1-203 | 13987657793 | 1 |
| 3002 | 段飞 | 博士 | 1982-04-08 | 男 | 11 | 金星路120-5 | 13987657798 | 3 |

图4.2.2　employees表数据排序结果

 **练知识技能**

【任务4.2.3】使用lhtz数据库的income表，查询报告期为"2023-12-31"的企业的证券代码、报告期、净利润，且查询结果按照净利润升序排列。

在编译窗口录入并运行以下代码，即可显示符合要求的数据。该语句的执行结果如图4.2.3所示。

```
SELECT ts_code, end_date, net_profit
FROM income
WHERE end_date='2023-12-31'
ORDER BY net_profit;
```

| ts_code | end_date | net_profit |
|---------|----------|-----------|
| 300077 | 2023-12-31 | 138 |
| 300102 | 2023-12-31 | 216 |
| 300046 | 2023-12-31 | 290.25 |
| 300123 | 2023-12-31 | 311.25 |
| 300223 | 2023-12-31 | 389.25 |
| 300683 | 2023-12-31 | 1103.65 |
| 300841 | 2023-12-31 | 1363.84 |
| 600161 | 2023-12-31 | 1413.75 |
| 600004 | 2023-12-31 | 1589.09 |

图4.2.3　income表数据排序结果

 **固知识技能**

**一、单选题**

1. 若查询语句需要设置将数据按照姓名（name）降序排列，下列语句正确的是（　　）。
   A. ORDER BY DESC name
   B. ORDER BY name DESC
   C. ORDER BY name ASC
   D. ORDER BY ASC name

2. 下面命令的检索结果最多只有一行的是（　　）。
   A. SELECT DISTINCT * FROM orders ;
   B. SELECT * FROM orders LIMIT 1,2;
   C. SELECT * FROM orders GROUP BY 1;
   D. SELECT * FROM orders LIMIT 1;

## 二、编程题

1. 查询gdzc数据库的fixed_assets_depreciation表中当前使用状态是"正常使用"的固定资产信息，并将查询结果按购买日期升序排列；如果购买日期相同，则按原值降序排列；显示前3条记录。

2. 查询gdzc数据库的fixed_assets_depreciation表中使用部门是"生产部"的固定资产信息，并将查询结果按固定资产减值进行升序排列，并显示前5~10条记录。

3. 为了进行库存管理，财务部工作人员需要查找sales数据库的ginfo表中库存最少的5种商品，以便向库存管理部门报告库存告急预警。

4. 为了进行大额订单分析，财务部工作人员需要查找sales数据库的gorder表中单笔订单订购数量排前3的大额订单信息，且结果显示订单编号、客户编号、商品编号、订购数量4列。

# 任务三 多表查询

## 学习目标

动画4.3

【知识目标】掌握表和表之间进行连接的交叉连接、内连接、左连接、右连接、全连接语句的用法。

【技能目标】能独立或借助AI完成表和表之间的交叉连接、内连接、左连接、右连接、全连接操作；能对AI生成的代码进行甄别与修改，保证代码的正确性。

【素质目标】能够有意识地主动参与实践，认真学习专业知识技能，促进自我价值不断提升。

## 德技并修

**小强：** 学长，我预习的时候发现表和表之间进行连接的方法有很多种，很难把握交叉连接、内连接、左连接、右连接和全连接的最佳应用场景。学长有什么好的学习建议吗？

**大富学长：**《荀子·修身》中有一句话："道虽迩，不行不至；事虽小，不为不成。"这句话的含义是：即使路程很近，不走也不会到达目的地；即使事情很小，不做也不会成功。它强调了踏实笃行的意义。你现在没有弄清楚它们的应用场景，是因为你刚接触这些知识，只要多学习、多实践，自然就会慢慢熟悉和掌握它们。

## 来自企业的技能任务

| 序号 | 岗位技能要求 | 对应企业任务 |
| --- | --- | --- |
| 1 | 交叉连接 | 【任务4.3.1】在xzgl数据库中，将employees表和salary表进行交叉连接 |
| 2 | 内连接 | 【任务4.3.2】在xzgl数据库中，将employees表和salary表进行内连接，查询企业中每个员工的姓名、教育层次、对应的薪资情况 |

续表

| 序号 | 岗位技能要求 | 对应企业任务 |
|---|---|---|
| 3 | 左连接 | 【任务4.3.3】在xzgl数据库中，将employees表和salary表进行左连接，查询企业中每个员工的姓名、教育层次、对应的薪资情况 |
| | | 【任务4.3.4】在xzgl数据库中，将employees表和departments表进行左连接，查询企业中所有员工的信息及对应部门的名称、电话 |
| 4 | 右连接 | 【任务4.3.5】在xzgl数据库中，将employees表和departments表进行右连接，查询企业中员工的信息及所有部门的名称、电话 |
| 5 | 全连接 | 【任务4.3.6】在xzgl数据库中，将employees表和departments表进行全连接，查询企业中员工的信息及所有部门的名称、电话 |

 **学知识技能**

在对数据库的数据表进行查询时，实务中更多的是查询多个表的数据，因为企业中的数据大部分都分布在多个表中。SQL使用JOIN关键字将多个数据表进行整合连接。数据表和数据表之间的连接方式可以分为多种类型，如交叉连接、内连接、左连接、右连接、全连接。

## 一、交叉连接

交叉连接（Cross Join）也可以称为笛卡儿积，产生的新表是每个表中的每行都与其他表中的每行交叉组合而成的。新表包含所有表中出现的列。交叉连接可能得到的行数为每个表中行数之积。比如，departments表中有6个部门，即有6行数据；employees表中有13名员工，即有13行数据；将这两个表交叉连接后，可得到一个有78（=6×13）行数据的表。如果不小心将两个大型表连接在一起，可能会生成数千亿的数据，进而导致数据库停滞或者崩溃，因此实务中应慎用交叉连接方式。两个表进行交叉连接的语法格式为：

```
SELECT  *
FROM  table1, table2;
```

【任务4.3.1】在xzgl数据库中，将employees表和salary表进行交叉连接。

交叉连接的命令非常简单。在编译窗口录入并运行以下代码，即可将employees表（13行）和salary表（12行）进行交叉连接，连接后得到的新表有156（=13×12）行，其中员工表的每个员工都会对应薪资表的每一行数据一次，如图4.3.1所示。

```
SELECT*
FROM employees,salary;
```

| eid | ename | educa... | birthday | sex | work... | address | tel | dnum | enum | work_day | base_wage | meritx... | bonus_money | subsidy... | social... | extra... | loss_money | payroll | per_inx... |
|---|---|---|---|---|---|---|---|---|---|---|---|---|---|---|---|---|---|---|
| 1001 | 刘婷 | 大专 | 1989-01-15 | 女 | 4 | 中山路10-3-105 | 13987657792 | 1 | 1001 | 22 | 6000.00 | 700.00 | 3600.00 | 600.00 | 10740.00 | | | 11000.00 | 322.20 |
| 1001 | 刘婷 | 大专 | 1989-01-15 | 女 | 4 | 中山路10-3-105 | 13987657792 | 1 | 1002 | 21 | 5000.00 | 700.00 | 2500.00 | 800.00 | 8740.00 | 0.00 | 400.00 | 8600.00 | 262.20 |
| 1001 | 刘婷 | 大专 | 1989-01-15 | 女 | 4 | 中山路10-3-105 | 13987657792 | 1 | 1003 | 22 | 3000.00 | 300.00 | 4000.00 | 300.00 | 7340.00 | 0.00 | 0.00 | 7600.00 | 220.20 |
| 1001 | 刘婷 | 大专 | 1989-01-15 | 女 | 4 | 中山路10-3-105 | 13987657792 | 1 | 2001 | 21 | 5000.00 | 300.00 | 4000.00 | 800.00 | 9840.00 | 1000.00 | 400.00 | 9700.00 | 295.20 |
| 1001 | 刘婷 | 大专 | 1989-01-15 | 女 | 4 | 中山路10-3-105 | 13987657792 | 1 | 2002 | 21 | 3000.00 | 300.00 | 3500.00 | 300.00 | 6840.00 | 0.00 | 0.00 | 7100.00 | 205.20 |
| 1001 | 刘婷 | 大专 | 1989-01-15 | 女 | 4 | 中山路10-3-105 | 13987657792 | 1 | 3001 | 22 | 3000.00 | 200.00 | 3500.00 | 300.00 | 6740.00 | 3000.00 | 0.00 | 7000.00 | 202.20 |
| 1001 | 刘婷 | 大专 | 1989-01-15 | 女 | 4 | 中山路10-3-105 | 13987657792 | 1 | 3002 | 22 | 5000.00 | 500.00 | 3500.00 | 300.00 | 9040.00 | 800.00 | 800.00 | 8500.00 | 271.20 |
| 1001 | 刘婷 | 大专 | 1989-01-15 | 女 | 4 | 中山路10-3-105 | 13987657792 | 1 | 4001 | 22 | 3000.00 | 300.00 | 2500.00 | 600.00 | 6340.00 | 400.00 | 0.00 | 6600.00 | 190.20 |
| 1001 | 刘婷 | 大专 | 1989-01-15 | 女 | 4 | 中山路10-3-105 | 13987657792 | 1 | 4002 | 22 | 3000.00 | 300.00 | 4000.00 | 300.00 | 7340.00 | 400.00 | 0.00 | 7600.00 | 220.20 |
| 1001 | 刘婷 | 大专 | 1989-01-15 | 女 | 4 | 中山路10-3-105 | 13987657792 | 1 | 4003 | 21 | 5000.00 | 700.00 | 4000.00 | 300.00 | 9740.00 | 0.00 | 400.00 | 9200.00 | 292.20 |
| 1001 | 刘婷 | 大专 | 1989-01-15 | 女 | 4 | 中山路10-3-105 | 13987657792 | 1 | 5001 | 22 | 3000.00 | 300.00 | 4000.00 | 600.00 | 7840.00 | 0.00 | 0.00 | 8100.00 | 235.20 |
| 1001 | 刘婷 | 大专 | 1989-01-15 | 女 | 4 | 中山路10-3-105 | 13987657792 | 1 | 5002 | 22 | 3000.00 | 300.00 | 3500.00 | 300.00 | 7340.00 | 400.00 | 0.00 | 7600.00 | 220.20 |
| 1002 | 张美玲 | 大专 | 1979-09-07 | 女 | 5 | 解放路34-1-203 | 13987657793 | 1 | 1001 | 22 | 6000.00 | 700.00 | 3500.00 | 800.00 | 10740.00 | | | 11000.00 | 322.20 |
| 1002 | 张美玲 | 大专 | 1979-09-07 | 女 | 5 | 解放路34-1-203 | 13987657793 | 1 | 1002 | 21 | 5000.00 | 700.00 | 2500.00 | 800.00 | 8740.00 | 0.00 | 400.00 | 8600.00 | 262.20 |
| 1002 | 张美玲 | 大专 | 1979-09-07 | 女 | 5 | 解放路34-1-203 | 13987657793 | 1 | 1003 | 22 | 3000.00 | 300.00 | 4000.00 | 300.00 | 7340.00 | 0.00 | 0.00 | 7600.00 | 220.20 |

图4.3.1  employees表和salary表交叉连接（部分结果）

## 二、内连接

内连接（Inner Join）是SQL中最重要、最常用的表连接方式之一，只有当要连接的两个或者多个表中都存在满足条件的记录时，才返回行。INNER JOIN子句将table1和table2中的每一条记录进行比较，以找到满足条件的所有记录，然后将每一对满足条件的记录的字段值合并为一个新的结果行。在代码中只写JOIN关键字时，默认进行内连接。两个表进行内连接的语法格式为：

```
SELECT table1.column1, table2.column2,…
FROM table1
INNER JOIN table2      /* 内连接 */
ON table1.column1 = table2.column2; /* 两个表的连接条件 */
```

其中，table1.column1=table2.column2是连接条件，只有满足此条件的记录才会合并为一行。以上SQL语句将产生table1和table2的交集，只有table1和table2中满足table1.column1=table2.column2这个匹配条件的行才会被返回。内连接示意如图4.3.2所示。

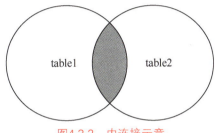

图4.3.2　内连接示意

【任务4.3.2】在xzgl数据库中，将employees表和salary表进行内连接，查询企业中每个员工的姓名、教育层次、对应的薪资情况。

employees表存储的是企业员工的基本信息，有13行数据。该表详细展示了员工的基本情况，并使用enum作为主键。salary表则存储每个员工的薪资情况，有12行数据。为了节约服务器空间，和员工基本情况关联最大的数据是enum，因此salary表使用enum作为主键。当这两个表之间要建立内连接以进行查询时，可以将enum作为两个表之间的连接键。需要注意的是，由于两个表都有enum列，所以在进行内连接时，一定要在列名前注明所属的表的名称。在编译窗口录入并运行以下代码：

```
SELECT ename, education,employees.enum,salary.*
FROM employees
INNER JOIN salary
ON employees.enum=salary.enum;
```

有时候数据表的名称比较长，可以通过设置别名来简化命令。这里给两个表分别设置a、b两个别名：

```
SELECT ename, education,a.enum, b.*
FROM employees a
INNER JOIN salary b
ON a.enum=b.enum;
```

最后的显示结果有12行数据，原因是内连接查询显示的结果是两个表中都有对应数据的记录。虽然employees表有13行记录，但是名为"唐卓康尔"的员工刚进入企业，salary表里没有该员工薪资数据，根据内连接规则，"唐卓康尔"这条记录就不会被包含在最终的查询结果当中。

而其他12位员工在employees表和salary表中都有相应的、能通过enum字段匹配的数据，最终返回的查询结果就呈现出12行数据。前述语句的执行结果如图4.3.3所示。

**AI赋能**

使用以下提示词可以让AI辅助生成具有指定功能的SQL代码。

请帮助我生成一段可以在MySQL服务器上运行的SQL代码。
将employees表和salary表通过enum进行内连接，最后显示employees表的ename、education、enum列，以及salary表的所有列。

| ename | educatio | enum | enum(1) | work_d | base_wage | merits_wage | bonus_mon | subsidy_mone | socail_bas | exctra_edu | loss_mon | payroll | per_insura |
|---|---|---|---|---|---|---|---|---|---|---|---|---|---|
| 刘好 | 大专 | 1001 | 1001 | 22 | 6000.00 | 700.00 | 3500.00 | 800.00 | 10740.00 | 0.00 | 0.00 | 11000.00 | 322.20 |
| 张美玲 | 大专 | 1002 | 1002 | 21 | 5000.00 | 700.00 | 2500.00 | 800.00 | 8740.00 | 0.00 | 400.00 | 8600.00 | 262.20 |
| 欧兰 | 硕士 | 1003 | 1003 | 22 | 3000.00 | 300.00 | 4000.00 | 300.00 | 7340.00 | 0.00 | 0.00 | 7600.00 | 220.20 |
| 米强 | 大专 | 2001 | 2001 | 21 | 5000.00 | 300.00 | 4000.00 | 800.00 | 9840.00 | 1000.00 | 400.00 | 9700.00 | 295.20 |
| 戴涛 | 大专 | 2002 | 2002 | 22 | 3000.00 | 300.00 | 3500.00 | 300.00 | 6840.00 | 0.00 | 0.00 | 7100.00 | 205.20 |
| 周四好 | 大专 | 3001 | 3001 | 22 | 3000.00 | 200.00 | 3500.00 | 300.00 | 6740.00 | 3000.00 | 0.00 | 7000.00 | 202.20 |
| 段飞 | 博士 | 3002 | 3002 | 20 | 5000.00 | 500.00 | 3500.00 | 300.00 | 9040.00 | 800.00 | 800.00 | 8500.00 | 271.20 |
| 何晴 | 本科 | 4001 | 4001 | 22 | 3000.00 | 300.00 | 2500.00 | 800.00 | 6340.00 | 400.00 | 0.00 | 6600.00 | 190.20 |
| 赵远航 | 本科 | 4002 | 4002 | 22 | 3000.00 | 300.00 | 4000.00 | 300.00 | 7340.00 | 400.00 | 0.00 | 7600.00 | 220.20 |
| 李贞雅 | 本科 | 4003 | 4003 | 21 | 5000.00 | 700.00 | 4000.00 | 300.00 | 9740.00 | 0.00 | 400.00 | 9600.00 | 292.20 |
| 李想 | 大专 | 5001 | 5001 | 22 | 3000.00 | 300.00 | 4000.00 | 800.00 | 7840.00 | 0.00 | 0.00 | 8100.00 | 235.20 |
| 贺永念 | 本科 | 5002 | 5002 | 22 | 3000.00 | 300.00 | 3500.00 | 800.00 | 7340.00 | 400.00 | 0.00 | 7600.00 | 220.20 |

图4.3.3　employees表和salary表内连接

## 三、左连接

左连接（Left Join）又叫左外连接，将返回左表（table1）中的所有记录，即使右表（table2）中没有和左表匹配的记录，也将左表中的记录返回。左连接示意如图4.3.4所示。两个表进行左连接的语法格式为：

```
SELECT table1.column1,table2.column2,…
FROM table1
LEFT JOIN table2                -- 左连接
ON table1.column1 = table2.column2;           -- 两个表的连接条件
```

以上SQL语句的执行结果包括table1的全集及table2中能匹配的所有值，不能匹配的则以NULL填充。具体分为以下3种情况：如果table1中的某条记录在table2中刚好只有一条记录可以匹配，那么在返回的结果中会生成一个新的行；如果table1中的某条记录在table2中有N条记录可以匹配，那么在返回的结果中会生成N个新的行，这些行所包含的table1的字段值是重复的；如果table1中的某条记录在table2中没有匹配的记录，那么在返回的结果中仍然会生成一个新的行，只是该行所包含的table2的字段值都以NULL填充。

**【任务4.3.3】** 在xzgl数据库中，将employees表和salary表进行左连接，查询企业中每个员工的姓名、教育层次、对应的薪资情况。

在任务4.3.2中，员工唐卓康尔的薪资情况没有在内连接的结果中显示。如果在某些场景中需要查看企业所有员工（包括刚入职的员工）的薪资情况，则可以使用左连接，让左表的数据全部

图4.3.4　左连接示意

显示，而右表只显示匹配条件的数据，不匹配条件的用NULL来填充。由于唐卓康尔在salary表中没有匹配的数据，因此相关内容全部用NULL填充。在编译窗口录入并运行以下代码，执行结果如图4.3.5所示。

```sql
SELECT ename, education, a.enum,b.*
FROM employees a
LEFT JOIN salary b
ON a.enum=b.enum;
```

| ename | education | enum | enum(1) | work_day | base_wage | merits_wage | bonus_money | subsidy_money | social_base | extra_deduction | loss_money | payroll | per_insurance_fund |
|---|---|---|---|---|---|---|---|---|---|---|---|---|---|
| 刘好 | 大专 | 1001 | 1001 | 22 | 6000 | 700 | 3500 | 800 | 10740 | 0 | 0 | 11000 | 322.2 |
| 张美玲 | 大专 | 1002 | 1002 | 21 | 5000 | 700 | 2500 | 800 | 8740 | 0 | 400 | 8600 | 262.2 |
| 欧兰 | 硕士 | 1003 | 1003 | 22 | 3000 | 300 | 4000 | 300 | 7340 | 0 | 0 | 7600 | 220.2 |
| 米强 | 大专 | 2001 | 2001 | 21 | 5000 | 300 | 4000 | 800 | 9840 | 1000 | 400 | 9700 | 295.2 |
| 戴涛 | 大专 | 2002 | 2002 | 22 | 3000 | 300 | 3500 | 300 | 6840 | 0 | 0 | 7100 | 205.2 |
| 周四好 | 大专 | 3001 | 3001 | 22 | 3000 | 200 | 3500 | 300 | 6740 | 3000 | 0 | 7000 | 202.2 |
| 段飞 | 博士 | 3002 | 3002 | 20 | 5000 | 500 | 3500 | 300 | 9040 | 800 | 800 | 8500 | 271.2 |
| 何晴 | 本科 | 4001 | 4001 | 22 | 3000 | 300 | 2500 | 800 | 6340 | 400 | 0 | 6600 | 190.2 |
| 赵远航 | 本科 | 4002 | 4002 | 22 | 3000 | 300 | 4000 | 300 | 7340 | 400 | 0 | 7600 | 220.2 |
| 李贞雅 | 本科 | 4003 | 4003 | 21 | 5000 | 700 | 4000 | 300 | 9740 | 0 | 400 | 9600 | 292.2 |
| 李想 | 大专 | 5001 | 5001 | 22 | 3000 | 300 | 4000 | 800 | 7840 | 0 | 0 | 8100 | 235.2 |
| 贺永念 | 本科 | 5002 | 5002 | 22 | 3000 | 300 | 3500 | 800 | 7340 | 400 | 0 | 7600 | 220.2 |
| 唐卓康尔 | 硕士 | 5003 | (Null) | (Null) | (Null) | (Null) | (Null) | (Null) | (Null) | (Null) | (Null) | (Null) | (Null) |

图 4.3.5 employees 表和 salary 表左连接

**AI赋能**

使用以下提示词可以让AI辅助生成具有指定功能的SQL代码。

请帮助我生成一段可以在MySQL服务器上运行的SQL代码。
将 employees 表和 salary 表通过 enum 进行左连接，最后显示 employees 表的 ename、education、enum 列，以及 salary 的所有列。

【任务4.3.4】在xzgl数据库中，将employees表和departments表进行左连接，查询企业中所有员工的信息及对应部门的名称、电话。

本任务的employees表中共有13个员工，但是有一个员工刚刚入职还没分配部门。如果企业在查询时需要得到所有员工的信息以及每个员工对应的部门数据，那么没有分配部门的员工的信息也要显示出来，最好使用左连接。在编译窗口录入并运行以下代码，执行结果如图4.3.6所示。

```sql
SELECT *
FROM employees a
LEFT JOIN departments b
ON a.dnum=b.dnum;
```

| enum | ename | education | birthday | sex | workyears | address | tel | dnum | dnum(1) | dname | dphone |
|---|---|---|---|---|---|---|---|---|---|---|---|
| 1001 | 刘好 | 大专 | 1989-01-15 | 女 | 4 | 中山路10-3-105 | 13987657792 | 1 | 1 | 财务部 | 88657641 |
| 1002 | 张美玲 | 大专 | 1979-09-07 | 女 | 5 | 解放路34-1-203 | 13987657793 | 1 | 1 | 财务部 | 88657641 |
| 1003 | 欧兰 | 硕士 | 2000-12-06 | 女 | 1 | 荣湾镇路24-35 | 13987657794 | 1 | 1 | 财务部 | 88657641 |
| 2001 | 米强 | 大专 | 1986-01-16 | 男 | 7 | 荣湾镇路209-3 | 13987657795 | 2 | 2 | 行政部 | 88657642 |
| 2002 | 戴涛 | 大专 | 1979-02-10 | 男 | 8 | 长沙西路3-7-52 | 13987657796 | 2 | 2 | 行政部 | 88657642 |
| 3001 | 周四好 | 大专 | 1969-03-10 | 男 | 13 | 金星路120-4 | 13987657797 | 3 | 3 | 经理办公室 | 88657643 |
| 3002 | 段飞 | 博士 | 1982-04-08 | 男 | 11 | 金星路120-5 | 13987657798 | 3 | 3 | 经理办公室 | 88657643 |
| 4001 | 何晴 | 本科 | 1990-05-08 | 男 | 6 | 长沙西路3号13 | 13987657799 | 4 | 4 | 生产部 | 88657644 |
| 4002 | 赵远航 | 本科 | 1999-06-07 | 男 | 2 | 五一路5号114 | 13987657100 | 4 | 4 | 生产部 | 88657644 |
| 4003 | 李贞雅 | 本科 | 1990-07-09 | 男 | 6 | 遥临巷115号 | 13987657101 | 4 | 4 | 生产部 | 88657644 |
| 5001 | 李想 | 大专 | 1998-08-11 | 男 | 1 | 长沙西路3号186 | 13987657102 | 5 | 5 | 市场部 | 88657645 |
| 5002 | 贺永念 | 本科 | 1984-09-04 | 男 | 8 | 田家湾10号 | 13987657103 | 5 | 5 | 市场部 | 88657645 |
| 5003 | 唐卓康尔 | 硕士 | 1999-12-07 | 男 | 0 | 北京街10号 | 13987432145 | (Null) | (Null) | (Null) | (Null) |

图4.3.6 employees表和departments表左连接

## 四、右连接

右连接（Right Join）又叫右外连接，将返回右表（table2）中的所有记录，即使左表（table1）中没有匹配的记录也是如此。当左表中没有匹配的记录时，RIGHT JOIN语句仍然返回一行，只是该行的右表字段有值，而左表字段以NULL填充。两个表进行右连接的语法格式为：

```
SELECT table1.column1, table2.column2, …
FROM table1
RIGHT JOIN table2 -- 右连接
ON table1.common_column1 = table2.common_column2;    -- 两个表的连接条件
```

以上SQL语句的执行结果包括table2的全集及table1中能匹配的所有值，不能匹配的则以NULL填充。右连接以右表为主表，即右表中的所有记录都会被返回。具体分为以下3种情况：如果table2中的某条记录在table1中刚好只有一条记录可以匹配，那么在返回的结果中会生成一个新的行；如果table2中的某条记录在table1中有$N$条记录可以匹配，那么在返回的结果中会生成$N$个新的行，这些行所包含的table2的字段值是重复的；如果table2中的某条记录在table1中没有匹配的记录，那么在返回的结果中仍然会生成一个新的行，只是该行所包含的table1的字段值都以NULL填充。右连接示意如图4.3.7所示。

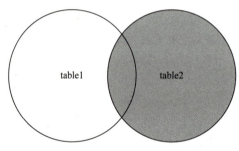

图4.3.7　右连接示意

【任务4.3.5】在xzgl数据库中，将employees表和departments表进行右连接，查询企业中员工的信息及所有部门的名称、电话。

在该任务中，departments表有一个新成立的安全监察部尚未分配员工，在进行员工对应部门查询时，若要将所有部门及对应的员工都显示出来，则可以将departments表作为主表进行右连接，左表中和departments表中记录不匹配的值用NULL填充。在编译窗口录入并运行以下代码，执行结果如图4.3.8所示。

```
SELECT *
FROM employees a
RIGHT JOIN departments b
ON a.dnum=b.dnum;
```

 AI赋能

使用以下提示词可以让AI辅助生成具有指定功能的SQL代码。

请帮助我生成一段可以在MySQL服务器上运行的SQL代码。
将employees表和departments表通过dnum进行右连接，最后显示两个表的所有列。

| enum | ename | education | birthday | sex | work | address | tel | dnum | dnum(1) | dname | dphone |
|------|-------|-----------|----------|-----|------|---------|-----|------|---------|-------|--------|
| 1001 | 刘好 | 大专 | 1989-01-15 | 女 | 4 | 中山路10-3-10 | 13987657792 | 1 | 1 | 财务部 | 88657641 |
| 1002 | 张美玲 | 大专 | 1979-09-07 | 女 | 5 | 解放路34-1-20 | 13987657793 | 1 | 1 | 财务部 | 88657641 |
| 1003 | 欧兰 | 硕士 | 2000-12-06 | 女 | 1 | 荣湾镇路24-35 | 13987657794 | 1 | 1 | 财务部 | 88657641 |
| 2001 | 米强 | 大专 | 1986-01-16 | 男 | 7 | 荣湾镇路209-3 | 13987657795 | 2 | 2 | 行政部 | 88657642 |
| 2002 | 戴涛 | 大专 | 1979-02-10 | 男 | 8 | 长沙路3-7-5: | 13987657796 | 2 | 2 | 行政部 | 88657642 |
| 3001 | 周四好 | 大专 | 1969-03-10 | 男 | 13 | 金星路120-4 | 13987657797 | 3 | 3 | 经理办公室 | 88657643 |
| 3002 | 段飞 | 博士 | 1982-04-08 | 男 | 11 | 金星路120-5 | 13987657798 | 3 | 3 | 经理办公室 | 88657643 |
| 4001 | 何晴 | 本科 | 1990-05-08 | 男 | 6 | 长沙路3号13 | 13987657799 | 4 | 4 | 生产部 | 88657644 |
| 4002 | 赵远航 | 本科 | 1999-06-07 | 男 | 2 | 五一路5号114 | 13987657100 | 4 | 4 | 生产部 | 88657644 |
| 4003 | 李贞雅 | 本科 | 1990-07-09 | 女 | 6 | 遥临巷115号 | 13987657101 | 4 | 4 | 生产部 | 88657644 |
| 5001 | 李想 | 大专 | 1998-08-11 | 男 | 1 | 长沙西路3号18 | 13987657102 | 5 | 5 | 市场部 | 88657645 |
| 5002 | 贺永念 | 本科 | 1984-09-04 | 男 | 8 | 田家湾10号 | 13987657103 | 5 | 5 | 市场部 | 88657645 |
| (Null) | (Null) | (Null) | (Null) | (Null) | (Null) | (Null) | (Null) | (Null) | 6 | 安全监察部 | 88657646 |

图4.3.8　employees表和departments表右连接

## 五、全连接

全连接又叫全外连接，即将满足关联条件的左、右表相连，但不满足条件的各表数据也仍然保留，两表间无对应数据的内容用NULL填充。MySQL编译器没有直接命令支持全连接，但是可以通过UNION关键字将左连接和右连接的结果整合，从而形成全连接的结果。全连接示意如图4.3.9所示。

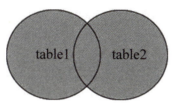

图4.3.9　全连接示意

【任务4.3.6】在xzgl数据库中，将employees表和departments表进行全连接，查询企业中员工的信息及所有部门的名称、电话。

复制前面左连接和右连接的代码，在两段代码间添加UNION即可实现全连接，执行结果如图4.3.10所示。

```
SELECT *
FROM employees a
LEFT JOIN departments b ON a.dnum=b.dnum          -- 左连接结果
UNION                    -- 使用UNION关键字将左连接和右连接的结果进行整合
SELECT *
FROM employees a
RIGHT JOIN departments b  ON a.dnum=b.dnum;        -- 右连接结果
```

AI赋能

使用以下提示词可以让AI辅助生成具有指定功能的SQL代码。

请帮助我生成一段可以在MySQL服务器上运行的SQL代码。
将employees表和departments表通过dnum进行左连接，再进行右连接，最后使用UNION将左连接和右连接的结果进行整合，结果显示两个表的所有列。

| enum | ename | education | birthday | sex | workyears | address | tel | dnum | dnum(1) | dname | dphone |
|---|---|---|---|---|---|---|---|---|---|---|---|
| 1001 | 刘好 | 大专 | 1989-01-15 | 女 | 4 | 中山路10-3-105 | 13987657792 | 1 | 1 | 财务部 | 88657641 |
| 1002 | 张英玲 | 大专 | 1979-09-07 | 女 | 5 | 解放路34-1-203 | 13987657793 | 1 | 1 | 财务部 | 88657641 |
| 1003 | 欧兰 | 硕士 | 2000-12-06 | 女 | 1 | 荣湾镇路24-35 | 13987657794 | 1 | 1 | 财务部 | 88657641 |
| 2001 | 米强 | 大专 | 1986-01-16 | 男 | 7 | 荣湾路209-3 | 13987657795 | 2 | 2 | 行政部 | 88657642 |
| 2002 | 戴涛 | 大专 | 1979-02-10 | 男 | 8 | 长沙西路3-7-52 | 13987657796 | 2 | 2 | 行政部 | 88657642 |
| 3001 | 周四好 | 大专 | 1969-03-10 | 男 | 13 | 金星路120-4 | 13987657797 | 3 | 3 | 经理办公室 | 88657643 |
| 3002 | 段飞 | 博士 | 1982-04-08 | 男 | 11 | 金星路120-5 | 13987657798 | 3 | 3 | 经理办公室 | 88657643 |
| 4001 | 何晴 | 本科 | 1990-05-08 | 男 | 6 | 长沙西路3#13 | 13987657799 | 4 | 4 | 生产部 | 88657644 |
| 4002 | 赵远航 | 本科 | 1999-06-07 | 男 | 2 | 五一路5号114 | 13987657100 | 4 | 4 | 生产部 | 88657644 |
| 4003 | 李贞雅 | 本科 | 1990-07-09 | 女 | 6 | 遥临巷115号 | 13987657101 | 4 | 4 | 生产部 | 88657644 |
| 5001 | 李想 | 大专 | 1998-08-11 | 男 | 1 | 长沙西路3号186 | 13987657102 | 5 | 5 | 市场部 | 88657645 |
| 5002 | 贺永金 | 本科 | 1984-09-04 | 男 | 8 | 田家湾10号 | 13987657103 | 5 | 5 | 市场部 | 88657645 |
| 5003 | 唐卓康尔 | 硕士 | 1999-12-07 | 男 | 0 | 北京街10号 | 13987432145 | (Null) | (Null) | (Null) | (Null) |
| (Null) | (Null) | (Null) | (Null) | (Null) | (Null) | (Null) | (Null) | (Null) | 6 | 安全监察部 | 88657646 |

图4.3.10　employees表和departments表全连接

 练知识技能

【任务4.3.7】使用内连接查询电子行业企业2024年的净利润。

此任务可以分两步完成。

（1）确定使用多表查询技术：由于需要查询的数据来自stock_industry和income两个表，因此使用多表查询技术，完成两个表的内连接。

（2）进行后续的操作：在内连接的基础上增加WHERE条件筛选。

在编译窗口录入并运行以下代码，执行结果如图4.3.11所示。

```
SELECT a.*,b.end_date,b.net_profit
FROM stock_industry a
INNER JOIN income b
ON a.ts_code=b.ts_code                    -- 两个表进行内连接
WHERE a.industry='电子' AND end_date LIKE '2024%'   -- 增加 WHERE 条件筛选
ORDER BY a.ts_code,b.end_date;
```

| ts_code | code_name | industry | end_date | net_profit |
|---|---|---|---|---|
| 300046 | 台基股份 | 电子 | 2024-12-31 | 378.75 |
| 300077 | 国民技术 | 电子 | 2024-12-31 | 231.75 |
| 300102 | 乾照光电 | 电子 | 2024-12-31 | 306.75 |
| 300223 | 北京君正 | 电子 | 2024-12-31 | 426.75 |

图4.3.11　电子行业企业2024年净利润

 **AI赋能**

使用以下提示词可以让AI辅助生成具有指定功能的SQL代码。

请帮助我生成一段可以在 MySQL 服务器上运行的 SQL 代码。
将 stock_industry 表和 income 表通过 ts_code 进行内连接，筛选出 stock_industry 表的 industry 列是"电子"，income 表的 end_date 列（DATE 类型）是 2024 年的日期，最后显示 stock_industry 表的所有列，以及 income 表的 end_date、net_profit 两列。

【任务4.3.8】使用左连接查看stock_industry表中行业类别为"交通运输"的上市企业的资产、负债及所有者权益，结果按ts_code列升序排列，只显示前5行数据。

（1）确定使用多表查询方法：由于需要查询的数据来自stock_industry和balancesheet两个表，因此使用多表查询方法，完成两个表的左连接。

（2）进行后续的操作：在左连接的基础上增加WHERE条件筛选。

在编译窗口录入并运行以下代码，执行结果如图4.3.12所示。

```
SELECT a.*,b.assets,b.liabilities,b.owners_equity
FROM stock_industry a
LEFT JOIN balancesheet b
ON a.ts_code=b.ts_code
WHERE a.industry='交通运输'
ORDER BY ts_code
LIMIT 5;
```

| ts_code | code_name | industry | assets | liabilities | owners_equity |
|---|---|---|---|---|---|
| 600004 | 白云机场 | 交通运输 | 24988.61 | 7245.33 | 17743.28 |
| 601919 | 中远海控 | 交通运输 | (Null) | (Null) | (Null) |

图4.3.12 各企业净利润信息及对应行业信息前5行数据

## 固知识技能

### 一、填空题

1. LEFT JOIN即_____，返回左表中的所有记录和右表中与连接字段相等的记录。

2. RIGHT JOIN即_____，返回右表中的所有记录和左表中与连接字段相等的记录。

3. INNER JOIN即_____，只返回左、右两个表中与连接字段相等的行。

4. CROSS JOIN即_____，产生的新表是每个表中的每行都与其他表中的每行交叉组合而成的。

5. MySQL编译器可以通过_____关键字将左连接和右连接的结果进行整合，从而得到全连接的结果。

### 二、单选题

已知class表和student表如图4.3.13所示，cno列表示班级号，cnum列表示班级人数。

| cno | cname | cnum |
|---|---|---|
| 1 | 19会计信息管理1班 | 51 |
| 2 | 19会计信息管理2班 | 51 |
| 3 | 19会计信息管理3班 | 51 |

| sid | sname | cno |
|---|---|---|
| 101 | 康尔 | 1 |
| 201 | 唐卓尔 | 2 |
| 301 | 王一禾 | (Null) |

图4.3.13 class表和student表

1. class表和student表通过cno进行交叉连接的代码是（　　），连接后的结果是（　　）。

2. class表和student表通过cno进行左连接的代码是（　　），连接后的结果是（　　）。

3. class表和student表通过cno进行内连接的代码是（　　），连接后的结果是（　　）。

4. class表和student表通过cno进行右连接的代码是（　　），连接后的结果是（　　）。

5. class表和student表通过cno进行全连接的代码是（　　），连接后的结果是（　　）。

A.

| cno | cname | cnum | sid | sname | cno(1) |
|---|---|---|---|---|---|
| 1 | 19会计信息管理1班 | 51 | 101 | 康尔 | 1 |
| 2 | 19会计信息管理2班 | 51 | 201 | 唐卓尔 | 2 |
| (Null) | (Null) | (Null) | 301 | 王一禾 | (Null) |

F.
```
SELECT *
FROM class a LEFT JOIN student b
ON a.cno=b.cno;
```

续表

**B.**

| cno | cname | cnum | sid | sname | cno(1) |
|---|---|---|---|---|---|
| 1 | 19会计信息管理1班 | 51 | 101 | 康尔 | 1 |
| 2 | 19会计信息管理2班 | 51 | 201 | 唐卓尔 | 2 |

**G.**
```
SELECT *
FROM class  a  RIGHT JOIN  student b
ON a.cno=b.cno;
```

**C.**

| cno | cname | cnum | sid | sname | cno(1) |
|---|---|---|---|---|---|
| 1 | 19会计信息管理1班 | 51 | 101 | 康尔 | 1 |
| 2 | 19会计信息管理2班 | 51 | 201 | 唐卓尔 | 2 |
| 3 | 19会计信息管理3班 | 51 | (Null) | (Null) | (Null) |

**H.**
```
SELECT *
FROM class  a  INNER JOIN  student b
ON a.cno=b.cno;
```

**D.**

| cno | cname | cnum | sid | sname | cno(1) |
|---|---|---|---|---|---|
| 1 | 19会计信息管理1班 | 51 | 101 | 康尔 | 1 |
| 2 | 19会计信息管理2班 | 51 | 101 | 康尔 | 1 |
| 3 | 19会计信息管理3班 | 51 | 101 | 康尔 | 1 |
| 1 | 19会计信息管理1班 | 51 | 201 | 唐卓尔 | 2 |
| 2 | 19会计信息管理2班 | 51 | 201 | 唐卓尔 | 2 |
| 3 | 19会计信息管理3班 | 51 | 201 | 唐卓尔 | 2 |
| 1 | 19会计信息管理1班 | 51 | 301 | 王一禾 | (Null) |
| 2 | 19会计信息管理2班 | 51 | 301 | 王一禾 | (Null) |
| 3 | 19会计信息管理3班 | 51 | 301 | 王一禾 | (Null) |

**I.**
```
SELECT *
FROM class  a  LEFT JOIN  student b
ON a.cno=b.cno
UNION
SELECT *
FROM class  a  RIGHT JOIN  student b
ON a.cno=b.cno;
```

**E.**

| cno | cname | cnum | sid | sname | cno(1) |
|---|---|---|---|---|---|
| 1 | 19会计信息管理1班 | 51 | 101 | 康尔 | 1 |
| 2 | 19会计信息管理2班 | 51 | 201 | 唐卓尔 | 2 |
| 3 | 19会计信息管理3班 | 51 | (Null) | (Null) | (Null) |
| (Null) | (Null) | (Null) | 301 | 王一禾 | (Null) |

**J.**
```
SELECT *
FROM class,student;
```

### 三、编程题

1. 对sales数据库的ginfo和gorder两个表进行左连接，关注没有销售记录的商品以便后续撤销该商品，进行销售策略调整。

2. 将sales数据库的gorder表与cinfo表进行右连接，查找出没有购买过商品的客户的信息，包括客户的姓名、性别、生日和地址。

# 任务四　聚合函数和嵌套查询

## 学习目标

【知识目标】掌握对数据列求记录数、求和、求平均值、求最大值、求最小值的聚合函数用法及嵌套查询的方法。

【技能目标】能独立或借助AI完成对数据列求记录数、求和、求平均值、求最大值、求最小值等操作；能完成嵌套查询的操作；能对AI生成的代码进行甄别与修改，保证代码的正确性。

【素质目标】正确认识科学发展观的内涵，保持财务人的本心，守住财务人的底线，知责于心、担责于身、履责于行。

动画4.4

## 德技并修

**大富学长**：财务工作中经常会有将目标企业的净利润和行业平均净利润进行比较、将目标部门平均工资与整个企业平均工资进行比较，以及分析部门薪资情况等需求。使用聚合函数，可以对企业的财务数据进行特定的计算，如求平均值、求最大值、求最小值等。

**小强**：今天我使用求最大值函数、求最小值函数和求平均值函数时发现，同一个企业不同年份的财务数据其实是有波动的，不同企业同一个年份的财务数据波动更大，进行财务分析时需要注意的细节太多了。

**大富学长**：财务人员需要做到细心谨慎。"祸患常积于忽微，而智勇多困于所溺"，这句话摘自欧阳修为《新五代史·伶官传》所作的序言，意思是，祸患常常是由一些微小的失误累积而成的，而人的智慧和勇气常常被他们所沉迷的事物困扰。作为财务人员，我们在工作中必须密切关注财务数据中的异常征兆，时刻关注风险、分析风险，对公司管理层提供风险预警。企业财务数据的恶化并不是突如其来的，而是由轻到重、由量变到质变的，最终演变出不可控的局面。财务人员应及时识别风险，并给出警示。

## 来自企业的技能任务

| 序号 | 岗位技能要求 | 对应企业任务 |
|---|---|---|
| 1 | 使用COUNT()函数 | 【任务4.4.1】在xzgl数据库中查询employees表，求出该企业的员工总数，以及分配了部门的员工总数 |
| 2 | 使用添加DISTINCT的COUNT()函数 | 【任务4.4.2】在xzgl数据库中查询employees表，找出该企业员工的教育层次有几种 |
| 3 | 使用SUM()函数和AVG()函数 | 【任务4.4.3】在xzgl数据库中查询salary表，求出平均应发工资及应发工资合计 |
| 4 | 嵌套查询 | 【任务4.4.4】在xzgl数据库中查询salary表，找出应发工资小于平均应发工资的员工的薪资情况，并将查询结果按应发工资降序排列 |
| 5 | 使用MIN()函数 | 【任务4.4.5】在xzgl数据库中查询salary表，找出应发工资最低的员工的薪资情况 |
| 6 | 使用MAX()函数 | 【任务4.4.6】在xzgl数据库中查询salary表，找出应发工资最高的员工的薪资情况 |
| 7 | 使用YEAR()函数 | 【任务4.4.7】在xzgl数据库中查询employees表，找出所有员工的年龄数据，以便后续进行员工年龄层次分析 |

## 学知识技能

SELECT语句还可以包含聚合函数。聚合函数用于对一组数值进行计算，然后返回单个值。常用的聚合函数有以下几个。

# 一、COUNT()函数

聚合函数中经常使用的是COUNT()函数，它用于统计查询结果里的行数。若找不到满足条件的行，则返回0。该函数的语法格式为：

```
COUNT ( 表达式 ) 或者 COUNT (*)
```

其中，表达式可以是常量、列、函数等，其数据类型可以是除BLOB或TEXT之外的任何类型，如数值型、字符串型及日期和时间型。表达式前可以使用关键字ALL表示对所有值进行运算，或者使用关键字DISTINCT表示去除重复值，默认使用ALL。在使用COUNT(*)时，将返回检索行的总数量，不论其是否包含NULL。

【任务4.4.1】在xzgl数据库中查询employees表，求出该企业的员工总人数，以及分配了部门的员工总人数。

在编译窗口录入并运行以下代码，执行结果如图4.4.1所示。employees表中的dnum列有13行数据，其中有一个员工没有分配部门，因此该列有一个NULL值。COUNT(dnum)不会计算有NULL值的行。

```
SELECT COUNT(*)    总人数 ,COUNT(dnum)    分配了部门的总人数
FROM employees;
```

 **AI赋能**

使用以下提示词可以让AI辅助生成具有指定功能的SQL代码。

请帮助我生成一段可以在 MySQL 服务器上运行的 SQL 代码。
使用 COUNT() 函数统计 employees 表的所有行数及 dnum 列的行数，并分别起别名为 "总人数" 和 "分配了部门的总人数"。

图4.4.1　企业员工总人数及分配了部门的员工总人数

【任务4.4.2】在xzgl数据库中查询employees表，找出该企业员工的教育层次有几种。

在编译窗口录入并运行以下代码，执行结果如图4.4.2所示。

```
SELECT COUNT(DISTINCT education)  教育层次
FROM employees;
```

 **AI赋能**

使用以下提示词可以让AI辅助生成具有指定功能的SQL代码。

请帮助我生成一段可以在 MySQL 服务器上运行的 SQL 代码。
统计 employees 表中 education 列不重复的数据个数，起别名为 "教育层次"。

图4.4.2　企业员工的教育层次种类

## 二、SUM()函数和AVG()函数

SUM()函数和AVG()函数分别用于计算表达式中所有值的总和与平均值。这两个函数的语法格式为：

```
SUM(表达式)
AVG(表达式)
```

其中，表达式可以是常量、列、函数等，其数据类型与COUNT()函数的表达式的相同。表达式前可以使用关键字ALL表示对所有值进行运算，或者使用关键字DISTINCT表示去除重复值，默认使用ALL。

【任务4.4.3】在xzgl数据库中查询salary表，求出平均工资及工资合计。

在编译窗口录入并运行以下代码，执行结果如图4.4.3所示。

```
SELECT AVG(payroll) 平均工资, SUM(payroll) 工资合计
FROM salary;
```

 AI赋能

　　使用以下提示词可以让AI辅助生成具有指定功能的SQL代码。

请帮助我生成一段可以在MySQL服务器上运行的SQL代码。
使用AVG()函数和SUM()函数统计salary表中payroll列数据的平均值与总和，分别起别名为"平均工资"和"工资合计"。

| 平均工资 | 工资合计 |
|---|---|
| 8250.000000 | 99000.00 |

图4.4.3　平均应发工资及应发工资合计

## 三、嵌套查询

　　一个内层查询语句块（SELECT-FROM-WHERE）可以嵌套在一个外层查询语句块的WHERE子句中，其中，外层查询也称为父查询、主查询，内层查询也称为子查询、从查询。子查询一般不使用ORDER BY子句，只能对最终查询结果进行排序。嵌套查询的工作方式是由内向外处理，即先处理内层查询，外层查询利用内层查询的结果。

【任务4.4.4】在xzgl数据库中查询salary表，找出应发工资小于平均应发工资的员工的薪资情况，并将查询结果按应发工资降序排列。

　　本任务需要先求出企业员工的平均应发工资，然后使用比较运算符"<"将所有员工的应发工资和平均应发工资进行比较。在编译窗口录入并运行以下代码，执行结果如图4.4.4所示。

```
SELECT *
FROM salary
WHERE payroll < (SELECT AVG(payroll)
                 FROM salary)
ORDER BY payroll DESC;
```

 AI赋能

　　使用以下提示词可以让AI辅助生成具有指定功能的SQL代码。

请帮助我生成一段可以在MySQL服务器上运行的SQL代码。
使用子查询，用AVG()函数求出salary表中payroll列数据的平均值，然后在salary表中找到小于该平均值的所有记录情况，并对查询结果按照payroll列的值降序排列。

| enum | work_day | base_wage | merits_wage | bonus_money | subsidy_money | social_base | extra_deduction | loss_money | payroll | per_insurance_fund |
|------|----------|-----------|-------------|-------------|---------------|-------------|-----------------|------------|---------|--------------------|
| 5001 | 22 | 3000.00 | 300.00 | 4000.00 | 800.00 | 7840.00 | 0.00 | 0.00 | 8100.00 | 235.20 |
| 1003 | 22 | 3000.00 | 300.00 | 4000.00 | 300.00 | 7340.00 | 0.00 | 0.00 | 7600.00 | 220.20 |
| 4002 | 22 | 3000.00 | 300.00 | 4000.00 | 300.00 | 7340.00 | 400.00 | 0.00 | 7600.00 | 220.20 |
| 5002 | 22 | 3000.00 | 300.00 | 3500.00 | 800.00 | 7340.00 | 400.00 | 0.00 | 7600.00 | 220.20 |
| 2002 | 22 | 3000.00 | 300.00 | 3500.00 | 300.00 | 6840.00 | 0.00 | 0.00 | 7100.00 | 205.20 |
| 3001 | 22 | 3000.00 | 200.00 | 3500.00 | 300.00 | 6740.00 | 3000.00 | 0.00 | 7000.00 | 202.20 |
| 4001 | 22 | 3000.00 | 300.00 | 2500.00 | 800.00 | 6340.00 | 400.00 | 0.00 | 6600.00 | 190.20 |

图4.4.4　应发工资小于平均应发工资的员工的薪资情况

## 四、MAX()函数和MIN()函数

MAX()函数和MIN()函数分别用于求出表达式中所有值的最大值与最小值。这两个函数的语法格式为：

```
MAX( 表达式 )
MIN( 表达式 )
```

其中，表达式可以是常量、列、函数等，其数据类型与COUNT()函数的表达式的相同。表达式前可以使用关键字ALL表示对所有值进行运算，或者使用关键字DISTINCT表示去除重复值，默认使用ALL。

【任务4.4.5】在xzgl数据库中查询salary表，找出应发工资最低的员工的薪资情况。

本任务需要先求出企业员工的最低应发工资，然后使用比较运算符"="将所有员工的应发工资和最低应发工资进行比较，找到应发工资最低的员工的薪资情况。在编译窗口录入并运行以下代码，执行结果如图4.4.5所示。

```
SELECT *
FROM salary
WHERE payroll = (SELECT MIN(payroll)
                 FROM salary);
```

 AI赋能

使用以下提示词可以让AI辅助生成具有指定功能的SQL代码。

请帮助我生成一段可以在 MySQL 服务器上运行的 SQL 代码。
使用子查询，用 MIN() 函数求出 salary 表中 payroll 列数据的最小值，然后在 salary 表中找出该最小值对应的记录情况。

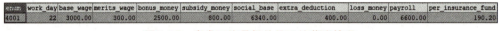

| enum | work_day | base_wage | merits_wage | bonus_money | subsidy_money | social_base | extra_deduction | loss_money | payroll | per_insurance_fund |
|------|----------|-----------|-------------|-------------|---------------|-------------|-----------------|------------|---------|--------------------|
| 4001 | 22 | 3000.00 | 300.00 | 2500.00 | 800.00 | 6340.00 | 400.00 | 0.00 | 6600.00 | 190.20 |

图4.4.5　应发工资最低的员工的薪资情况

【任务4.4.6】在xzgl数据库中查询salary表，找出应发工资最高的员工的薪资情况。

本任务需要先求出企业员工的最高应发工资，然后使用比较运算符"="将所有员工的应发工资和最高应发工资进行比较，找到应发工资最高的员工的薪资情况。在编译窗口录入并运行以下代码，执行结果如图4.4.6所示，其中生成相同功能SQL代码的AI提示词与任务4.4.5中的相似，在此不赘述。

```
SELECT *
FROM salary
WHERE payroll = (SELECT MAX(payroll)
                 FROM salary);
```

| enum | work_day | base_wage | merits_wage | bonus_money | subsidy_money | social_base | extra_deduction | loss_money | payroll | per_insurance_fund |
|---|---|---|---|---|---|---|---|---|---|---|
| 1001 | 22 | 6000.00 | 700.00 | 3500.00 | 800.00 | 10740.00 | 0.00 | 0.00 | 11000.00 | 322.20 |

图4.4.6　应发工资最高的员工的薪资情况

## 五、YEAR()函数

YEAR()函数用于从日期或日期和时间表达式中提取年份，其语法格式为：

`YEAR(表达式)`

YEAR()函数返回一个整数，表示指定日期中的年份部分。如果输入的日期有效，则YEAR()函数返回年份；如果输入的日期无效，则该函数返回NULL。

【任务4.4.7】在xzgl数据库中查询employees表，找出所有员工的年龄数据，以便后续进行员工年龄层次分析。

本任务需要先提取出企业员工的出生年份，然后通过计算列值将得到的年份和2025进行相减（考虑到答案的唯一性，统一使用2025年减去出生年份计算员工年龄）。在编译窗口录入并运行以下代码，执行结果如图4.4.7所示。

```
SELECT ename,2025-YEAR(birthday) AS age
FROM employees;
```

| ename | age |
|---|---|
| 刘好 | 36 |
| 张美玲 | 46 |
| 欧兰 | 25 |
| 米强 | 39 |
| 戴涛 | 46 |
| 周四好 | 56 |
| 段飞 | 43 |
| 何晴 | 35 |
| 赵远航 | 26 |
| 李贞雅 | 35 |
| 李想 | 27 |
| 贺永念 | 41 |
| 唐卓康尔 | 26 |

图4.4.7　员工年龄情况

### 练知识技能

【任务4.4.8】在lhtz数据库中查询income表中所有上市企业2024年的平均净利润，结果保留两位小数。

在编译窗口录入并运行以下代码，执行结果如图4.4.8所示，这里使用了ROUND()函数保留2位小数，使用YEAR()函数获得end_date列中的年份。

```
SELECT ROUND(AVG(net_profit),2)  AS 2024年平均净利润
FROM  income
WHERE YEAR(end_date)=2024;
```

图4.4.8　income表中所有上市企业2024年的平均净利润

【任务4.4.9】在lhtz数据库中查询income表中2024年净利润大于平均净利润的企业数据。复制上述任务的代码集，作为子查询的代码，在编译窗口录入并运行以下代码，执行结果如图4.4.9所示。

```
SELECT *  FROM income
WHERE net_profit>
(SELECT round(avg(net_profit),2)  AS 2024年平均净利润
FROM  income
Where YEAR(end_date)=2024)  And  YEAR(end_date)=2024;
```

113

| ts_code | end_date | oper_income | oper_cost | tax_surchg | sell_exp | admin_exp | fin_exp | operate_profit | non_oper_income | non_oper_cost | total_profit | income_tax | net_profit |
| --- | --- | --- | --- | --- | --- | --- | --- | --- | --- | --- | --- | --- | --- |
| ▶600000 | 2024-12-31 | 2104.2 | 535 | 76.8 | 97.58 | 109.2 | 110 | 1175.62 | 833.58 | 489.74 | 1519.46 | 379.87 | 1139.6 |

图4.4.9　2024年净利润大于平均净利润的企业数据

【任务4.4.10】在lhtz数据库中查询balancesheet表2023年企业负债平均值。在编译窗口录入并运行以下代码，执行结果如图4.4.10所示。

```
select round(avg(liabilities),2) AS 2023年企业负债均值
FROM balancesheet
WHERE YEAR(end_date)=2023 ;
```

| 2023年企业负债均值 |
| --- |
| ▶　　　　　4284.65 |

图4.4.10　2023年企业负债均值

【任务4.4.11】在lhtz数据库中查询income表和stock_industry表，求出income表中2023年年报数据中电子行业企业总数。

（1）对两个表进行内连接。

```
SELECT *
FROM income a
INNER JOIN stock_industry b
ON a.ts_code=b.ts_code;
```

（2）对两个表的连接数据集进行筛选，找到行业类别为电子行业、报告期为2023年12月的数据。

```
SELECT *
FROM income a
INNER JOIN stock_industry b
ON a.ts_code=b.ts_code
WHERE b.industry='电子' AND a.end_date LIKE '2023-12-%';
```

（3）使用聚合函数COUNT()进行统计。在编译窗口录入并运行以下代码，执行结果如图4.4.11所示。

```
SELECT COUNT(*) 总数
FROM income a
INNER JOIN stock_industry b
ON a.ts_code=b.ts_code
WHERE b.industry='电子' AND a.end_date LIKE '2023-12-%';
```

| 总数 |
| --- |
| ▶　　　　4 |

图4.4.11　满足条件的电子行业企业总数

【任务4.4.12】在lhtz数据库中查询income表和stock_industry表，求出income表中2023年医药生物行业企业净利润的最高值。

（1）对两个表进行内连接。

```
SELECT *
FROM income a
INNER JOIN stock_industry b
ON a.ts_code=b.ts_code;
```

（2）对两个表的连接数据集进行筛选，找到行业类别为医药生物、报告期为2023年12月的数据，查询结果如图4.4.12所示。

```
SELECT net_profit,b.code_name,a.end_date
FROM income a
INNER JOIN stock_industry b
ON a.ts_code=b.ts_code
WHERE b.industry='医药生物' AND a.end_date LIKE '2023-12-%';
```

| net_profit | code_name | end_date |
|---|---|---|
| 1103.65 | 海特生物 | 2023-12-31 |
| 1363.84 | 康华生物 | 2023-12-31 |
| 1413.75 | 天坛生物 | 2023-12-31 |

图4.4.12　income表中2023年医药生物行业企业净利润情况

（3）使用聚合函数MAX()求出最大值。在编译窗口录入并运行以下代码，执行结果如图4.4.13所示。

```
SELECT MAX(net_profit) AS 2023年医药生物行业企业净利润最高值
FROM income a
INNER JOIN stock_industry b
ON a.ts_code=b.ts_code
WHERE b.industry='医药生物' AND a.end_date LIKE '2023%';
```

| 2023年医药生物行业企业净利润最高值 |
|---|
| 1413.75 |

图4.4.13　income表中2023年医药生物行业企业净利润的最高值

【任务4.4.13】在lhtz数据库中查询income表和stock_industry表，求出2023年医药生物行业企业净利润的最高值及对应企业的证券代码。

本任务可以复制任务4.4.12的代码（这段代码得到的是2023年医药生物行业企业净利润的最高值）作为嵌套的子查询，再进行主查询的编写。在编译窗口录入并运行以下代码，执行结果如图4.4.14所示。

```
SELECT ts_code,net_profit
FROM income
WHERE net_profit=(SELECT MAX(net_profit)
                  FROM income a
                  INNER JOIN stock_industry b
                  ON a.ts_code=b.ts_code
                  WHERE b.industry='医药生物' AND a.end_date LIKE '2023%')
```

| ts_code | net_profit |
|---|---|
| 600161 | 1413.75 |

图4.4.14　2023年医药生物行业企业净利润的最高值及对应的证券代码

 固知识技能

## 一、单选题

1．以下聚合函数中，用于求数据平均值的是（　　　）。
   A．MAX()　　　　　B．SUM()
   C．COUNT()　　　　D．AVG()

2．运行以下代码，能够得出图4.4.15所示会员表中女会员人数的是（　　　）。
   A．SELECT COUNT(*) FROM 会员表;
   B．SELECT COUNT(*) FROM 会员表 WHERE 性别='女';
   C．SELECT SUM(*) FROM 会员表 WHERE 性别='女';
   D．SELECT AVG(*) FROM 会员表 WHERE 性别='女';

| 身份证号 | 会员姓名 | 性别 | 会员密码 | 联系电话 |
|---|---|---|---|---|
| 1101011980010130 | 张凯 | 男 | 080100 | 13611320000 |
| 1101021981030100 | 赵宏宇 | 男 | 080100 | 13601234123 |
| 1101081980030120 | 李小冰 | 女 | 080100 | 13651111081 |
| 1101081982050100 | 王林 | 男 | 080100 | 12501234123 |
| 4201031962010101 | 张莉 | 女 | 123456 | 13822555432 |
| 4301031962010101 | 李华 | 女 | 123456 | 13822551234 |
| 4301031986082019 | 张三 | 男 | 222222 | 51985523 |

图4.4.15　会员表

## 二、编程题

1．查询gdzc数据库中的fixed_assets_depreciation表，使用COUNT()函数求出固定资产使用状态为"正常使用"的固定资产数量。

2．查询gdzc数据库中的fixed_assets_depreciation表，使用SUM()函数求出2018年购买的固定资产原值合计。

3．查询gdzc数据库中的fixed_assets_depreciation表，使用MIN()函数求出购买日期最早的固定资产的名称。

4．查询gdzc数据库中的fixed_assets_depreciation表，使用AVG()函数求出使用部门是"生产部"的固定资产的原值平均值。

5．查询sales数据库中的cinfo表，使用AVG()函数统计企业客户的平均年龄，以便精准进行客户画像。

6．查询sales数据库中的cinfo表，使用COUNT()函数统计企业客户中会员的数量，以便进行会员管理。

7．查询sales数据库中的ginfo表，使用SUM()函数统计企业商品库存的总数量，以便进行库存管理。

# 任务五　分组查询

动画4.5

## 学习目标

【知识目标】掌握数据表的分组查询方法和有条件的分组查询方法。

【技能目标】能独立或借助AI完成数据表的分组查询、有条件的分组查询；能对AI生成的代码进行甄别与修改，保证代码的正确性。

【素质目标】树立辩证地看待事物的观念，能够从多视角、多立场看待问题和解决问题。

## 德技并修

**小强：**学长，我们在前面学习了使用聚合函数求解数据列统计信息的方法，但工作中除了需要计算整个列的聚合值，有时还需要计算列中若干分组数据的聚合值并进行比较。比如，已经知道企业的平均应发工资，但是还想知道某员工所在部门的平均应发工资，是不是就要使用分组命令了？

**大富学长：**是的，使用分组命令可以从多个维度对数据进行比较，帮助我们从更多角度分析问题。

## 来自企业的技能任务

| 序号 | 岗位技能要求 | 对应企业任务 |
|---|---|---|
| 1 | 使用GROUP BY子句 | 【任务4.5.1】在xzgl数据库中查询employees表中不同性别的员工人数 |
| | | 【任务4.5.2】在xzgl数据库中查询employees表中不同教育层次的员工人数 |
| | | 【任务4.5.3】在xzgl数据库中查询employees表和salary表，求出企业中不同性别员工的平均应发工资 |
| 2 | GROUP BY子句与ORDER BY子句组合使用 | 【任务4.5.4】在xzgl数据库中查询employees表和salary表，求出企业各个教育层次员工的平均应发工资，并将结果按照平均应发工资升序排列 |
| 3 | 对3个表进行内连接并进行分组 | 【任务4.5.5】在xzgl数据库中查询employees表、salary表和departments表，求出企业中各部门员工的平均应发工资、各部门员工的应发工资合计，并将结果按照应发工资合计升序排列 |
| 4 | 使用HAVING子句 | 【任务4.5.6】在任务4.5.4求出该企业各个教育层次员工的平均应发工资的基础上，筛选出平均应发工资大于8000元的教育层次和对应的薪资情况 |

## 学知识技能

## 一、GROUP BY子句

在本项目任务四中我们学习了使用聚合函数对数据表中的数据进行统计、计算的方法。然而有些时候，我们并不打算关注表中全部数据的聚合值，而只想关注表中一个较小分组的聚合值。比如，教育研究人员更倾向于了解不同教育层次的员工在企业中的薪资水平，成本管理者更倾向于分析不同部门员工的薪资水平。GROUP BY子句结合聚合函数可以针对一个或多个列的结果集进行分组计算，方便相关研究人员对数据产生的原因进行分析，其语法格式为：

```
SELECT 分组的列名，聚合函数（列名）
FROM 表名
WHERE 表达式
GROUP BY 分组的列名；
```

【任务4.5.1】在xzgl数据库中查询employees表中不同性别的员工人数。

企业的employees表包含员工性别信息，当我们需要统计不同性别员工人数时，可以利用分组技术对employees表中的sex列实施分组，如此一来，相同性别的员工记录便会被归为一组。接着，使用COUNT()函数针对各个已划分好的性别分组开展计数工作，这样就能知晓每种性别对应的员工总数。在编译窗口录入并运行以下代码，执行结果如图4.5.1所示。

```
SELECT sex, COUNT(*) AS 人数
FROM employees
GROUP BY sex;
```

 AI赋能

使用以下提示词可以让AI辅助生成具有指定功能的SQL代码。

请帮助我生成一段可以在MySQL服务器上运行的SQL代码。
对employees表的sex列进行分组，用COUNT()函数统计不同sex的数据个数，给计算结果起别名为"人数"。

图4.5.1　不同性别的员工人数

【任务4.5.2】在xzgl数据库中查询employees表中不同教育层次的员工人数。

企业的employees表包含员工的教育层次信息，当我们需要统计不同教育层次员工的人数时，可以利用分组技术对employees表中的education列实施分组，如此一来，相同教育层次的员工记录便会被归为一组。接着，使用COUNT()函数针对各个已划分好的教育层次分组开展计数工作，这样就能知晓每种教育层次对应的员工人数。在编译窗口录入并运行以下代码，执行结果如图4.5.2所示。

```
SELECT education, COUNT(*) AS 人数
FROM employees
GROUP BY education;
```

 AI赋能

使用以下提示词可以让AI辅助生成具有指定功能的SQL代码。

请帮助我生成一段可以在MySQL服务器上运行的SQL代码。
对employees表的educaion列进行分组，用COUNT()函数统计不同educaion的数据个数，给计算结果起别名为"人数"。

| education | 人数 |
|---|---|
| 大专 | 6 |
| 硕士 | 2 |
| 博士 | 1 |
| 本科 | 4 |

图4.5.2　不同教育层次的员工人数

【任务4.5.3】在xzgl数据库中查询employees表和salary表，求出企业中不同性别员工的平均应发工资。

employees表中存放了企业所有员工的详细个人信息，salary表中存放了所有员工的薪资情况，这两个表在数据库中各司其职。本任务要对不同性别员工的平均应发工资进行计算，因此需要对这两个表进行内连接。而且，由于需要对不同性别员工的平均应发工资进行分析，所以需要使用GROUP BY子句按不同性别对员工进行分组，然后使用聚合函数对应发工资进行聚合运算。在编译窗口录入并运行以下代码，执行结果如图4.5.3所示。

```
SELECT a.sex, AVG(b.payroll) /* 使用AVG(b.payroll) 按不同性别进行平均应发工资的计算 */
FROM employees a
INNER JOIN salary b
ON a.enum=b.enum
GROUP BY a.sex;                      /* 使用 GROUP BY 子句按不同性别对员工进行分组 */
```

**AI赋能**

使用以下提示词可以让AI辅助生成具有指定功能的SQL代码。

请帮助我生成一段可以在 MySQL 服务器上运行的 SQL 代码。
employees 表和 salary 表通过两个表的 enum 列进行内连接，对 employees 表的 sex 列进行分组，用 AVG() 函数统计不同 sex 的 payroll 列（来自 salary 表）的平均值。

| sex | AVG(b.payroll) |
|---|---|
| 男 | 7775.000000 |
| 女 | 9200.000000 |

图4.5.3　不同性别员工的平均应发工资

使用聚合函数和GROUP BY子句的要点是：如果要对某列进行分组，那么这个列的名称最好和聚合函数并列出现在SELECT语句处。比如，要对sex列进行分组，则SELECT语句使用聚合函数AVG(b.payroll)，并将sex列一并放在SELECT语句处。

【任务4.5.4】在xzgl数据库中查询employees表和salary表，求出企业各个教育层次员工的平均应发工资，并将结果按照平均应发工资升序排列。

由于需要查询的数据分布在两个数据表中，因此要进行两个表的内连接；而且，由于要对查询结果进行排序，所以要将排序语句写在最后。在编译窗口录入并运行以下代码，执行结果如图4.5.4所示。

| education | avg_payroll |
|---|---|
| 硕士 | 7600 |
| 本科 | 7850 |
| 博士 | 8500 |
| 大专 | 8583.333333 |

图4.5.4　各个教育层次员工的平均应发工资

119

```
SELECT a.education, AVG(b.payroll) AS avg_payroll
FROM employees a
INNER JOIN salary b  ON a.enum=b.enum
GROUP BY a.education
ORDER BY avg_payroll ASC;
```

 **AI赋能**

使用以下提示词可以让AI辅助生成具有指定功能的SQL代码。

> 请帮助我生成一段可以在MySQL服务器上运行的SQL代码。
> employees表和salary表通过两个表的enum列进行内连接，对employees表的education列进行分组，用AVG()函数统计不同education的payroll列（来自salary表）的平均值，结果按照payroll升序排列。

【任务4.5.5】在xzgl数据库中查询employees表、salary表和departments表，求出企业中各部门员工的平均应发工资、各部门员工的应发工资合计，并将结果按照应发工资合计升序排列。

本任务需要分析各部门员工的平均应发工资和应发工资合计，而salary表并没有直接和departments表关联，因此需要先将salary表和employees表进行内连接，再通过employees表与departments表进行内连接。

3个表进行内连接的思路是：将和其他两个表都有联系的employees表作为主表，使用INNER JOIN语句将其和另外两个表进行内连接。在编译窗口录入并运行以下代码，执行结果如图4.5.5所示。

```
SELECT c.dname, AVG(payroll), SUM(payroll)
FROM employees a
INNER JOIN salary b
ON a.enum=b.enum
-- employees表和salary表通过enum进行内连接
INNER JOIN departments c
ON a.dnum=c.dnum
-- employees表和departments表通过dnum进行内连接
GROUP BY c.dname       -- 按部门名称对员工进行分组
ORDER BY SUM(payroll);
```

 **AI赋能**

使用以下提示词可以让AI辅助生成具有指定功能的SQL代码。

> 请帮助我生成一段可以在MySQL服务器上运行的SQL代码。
> （1）将employees表、salary表、departments表（分别起别名为a、b、c）进行连接。其中，employees表、salary表通过两个表的enum进行连接；employees表、departments表通过两个表的dnum进行连接。
> （2）对departments表的dname列进行分组，用AVG()函数求salary表的payroll列的平均值、用SUM()函数求payroll列的和，结果按照payroll列的和升序排列。

| dname | AVG(payroll) | SUM(payroll) |
|---|---|---|
| 经理办公室 | 7750.000000 | 15500.00 |
| 市场部 | 7850.000000 | 15700.00 |
| 行政部 | 8400.000000 | 16800.00 |
| 生产部 | 7933.333333 | 23800.00 |
| 财务部 | 9066.666667 | 27200.00 |

图4.5.5　各部门员工的平均应发工资和应发工资合计

## 二、HAVING子句

WHERE子句无法与聚合函数一起使用，因此SQL语句中增加了HAVING子句。HAVING子句通常与GROUP BY子句一起使用，因为HAVING子句的作用是对使用GROUP BY子句进行分组统计后的结果做进一步的筛选，其语法格式为：

```
SELECT 列名1，聚合函数（列名2）
FROM 表名
WHERE 表达式
GROUP BY 列表1
HAVING 聚合函数（列名2）运算符 值；
```

其中，WHERE子句只能接收FROM子句输出的数据，而HAVING子句则可以接收来自GROUP BY子句、WHERE子句和FROM子句的输入。HAVING子句会在分组后对分组形成的结果进行筛选。

【任务4.5.6】在任务4.5.4求出该企业各个教育层次员工的平均应发工资的基础上，筛选出平均应发工资大于8 000元的教育层次和对应的薪资情况。

这里可以参考任务4.5.4的代码，添加HAVING子句进行有条件的查询。在编译窗口录入并运行以下代码，即可显示符合要求的数据，结果如图4.5.6所示。

```
SELECT a.education, AVG(b.payroll)
FROM employees a
INNER JOIN salary b
ON a.enum=b.enum
GROUP BY a.education
HAVING AVG(b.payroll)>=8000    -- WHERE 子句中不能出现聚合函数，因此只能使用 HAVING 子句
ORDER BY AVG(b.payroll);
```

 AI赋能

使用以下提示词可以让AI辅助生成具有指定功能的SQL代码。

请帮助我生成一段可以在 MySQL 服务器上运行的 SQL 代码。
首先让 employees 表和 salary 表通过两个表的 enum 列进行内连接；再对 employees 表的 education 列进行分组；然后用 AVG() 函数统计不同 education 的 payroll 列的平均值（来自 salary 表），结果按照 payroll 升序排列；最后在上述基础上筛选出 payroll 列的平均值大于 8000 的 education 列和 payroll 列的平均值。

| educa.. | AVG(b.payroll) |
|---|---|
| 博士 | 8500.000000 |
| 大专 | 8583.333333 |

图4.5.6　平均应发工资大于8 000元的教育层次和对应的薪资情况

## 练知识技能

【任务4.5.7】对income表的报告期进行分组，求出各年度企业的平均净利润，并筛选出平均净利润大于400万元的年度，结果按净利润升序排列，保留两位小数。

为了对结果保留两位小数，可以使用ROUND()函数。在编译窗口录入并运行以下代码，执行结果如图4.5.7所示。

| end_date | avg_net_profit |
| --- | --- |
| 2024-12-31 | 462.93 |
| 2022-12-31 | 519.75 |
| 2023-12-31 | 757.23 |

图4.5.7　各个年度企业的平均净利润

```
SELECT end_date, ROUND(AVG(net_profit),2) avg_net_profit
FROM income
GROUP BY end_date
HAVING avg_net_profit > 400
ORDER BY avg_net_profit;
```

【任务4.5.8】将stock_industry表和income表进行内连接，对行业类别进行分组，求出2023年各行业所有企业的平均净利润，并筛选出平均净利润大于200万元的行业，结果按净利润升序排列。

（1）完成两个表的内连接，并筛选出2023年各企业的净利润数据。在编译窗口录入并运行以下代码，执行结果如图4.5.8所示。

```
SELECT a.*,b.end_date,b.net_profit
FROM stock_industry a
INNER JOIN income b
ON a.ts_code=b.ts_code
WHERE b.end_date LIKE '2023%';
```

| ts_code | code_name | industry | end_date | net_profit |
| --- | --- | --- | --- | --- |
| 300046 | 台基股份 | 电子 | 2023-12-31 | 290.25 |
| 300077 | 国民技术 | 电子 | 2023-12-31 | 138 |
| 300102 | 乾照光电 | 电子 | 2023-12-31 | 216 |
| 300123 | 亚光科技 | 国防军工 | 2023-12-31 | 311.25 |
| 300223 | 北京君正 | 电子 | 2023-12-31 | 389.25 |
| 300683 | 海特生物 | 医药生物 | 2023-12-31 | 1103.65 |
| 300841 | 康华生物 | 医药生物 | 2023-12-31 | 1363.84 |
| 600004 | 白云机场 | 交通运输 | 2023-12-31 | 1589.09 |
| 600161 | 天坛生物 | 医药生物 | 2023-12-31 | 1413.75 |

图4.5.8　stock_industry表和income表内连接后筛选出的2023年各企业的净利润数据

（2）复制第一步的代码并对其进行适当修改和增减：在内连接数据集的基础上对相同行业的数据进行分组，求出同行业平均净利润，并筛选出平均净利润大于200万元的行业，结果按净利润升序排列。在编译窗口录入并运行以下代码，执行结果如图4.5.9所示。

```
SELECT a.industry,ROUND(AVG(b.net_profit),2) industry_net_profit
FROM stock_industry a
INNER JOIN income b
ON a.ts_code=b.ts_code
WHERE b.end_date LIKE '2023%'
GROUP BY a.industry
HAVING industry_net_profit > 200
ORDER BY industry_net_profit;
```

| industry | industry_net_profit |
|---|---|
| 电子 | 258.38 |
| 国防军工 | 311.25 |
| 医药生物 | 1293.75 |
| 交通运输 | 1589.09 |

图4.5.9　平均净利润大于200万元的行业

## 固知识技能

### 一、单选题

1. 使用SQL语句进行分组检索，为了去掉不满足条件的分组，应当（　　）。
    A．使用WHERE子句
    B．在GROUP BY后面使用HAVING子句
    C．先使用WHERE子句，再使用HAVING子句
    D．先使用HAVING子句，再使用WHERE子句

2. 以下关于ORDER BY和GROUP BY的描述错误的是（　　）。
    A．ORDER BY从字面理解就是行的排序方式，默认为升序
    B．ORDER BY后面必须列出排序的字段名，可以有多个字段名
    C．GROUP BY的主要功能就是分组，必须有聚合函数配合才能使用
    D．ORDER BY和GROUP BY可以替换使用

### 二、编程题

1. 在gdzc数据库的fixed_assets_depreciation表中，统计各种使用状态下固定资产的数量。
2. 在gdzc数据库的fixed_assets_depreciation表中，统计各部门购买固定资产的数量。
3. 在gdzc数据库的fixed_assets_depreciation表中，计算各部门固定资产原值的平均值。
4. 在sales数据库对gorder表和ginfo表进行内连接，对"服装类""饰品类"等多种商品类别分组，分别统计每种商品类别下的商品销售收入总和。

# 任务六　视图操作

## 学习目标

【知识目标】掌握数据库视图的创建、查询、删除方法，以及通过视图在基本表中插入、修改和删除数据的方法。

【技能目标】能独立或借助AI完成数据库视图的创建、查询和删除；能通过视图在基本表中插入、修改和删除数据；能对AI生成的代码进行甄别与修改，保证代码的正确性。

【素质目标】树立在实践中创造人生价值的理念，养成积极动手实践的好习惯，培养创新意识。

动画4.6

## 德技并修

**小强：** 学长，有时我为了存储查询到的数据，比如从employees表中查询到的不同教育层次的员工总数，会使用CREATE TABLE语句创建新表来保存中间结果。创建新表是不是意味着需要在计算机的磁盘空间中存储新表数据呢？我预习了视图的概念。视图是虚拟表，本身是不存储数据的。如果不想分配额外的磁盘空间，是不是可以用视图来完成中间查询结果的存储？

**大富学长：** 你的想法是对的。《周易》中的"终日乾乾，与时偕行"，讲的就是我们应当克服怠惰、孜孜以求、自强不息。你能坚持学习，不断提出问题和解决问题的新方法，值得表扬。

## 来自企业的技能任务

| 序号 | 岗位技能要求 | 对应企业任务 |
| --- | --- | --- |
| 1 | 创建视图 | 【任务4.6.1】在lhtz数据库中有一个基本表profit_steel_5，该表存储了2020—2024年第3季度钢铁行业所有上市企业的盈利能力数据。请创建视图view_steel_2024，用该视图存储2024年第4季度钢铁行业所有上市企业的盈利能力数据，并将查询结果按照code列升序排列 |
| | | 【任务4.6.2】在lhtz数据库中创建视图view_steel_000708，用该视图存储钢铁行业证券代码为sz.000708的企业2020—2024年第3季度的盈利能力数据，并将查询结果按照roeAvg列升序排列 |
| | | 【任务4.6.3】在lhtz数据库中创建视图view_steel_avg，用该视图存储2020—2024年第3季度钢铁行业所有上市企业的盈利能力数据的平均值，并将查询结果按照statDate列升序排列 |
| 2 | 查询视图 | 【任务4.6.4】查询视图view_steel_2024，以了解2024年第4季度钢铁行业所有上市企业的盈利能力数据 |
| | | 【任务4.6.5】查询视图view_steel_000708，以了解钢铁行业证券代码为sz.000708的企业2020—2024年第3季度的盈利能力数据 |
| | | 【任务4.6.6】查询视图view_steel_avg，以了解2020—2024年第3季度钢铁行业所有上市企业的盈利能力数据的平均值 |
| 3 | 插入数据 | 【任务4.6.7】通过视图view_steel_000708向基本表profit_steel_5中插入企业2024年第4季度的盈利能力数据 |
| 4 | 修改数据 | 【任务4.6.8】通过视图view_steel_000708修改基本表profit_steel_5中2024年第3季度的roeAvg指标，并将0.098 032修改为0.098 |
| 5 | 删除数据 | 【任务4.6.9】通过视图view_steel_000708删除基本表profit_steel_5中2024年第4季度的盈利能力数据 |
| 6 | 删除视图 | 【任务4.6.10】在lhtz数据库中删除视图view_steel_avg和视图view_steel_2024 |

## 学知识技能

数据库中的视图是虚拟表，它本身并不存储数据。在用户视角中，视图就如同真实的数据表，包含一系列带有名称的列和行。事实上，视图的行数据和列数据来自定义视图的查询语句所引用的数据表，并且是在引用视图时动态生成的。视图中SELECT语句涉及的表称为基本表。针对视图使用DML进行操作，会影响到对应基本表中的数据。视图本身被删除，不会导致基本表中的数据被删除，因为视图仅存储SQL语句。视图的优点如下。

（1）操作简单。将经常使用的查询操作定义为视图后，开发人员不需要关心视图对应的数据表的结构、数据表与数据表之间的关联关系，也不需要关心数据表之间的业务逻辑和查询条件，只需要简单地操作视图即可，从而极大地简化了开发人员对数据库的操作。

（2）减少数据冗余。视图本身不存储数据，不占用存储空间，因此能够减少数据冗余。

（3）保障数据安全。MySQL将用户对数据的访问限制在某些数据的结果集上，而这些数据的结果集可以使用视图来实现，用户不必直接查询或操作数据表。同时，MySQL可以根据权限将用户对数据的访问限制在某些视图上，用户直接通过视图获取数据表中的信息。这在一定程度上提高了数据表中数据的安全性。比如，对于一个公司的销售人员，如果只想给他提供销售数据，而不提供采购价格之类的数据，则可以通过视图实现。再如，员工薪资比较敏感，那么可以为其创建视图，使得只有特定人员能够查看，其他人的查询视图中不提供薪资字段。

（4）适应灵活多变的需求。当业务系统的需求发生变化后，如果需要改动数据表的结构，就可以使用视图来减少改动数据表结构的工作量，这种方式在实际工作中应用较多。

（5）能够分解复杂的查询逻辑。如果数据库中存在复杂的查询逻辑，则该逻辑可以通过将问题进行分解，创建多个视图来获取数据，再将创建的多个视图结合起来实现。

应用视图也有一定的局限性。如果在基本表上创建了视图，若基本表的结构有改动，就需要及时对相关的视图进行维护，特别是嵌套的视图（就是在视图的基础上创建的视图），这会增加维护的成本。所以，在创建视图的时候，要结合实际项目需求，综合考虑视图的优点和缺点，合理使用视图，使系统整体性能达到最优。

某些视图可以使用UPDATE、DELETE或INSERT等命令更新基本表的内容，这些视图叫作可更新视图。这些视图中的行和基本表中的行之间必须具有一对一的关系。还有一些特定的结构会使得视图不可更新。如果视图包含以下结构中的任何一种，它就是不可更新的，财务人员需要了解。

- 聚合函数，如SUM()、MIN()、MAX()、COUNT()等。
- DISTINCT关键字。
- HAVING子句。
- GROUP BY子句。
- ORDER BY子句。
- UNION或UNION ALL关键字。
- 位于选择列表中的子查询。
- FROM子句中有不可更新视图或包含多个表。
- WHERE子句中的子查询引用了FROM子句中的表。
- ALGORITHM选项为TEMPTABLE（使用临时表会令视图不可更新）。

# 一、创建视图

使用CREATE VIEW语句创建视图的语法格式如下：

```
CREATE VIEW 视图名
AS 查询语句
```

我们可以为可更新视图指定WITH CHECK OPTION子句。指定WITH CHECK OPTION子句后，当需要对视图进行插入、修改、删除操作时，必须满足SELECT语句中的条件，才可以通过视图对基本表进行插入、修改、删除操作。

【任务4.6.1】在lhtz数据库中有一个基本表profit_steel_5，该表存储了2020—2024年第3季度钢铁行业所有上市企业的盈利能力数据。请创建视图view_steel_2024，用该视图存储2024年第3季度钢铁行业所有上市企业的盈利能力数据，并将查询结果按照code列升序排列。

在编译窗口录入并运行如下代码，即可完成视图view_steel_2024的创建。视图中存放的是"SELECT * FROM profit_steel_5 WHERE statDate='2024-09-30'"这条SQL语句，且该视图只包含对一个表的查询。视图view_steel_2024为可更新视图，即可以通过该视图更新基本表profit_steel_5中的数据。

```
CREATE VIEW view_steel_2024
AS
SELECT *
FROM profit_steel_5
WHERE statDate='2024-09-30'
ORDER BY code;
```

 AI赋能

使用以下提示词可以让AI辅助生成具有指定功能的SQL代码。

请帮助我生成一段可以在MySQL服务器上运行的SQL代码。
创建视图view_steel_2024，该视图用来查询profit_steel_5表中statDate为"2024-09-30"的数据信息，查询结果按照code列升序排列。

【任务4.6.2】在lhtz数据库中创建视图view_steel_000708，用该视图存储钢铁行业证券代码为sz.000708的企业2020—2024年第3季度的盈利能力数据，并将查询结果按照roeAvg列升序排列。

在编译窗口录入并运行如下代码，即可完成视图view_steel_000708的创建。视图中存放的是"SELECT * FROM profit_steel_5 WHERE code='sz.000708'"这条SQL语句。

```
CREATE VIEW view_steel_000708
AS
SELECT *
FROM profit_steel_5
WHERE code='sz.000708'
ORDER BY roeAvg;
```

 AI赋能

使用以下提示词可以让AI辅助生成具有指定功能的SQL代码。

请帮助我生成一段可以在MySQL服务器上运行的SQL代码。
创建视图view_steel_000708，该视图用来查询profit_steel_5表中code为"sz.000708"的数据信息，查询结果按照roeAvg列升序排列。

【任务4.6.3】在lhtz数据库中创建视图view_steel_avg，用该视图存储2020—2024年第3季度钢铁行业所有上市企业的盈利能力数据的平均值，并将查询结果按照statDate列升序排列。

在编译窗口录入并运行如下代码即可完成视图view_steel_avg的创建。视图中存放的是AS后的SQL语句，该视图包含聚合函数，因此为不可更新视图。

```
CREATE VIEW view_steel_avg
AS
SELECT statDate, AVG(roeAvg),AVG(npMargin),AVG(gpMargin),AVG(netProfit),
AVG(epsTTM),AVG(MBRevenue),AVG(totalShare),AVG(liqaShare)
FROM profit_steel_5
GROUP BY statDate
ORDER BY statDate;
```

 AI赋能

　　使用以下提示词可以让AI辅助生成具有指定功能的SQL代码。

请帮助我生成一段可以在 MySQL 服务器上运行的 SQL 代码。
创建视图 view_steel_avg，该视图用来查询以 statDate 作为分组，profit_steel_5 表中 roeAvg、npMargin、gpMargin、netProfit、epsTTM、MBRevenue、totalShare、liqaShare 这 8 个列的平均值，并将结果按照 statDate 列升序排列。

## 二、查询视图

　　视图一经定义，就可以如同查询数据表一样，使用SELECT语句查询视图中的数据，其语法和查询基本表中数据的语法一样。将视图用于查询主要是为了重新格式化检索出的数据，简化复杂的表连接，并过滤数据。由于前面学习了如何使用提示词让AI生成数据表的查询、插入、修改、删除操作代码，而视图的查询、插入、修改、删除操作代码的编写思路类似，在这里不赘述。

　　【任务4.6.4】查询视图view_steel_2024，以了解2024年第3季度钢铁行业所有上市企业的盈利能力数据。

　　在编译窗口录入并运行如下代码，即可完成对视图view_steel_2024的查询，结果如图4.6.1所示。

```
SELECT *
FROM  view_steel_2024;
```

| code | pubDate | statDate | roeAvg | npMargin | gpMargin | netProfit | epsTTM | MBRevenue | totalShare | liqaShare | stock_code |
|---|---|---|---|---|---|---|---|---|---|---|---|
| sh.600010 | 2024-10-31 | 2024-09-30 | -0.010009 | -0.013944 | 0.078771 | -695344008.2 | -0.010485 | (Null) | 45404942248 | 31497121187 | sh.600010 |
| sh.600019 | 2024-10-30 | 2024-09-30 | 0.029458 | 0.028364 | 0.052617 | 6888475940.28 | 0.431005 | (Null) | 21985240734 | 21857918984 | sh.600019 |
| sh.600022 | 2024-10-31 | 2024-09-30 | -0.071257 | -0.02452 | 0.016358 | -1577435875 | -0.141253 | (Null) | 10698849554 | 10698849554 | sh.600022 |
| sh.600117 | 2024-10-31 | 2024-09-30 | -0.077411 | -0.14379 | -0.068587 | -591913797.6 | 0.752554 | (Null) | 3255114857 | 3255114857 | sh.600117 |
| sh.600126 | 2024-10-31 | 2024-09-30 | -0.022464 | -0.009259 | 0.001251 | -446827946.4 | -0.10366 | (Null) | 3377189083 | 3377189083 | sh.600126 |
| sh.600231 | 2024-10-31 | 2024-09-30 | -0.20313 | -0.098193 | -0.064863 | -1363363786 | -0.646302 | (Null) | 2852164363 | 2852164363 | sh.600231 |

图4.6.1　2024年第3季度钢铁行业所有上市企业的盈利能力数据（前6条）

　　【任务4.6.5】查询视图view_steel_000708，以了解钢铁行业证券代码为sz.000708的企业2020—2024年第3季度的盈利能力数据。

　　在编译窗口录入并运行如下代码，即可完成对视图view_steel_000708的查询，结果如图4.6.2所示。

```
SELECT *
FROM  view_steel_000708
```

| code | pubDate | statDate | roeAvg | npMargin | gpMargin | netProfit | epsTTM | MBRevenue | totalShare | liqaShare | stock_code |
|------|---------|----------|--------|----------|----------|-----------|--------|-----------|------------|-----------|------------|
| sz.000708 | 2024-10-26 | 2024-09-30 | 0.098032 | 0.048201 | 0.123705 | 4024958006.51 | 1.026915 | (Null) | 5047156691 | 5047156691 | sz.000708 |
| sz.000708 | 2023-10-28 | 2023-09-30 | 0.119104 | 0.052073 | 0.13664 | 4499829649.65 | 1.176162 | (Null) | 5047156138 | 5047139338 | sz.000708 |
| sz.000708 | 2022-10-26 | 2022-09-30 | 0.163552 | 0.07356 | 0.152965 | 5554559141.56 | 1.499185 | (Null) | 5047146709 | 5047146709 | sz.000708 |
| sz.000708 | 2020-10-17 | 2020-09-30 | 0.167418 | 0.079015 | 0.176735 | 4348922978.57 | 1.102217 | (Null) | 5047143433 | 1259156149 | sz.000708 |
| sz.000708 | 2021-10-12 | 2021-09-30 | 0.204469 | 0.081698 | 0.166837 | 6063314069.86 | 1.533232 | (Null) | 5047143433 | 1259156149 | sz.000708 |

图4.6.2　证券代码为sz.000708的企业2020—2024年第3季度的盈利能力数据

【任务4.6.6】查询视图view_steel_avg，以了解2020—2024年第3季度钢铁行业所有上市企业的盈利能力数据的平均值。

在编译窗口录入并运行如下代码，即可完成对视图view_steel_avg的查询，结果如图4.6.3所示。

```
SELECT *
FROM view_steel_avg
WHERE statDate='2024-09-30';
```

| statDate | avg_roeAvg | avg_npMargin | avg_gpMargin | avg_netProfit | avg_epsTTM | avg_MBRevenue | avg_totalShare | avg_liqaShare |
|----------|-----------|--------------|--------------|---------------|------------|---------------|----------------|---------------|
| 2020-09-30 | 0.075181738095 | 0.077194953488 | 0.180874046512 | 1149326440.8269767442 | 0.472320534884 | (Null) | 4884446509.7209 | 4345838571.3659 |
| 2021-09-30 | 0.136007795455 | 0.108988204545 | 0.196074704545 | 2945279259.1197727273 | 0.880427818182 | (Null) | 4845219791.75 | 4233035595.4651 |
| 2022-09-30 | 0.037502465116 | 0.059391733333 | 0.139858288889 | 842465367.5906666667 | 0.302412155556 | (Null) | 4798341886.2444 | 4272316642.3182 |
| 2023-09-30 | 0.029524227273 | 0.051796444444 | 0.128792733333 | 563210272.5544444444 | 0.247406222222 | (Null) | 4828458923.8889 | 4274381087.5333 |
| 2024-09-30 | -0.034298444444 | 0.028084155556 | 0.113072511111 | -23767141.5626666667 | 0.225824822222 | (Null) | 4865837489.5111 | 4387190164.2222 |

图4.6.3　2020—2024年第3季度钢铁行业所有上市企业的盈利能力数据的平均值

# 三、插入数据

可以像在表中插入数据一样通过视图插入数据，实际操作对象是基本表。使用INSERT语句通过视图插入数据的语法格式如下：

```
INSERT INTO 视图名（字段名1，字段名2，…）VALUES（值1，值2，…）；
```

【任务4.6.7】通过视图view_steel_000708向基本表profit_steel_5中插入企业2024年第4季度的盈利能力数据，插入结果如图4.6.4所示。

| code | pubDate | statDate | roeAvg | npMargin | gpMargin | netProfit | epsTTM | MBRevenue | totalShare | liqaShare |
|------|---------|----------|--------|----------|----------|-----------|--------|-----------|------------|-----------|
| sz.000708 | 2025/3/20 | 2024/12/31 | 0.128882 | 0.049069 | 0.128463 | 5358436264.97 | 1.015547 | 109202941453.9 | 5047157035 | 5047157035 |

图4.6.4　证券代码为sz.000708的企业2024年第4季度的盈利能力数据

在编译窗口录入并运行如下代码，即可通过视图view_steel_000708向基本表profit_steel_5中插入数据。

```
INSERT INTO view_steel_000708 (code, pubDate, statDate, roeAvg, npMargin, gpMargin,
netProfit, epsTTM, MBRevenue, totalShare, liqaShare)
VALUES('sz.000708', '2025-03-20', '2024-12-31', 0.128882, 0.049069, 0.128463,
5358436264.97, 1.015547, 109202941453.9, 5047157035, 5047157035);
```

如果在创建视图时添加了WITH CHECK OPTION子句，则当后面通过视图对基本表进行数据插入时，必须满足WEHRE子句中"code='sz.000708'"的条件。创建视图的代码如下：

```
CREATE VIEW view_steel_000708_check
AS
SELECT *
```

```
FROM profit_steel_5
WHERE code='sz.000708'
ORDER BY roeAvg
WITH CHECK OPTION;
```

此时无法通过view_steel_000708_check视图插入证券代码为"sh.600010"的企业的盈利能力数据，因为WITH CHECK OPTION的限制会导致无法越界插入数据，只能插入符合"WHERE code='sz.000708'"条件的数据。验证方法如下：在编译窗口录入并运行如下代码，无法通过视图向基本表中插入证券代码为"sh.600010"的企业的盈利能力数据。

```
INSERT INTO view_steel_000708_check(code,pubDate,statDate,roeAvg,npMargin,
gpMargin,netProfit,epsTTM,totalShare,liqaShare)
VALUES('sh.600010','2025-03-20','2024-12-31',0.057809,0.078396,0.165037,1961680846.
990000,1.779211,8047143433.00,1759156149.00);
```

## 四、修改数据

可以像在表中修改数据一样通过视图修改数据，实际操作对象是基本表。使用UPDATE语句通过视图修改数据的语法格式如下：

```
UPDATE    视图名
SET    列名1=表达式1, 列名2=表达式2,…
WHERE    条件 ;
```

【任务4.6.8】通过视图view_steel_000708修改基本表profit_steel_5中2024年第3季度的roeAvg指标，并将0.098 032修改为0.098。

在编译窗口录入并运行如下代码，即可通过视图view_steel_000708修改基本表profit_steel_5的数据。

```
UPDATE view_steel_000708
SET roeAvg=0.098
WHERE statDate='2024-09-30';
```

视图view_steel_000708_check中添加了WITH CHECK OPTION子句，当要通过视图修改基本表的数据时，必须满足WEHRE子句中"code='sz.000708'"的条件。此时无法通过view_steel_000708_check视图修改证券代码为"sh.600010"的数据，因为WITH CHECK OPTION的限制会导致无法越界修改数据，只能修改符合"WHERE code='sz.000708'"条件的数据。验证方法如下：在编译窗口录入并运行以下代码，无法通过视图修改基本表中证券代码为"sh.600010"的相关数据。

```
UPDATE view_steel_000708_check
SET roeAvg=0.098
WHERE code='sh.600010';
```

## 五、删除数据

可以通过视图删除基本表的数据，其语法格式如下：

```
DELETE FROM 视图名 WHERE 条件 ;
```

【任务4.6.9】通过视图view_steel_000708删除基本表profit_steel_5中2024年第3季度的盈利能

力数据。

在编译窗口录入并运行如下代码，即可通过视图view_steel_000708删除基本表profit_steel_5的数据。

```
DELETE FROM view_steel_000708
WHERE statDate='2024-09-30';
```

视图view_steel_000708_check中添加了WITH CHECK OPTION子句，当要通过视图删除基本表的数据时，必须满足WEHRE子句中"code='sz.000708'"的条件。此时无法通过view_steel_000708_check视图删除证券代码为"sh.600010"的数据，因为WITH CHECK OPTION的限制会导致无法越界删除数据，只能删除符合"WHERE code='sz.000708'"条件的数据。验证方法如下：在编译窗口中录入并运行以下代码，无法通过视图删除基本表中证券代码为"sh.600010"的相关数据。

```
DELETE FROM view_steel_000708_check
WHERE code =' sh.600010';
```

## 六、删除视图

可以使用DROP VIEW语句来删除视图，其语法格式如下：

```
DROP VIEW 视图名1, 视图名2;
```

DROP VIEW语句可以一次删除多个视图，但是必须在每个视图上都拥有删除权限。

【任务4.6.10】在lhtz数据库中删除视图view_steel_avg和视图view_steel_2024。

在编译窗口录入并运行如下代码，即可完成删除视图的任务。

```
DROP VIEW view_steel_avg,view_steel_2024;
```

 **练知识技能**

【任务4.6.11】对基本表salary表和employees表进行左连接，为企业高层管理人员建立应发工资视图view_em_salary，视图中包含员工编号、员工姓名、性别、应发工资，并将结果按应发工资降序排列。

在编译窗口录入并运行如下代码，即可完成视图view_em_salary的创建。视图中存放的是AS后的SQL语句。该视图涉及多个表，因此它是不可更新视图。

```
CREATE VIEW view_em_salary
AS
SELECT a.enum,ename,sex,payroll
FROM employees a LEFT JOIN salary b
ON a.enum=b.enum
ORDER BY payroll desc;
```

【任务4.6.12】帮助企业高层管理人员使用视图view_em_salary查询姓名为"李贞雅"的员工的应发工资。

在编译窗口录入并运行如下代码，即可完成对视图view_em_salary的查询，结果如图4.6.5所示。

```
SELECT *
FROM view_em_salary
WHERE enmea=' 李贞雅 ';
```

| enum | ename | sex | payroll |
|------|-------|-----|---------|
| 4003 | 李贞雅 | 女 | 9600.00 |

图4.6.5　使用视图view_em_salary查询李贞雅的应发工资

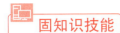 固知识技能

### 一、填空题

1. 数据库中的视图是＿＿＿＿＿＿，它本身并不存储数据。视图中SELECT语句涉及的表称为＿＿＿＿＿＿。视图本身被删除，不会导致基本表中的数据被删除，因为视图仅存储＿＿＿＿＿＿语句。

2. 某些视图可以使用UPDATE、DELETE或INSERT等命令更新基本表的内容，这些视图叫作＿＿＿＿＿＿。这些视图中的行和基本表中的行之间必须具有一对一的关系。还有一些特定的结构会使得视图＿＿＿＿＿＿。

3. 后勤人员需要关心企业的固定资产使用情况，以便更准确地对固定资产进行管理。请在gdzc数据库中帮助后勤人员建立view_asset_status视图，其中包括固定资产编号、固定资产名称、使用状态。

```
CREATE＿＿＿＿＿＿＿＿
AS＿＿＿＿＿＿＿＿＿
SELECT assets_no,assets_name,
FROM＿＿＿＿＿＿＿＿＿＿＿＿＿
```

4. 查询gdzc数据库中的view_asset_status视图，查找使用状态为"闲置"的固定资产。

```
SELECT *
FROM＿＿＿＿＿＿＿＿＿＿
WHERE＿＿＿＿＿＿＿＿＿＿='闲置'
```

### 二、编程题

在gdzc数据库中通过view_asset_status视图修改fixed_assets_depreciation基本表，将使用状态从"正在使用"修改为"正常使用"。

# 任务七　提升查询效率

 学习目标

动画4.7

【知识目标】了解数据库索引的作用和种类，掌握数据库索引的创建和删除方法。

【技能目标】能独立或借助AI完成在适当的业务场景下使用SQL完成数据库索引的创建和删除操作；能对AI生成的代码进行甄别与修改，保证代码的正确性。

【素质目标】能够勤于学习，善于思考，勇于实践，学会在工作中总结规律，不断提升工作效率。

德技并修

**小强**：索引在数据库操作中的作用非常强大，它可以有效提高查询数据的效率，尤其是在要查询的数据量非常大时，效果更为明显，往往能使查询速度加快成千上万倍。

**大富学长**：作为财务人员，我们经常要查询大量的企业数据。掌握数据库索引的相关知识，可以加快查询数据的速度，从而提升工作效率。

**小强**：通过这件事我意识到，学好专业知识，将知识灵活运用，就能提升工作的效率。我一定要努力学习专业知识，为将来建设祖国打好基础！

**大富学长**：刘向的《说苑》中有一句话："万物得其本者生，百事得其道者成；道之所在，天下归之"。它的意思是：世间万物如果保住根本就能生长，而一切事情只要符合道义就能成功。其中的"道"引申到学习中就是专业知识，学好专业知识是在校大学生的第一要务。同学们，加油！

 来自企业的技能任务

| 序号 | 岗位技能要求 | 对应企业任务 |
| --- | --- | --- |
| 1 | 使用CREATE INDEX语句创建索引 | 【任务4.7.1】企业财务人员经常需要通过姓名查询员工的相关信息，在xzgl数据库中为employees表的ename列创建index_em_name升序索引，以加快查询速度 |
| 2 | 使用ALTER TABLE语句创建索引 | 【任务4.7.2】企业财务人员经常需要通过部门名称查询部门的相关信息，使用ALTER TABLE语句在xzgl数据库中为departments表的dname列创建升序索引，以加快查询速度 |
| 3 | 在创建表时创建索引 | 【任务4.7.3】在xzgl数据库中创建departments_copy表以存放企业所有部门的信息，具体的表结构如表4.7.1所示。由于经常需要通过部门编号、部门名称查询部门数据，可在创建表时创建针对部门编号的主键、部门名称的普通索引，以加快查询速度 |
| 4 | 使用DROP INDEX语句删除索引 | 【任务4.7.4】使用DROP INDEX语句删除xzgl数据库中departments_copy表的index_depcopy_dname索引 |
| 5 | 使用ALTER TABLE语句删除索引 | 【任务4.7.5】使用ALTER TABLE语句删除xzgl数据库中departments_copy表的主键 |

 学知识技能

# 一、索引

在关系数据库中，索引是一种对数据表中一列或多列的值进行排序的存储结构，是一种加快数据查询速度的机制。索引的作用相当于图书目录的作用，读者可以根据目录中标识的页码快速找到所需的内容。如果没有索引，在执行查询时，MySQL必须从第一条记录开始扫描整个表的所有记录，直至找到符合要求的记录。表里面的记录数量越多，查询操作的代价就越高。如果作为搜索条件的列已经创建了索引，MySQL无须扫描任何记录即可迅速找到目标记录所在的位置。如果表中有1000条记录，通过索引查找记录的速度，要比顺序扫描查找记录的至少快100倍。索引分为以下5种。

### 1. 普通索引

普通索引是最基本的索引类型。创建普通索引的关键字是INDEX。

### 2. 唯一性索引

唯一性索引和普通索引基本相同，但是唯一性索引中索引列的所有值都只能出现一次，即值必须是唯一的。创建唯一性索引的关键字是UNIQUE。

### 3. 主键

主键是一种唯一性索引，它必须指定为"PRIMARY KEY"。一般在创建表的时候指定主键，也可以通过修改表的方式加入主键，但是每个表只能有一个主键。

### 4. 全文索引

MySQL支持全文检索和全文索引。创建全文索引的关键字为FULLTEXT。全文索引只能在VARCHAR或TEXT类型的列上创建。

### 5. 复合索引

用户可以在多个列上建立索引，这种索引叫作复合索引（组合索引）。

索引的优点包括：通过创建唯一性索引可以保证数据表中每一行数据的唯一性；可以大大加快数据的查询速度；在实现数据的参考完整性方面，可以加速表与表之间的连接；在使用GROUP BY子句和ORDER BY子句进行数据查询时，可以显著减少查询中分组和排序的时间。

索引的缺点包括：创建和维护索引要耗费时间，并且随着数据量的增大，所耗费的时间也会增加；索引需要占用一定的磁盘空间，如果有大量的索引，索引文件占用磁盘空间的速度可能比数据文件占用磁盘空间的更快；当对表中的数据进行增加、删除和修改操作时，索引要随之进行动态维护，这样会降低数据的维护速度。

在使用索引时，需要综合考虑索引的优点和缺点。

## 二、创建索引

### 1. 使用CREATE INDEX语句创建索引

使用CREATE INDEX语句可以在已有的数据表中创建索引，且一个表中可以创建多个索引。该语句的语法格式为：

```
CREATE {UNIQUE|FULLTEXT|INDEX} 索引名
ON  表名（列名 [（长度）][ASC|DESC],…）;
```

具体参数的含义说明如下。

- 索引名：索引的名称。索引名在一个表中必须是唯一的。
- 列名：表示要创建索引的列名。
- 长度：表示使用列的前多少个字符创建索引。使用列的一部分创建索引，可以使索引文件大大减小，从而节省磁盘空间。
- UNIQUE：表示创建的索引是唯一性索引。
- FULLTEXT：表示创建的索引是全文索引。
- ASC：表示索引按升序排列。
- DESC：表示索引按降序排列。

在实际操作中，使用CREATE INDEX语句并不能创建主键。

【任务4.7.1】企业财务人员经常需要通过姓名查询员工的相关信息，在xzgl数据库中为

employees表的ename列创建index_em_name升序索引，以加快查询速度。

在编译窗口录入并运行以下代码，即可创建针对员工姓名的普通索引。当企业财务人员通过姓名查询数据（类似SELECT * FROM employees WHERE ename='贺永念'）时，由于在ename列建立了索引，数据库的查询速度会加快。

```
CREATE INDEX index_em_name
ON employees(ename asc);
```

 **AI赋能**

使用以下提示词可以让AI辅助生成具有指定功能的SQL代码。

请帮助我生成一段可以在MySQL服务器上运行的SQL代码。
使用CREATE INDEX语句对employees表的ename列创建名为index_em_name的升序索引。

### 2. 使用ALTER TABLE语句创建索引

使用ALTER TABLE语句修改表的操作包括在表中创建索引。其语法格式为：

```
ALTER TABLE 表名
      ADD INDEX [索引名] (列名,…)                      -- 创建普通索引
      | ADD PRIMARY KEY [索引方式] (列名,…)             -- 创建主键
      | ADD UNIQUE [索引名] (列名,…)                    -- 创建唯一性索引
      | ADD FULLTEXT [索引名] (列名,…);                 -- 创建全文索引
```

【任务4.7.2】企业财务人员经常需要通过部门名称查询部门的相关信息，使用ALTER TABLE语句在xzgl数据库中为departments表的dname列创建升序索引，以加快查询速度。

在编译窗口录入并运行以下代码，即可创建针对部门名称的index_dep_dname索引。当企业财务人员通过部门名称查询数据（类似SELECT * FROM departments WHERE dname='财务部'）时，由于在dname列建立了索引，数据库的查询速度会加快。

```
ALTER TABLE departments
      ADD INDEX index_dep_dname(dname ASC);
```

 **AI赋能**

使用以下提示词可以让AI辅助生成具有指定功能的SQL代码。

请帮助我生成一段可以在MySQL服务器上运行的SQL代码。
使用ALTER TABLE语句对departments表的dname列创建升序索引，索引名为index_dep_dname。

### 3. 在创建表时创建索引

在前面两种方法中，索引都是在创建表之后创建的。索引也可以在创建表时一起创建。在创建表的CREATE TABLE语句中可以包含索引的定义，其语法格式为：

```
CREATE TABLE 表名 ( 列名, … | [索引项])
```

其中，索引项语法格式如下：

```
PRIMARY KEY (列名,…)                          -- 主键
  | {INDEX | KEY} [索引名] (列名,…)            -- 普通索引
  | UNIQUE [INDEX] [索引名] (列名,…)           -- 唯一性索引
  | [FULLTEXT] [INDEX] [索引名] (列名,…);      -- 全文索引
```

KEY通常是INDEX的同义词。在定义列的时候，也可以将某列定义为主键（关键字为PRIMARY KEY），但若主键是由多个列组成的多列索引，则定义列时无法定义此主键，必须在语句最后加上PRIMARY KEY(列名1,列名2,…)子句。

【任务4.7.3】在xzgl数据库中创建departments_copy表以存放企业所有部门的信息，具体的表结构如表4.7.1所示。由于经常需要通过部门编号、部门名称查询部门数据，可在创建表时创建针对部门编号的主键、部门名称的普通索引，以加快查询速度。

表4.7.1　　　　　　　　　　　　　departments_copy表结构

| 列名 | 数据类型 | 是否为空 | 备注 |
| --- | --- | --- | --- |
| dnum | CHAR(3) | NOT NULL | 部门编号，主键 |
| dname | CHAR(20) | NOT NULL | 部门名称，普通索引 |
| dphone | CHAR(10) | | 部门电话 |

在编译窗口录入并运行以下代码，即可创建针对部门编号的主键和针对部门名称的普通索引。当企业财务人员通过部门编号查询数据（类似SELECT * FROM departments_copy WHERE dnum='1'）时，由于该列建立了索引，数据库的查询速度会加快。同样，通过部门名称查询数据（类似SELECT * FROM departments_copy WHERE dname='财务部'）时，由于对该列建立了索引，数据库的查询速度也会加快。

```
CREATE TABLE  departments_copy (
   dnum  CHAR(3) NOT NULL,
   dname  CHAR(20) NOT NULL,
   dphone  CHAR(10),
   PRIMARY KEY(dnum),
   INDEX index_depcopy_dname(dname));
```

**AI赋能**

使用以下提示词可以让AI辅助生成具有指定功能的SQL代码。

请帮助我生成一段可以在MySQL服务器上运行的SQL代码。
创建departments_copy表，该表包含dnum、dname、dphone这3个列，分别对应的数据类型为CHAR(3)、CHAR(20)、CHAR(10)。其中dnum为主键，该表的定义中还包含名为index_depcopy_dname的为dname列创建的普通索引。

## 三、删除索引

### 1. 使用DROP INDEX语句删除索引

使用DROP INDEX语句删除索引，其语法格式为：

```
DROP INDEX  索引名  ON  表名；
```

【任务4.7.4】使用DROP INDEX语句删除xzgl数据库中departments_copy表的index_depcopy_dname索引。

在编译窗口录入并运行以下代码，即可删除index_depcopy_dname索引。

```
DROP INDEX index_depcopy_dname
ON departments_copy;
```

**AI赋能**

使用以下提示词可以让AI辅助生成具有指定功能的SQL代码。

请帮助我生成一段可以在 MySQL 服务器上运行的 SQL 代码。
使用 DROP INDEX 语句删除 departments_copy 表中的 index_depcopy_dname 索引。

### 2. 使用ALTER TABLE语句删除索引

使用ALTER TABLE语句删除索引，其语法格式为：

```
ALTER [IGNORE] TABLE 表名
    | DROP PRIMARY KEY               /* 删除主键 */
    | DROP INDEX 索引名;              /* 删除索引 */
```

【任务4.7.5】使用ALTER TABLE语句删除xzgl数据库中departments_copy表的主键。

在编译窗口录入并运行以下代码，即可删除主键。

```
ALTER TABLE departments_copy
DROP PRIMARY KEY;
```

**AI赋能**

使用以下提示词可以让AI辅助生成具有指定功能的SQL代码。

请帮助我生成一段可以在 MySQL 服务器上运行的 SQL 代码。
修改 departments_copy 表，将该表的主键删除。

如果从表中删除了列，则索引可能会受到影响。如果删除的列为索引的组成部分，则该列也会从索引中删除。如果组成索引的所有列都被删除，则整个索引都将被删除。

 **练知识技能**

【任务4.7.6】财务人员经常需要通过企业代码、报表日期查询上市企业财报中的盈利能力数据。在lhtz数据库中为profit_steel_5表的code列、statDate列创建index_pro_code_date复合索引，以加快查询速度。

在编译窗口录入并运行以下代码，即可创建针对企业代码、报表日期的复合索引。当投资者通过企业代码、报表日期查询数据（类似代码"SELECT * FROM profit_steel_5 WHERE code='sh.600117' AND statDate='2020-12-31'"）时，由于code列和statDate列建立了复合索引，数据库的查询速度会加快。

```
CREATE INDEX index_pro_code_date
ON profit_steel_5(code,statDate);
```

【任务4.7.7】使用DROP INDEX语句删除lhtz数据库中profit_steel_5表的index_pro_code_date复合索引。

在编译窗口录入并运行以下代码，即可删除针对企业代码、报表日期的复合索引。

```
DROP INDEX index_pro_code_date
ON profit_steel_5;
```

固知识技能

## 一、填空题

1. 在关系数据库中，_____是一种对数据表中一列或多列的值进行排序的存储结构，是一种加快_____的机制。

2. 创建_____的关键字是INDEX，这种索引是最基本的索引类型。还有一种索引和普通索引基本相同，但是其索引列的所有值都只能出现一次，即值必须是唯一的，这种索引的名字叫作_____，创建这种索引的关键字是UNIQUE。

## 二、单选题

1. 用户可以在多个列上建立索引，这种索引叫（　　　）。

　　A. 普通索引　　　　B. 唯一性索引　　　　C. 全文索引　　　　D. 复合索引

2. 以下关于主键的说法错误的是（　　　）。

　　A. 主键，即主关键字，是被挑选出来作为行的唯一标识的候选关键字

　　B. 一个表只有一个主关键字，主关键字又可以称为主键

　　C. 主键可以由一个字段组成（即单字段主键），也可以由多个字段组成（即多字段主键）

　　D. 主键的值用于唯一地标识表中的某一条记录，并且主关键字的列可以包含空值

## 三、编程题

1. 财务人员经常需要对gdzc数据库中fixed_assets_depreciation表的assets_name列进行查询。请针对该列创建唯一性索引view_fixed_name来加快查询速度。

2. 客户经常需要通过商品名称查询商品价格等信息。在sales数据库中为ginfo表的gname列创建index_gname普通索引，以加快查询速度。

項目五

# 企业外部数据采集与存储

在企业财务数据处理流程里，所处理的数据未必都来自企业内部。若数据来自企业外部，就会涉及企业外部数据的采集工作。本项目以 BaoStock API 为例介绍数据采集的方法。值得注意的是，本书旨在让财务人员对数据处理的整体流程有所体验，财务人员无须过度关注复杂的 Python 代码，可着重关注代码中数据库连接的关键参数。

当财务人员确定使用特定方式采集外部数据后，还需确定数据的存储形式。数据可存储在 CSV 文件或 Excel 文件中，亦可存储在数据库中。但实务中企业的数据规模通常很大，采集的数据存储在数据库中更为普遍，故本项目主要介绍以数据库形式存储数据的方法。

如果计划将数据存储在数据库中，则要在数据库中构建对应结构的数据表，再经 API 等途径抓取数据（需注意数据抓取的合法性、抓取频率和稳定性、数据格式处理等问题），最后将采集的数据存储到数据表中。财务人员进行企业外部数据采集与存储的流程如图5.0.1所示。

图5.0.1　企业外部数据采集与存储的流程

## 任务一　搭建存储外部数据的数据库体系

 学习目标

【知识目标】掌握使用数据接口采集数据的方法，以及搭建数据库体系的方法。

【技能目标】能独立或借助AI搭建用于存储数据的数据库体系。

【素质目标】树立家国情怀与社会责任意识，将个人发展融入国家经济、科技发展之中。

动画5.1

德技并修

**小强**：终于学到行业数据抓取了。当前，中国汽车产业展现出强大的韧性和活力，新能源汽车市场更是迎来爆发式增长。我特别想知道这个行业的上市企业有哪些，了解它们的财务指标情况。听说就好像倒水之前要准备一个盛水的杯子一样，我们抓取数据之前要建立数据库以及对应结构的数据表。

**大富学长**：是的，你的比喻很贴切。当前，全球科技创新进入空前密集的活跃期，新一轮科技革命和产业变革正重塑着全球经济结构。咱们财经类专业的学生，可以通过抓取特定行业上市企业的财务数据，深入剖析行业发展态势，这在一定程度上能为了解国家关键领域的发展情况提供参考。

 **来自企业的技能任务**

为了对汽车制造行业的上市企业进行股权或其他投资分析，需要对这个行业的盈利能力进行全样本剖析。在正式采集全样本数据之前，需要为即将采集的数据搭建一个科学合理的数据表存储结构，确定数据表的字段、数据类型、主键、外键以及约束条件，以确保数据存储的规范性和完整性，方便后续的数据处理和分析操作。

| 序号 | 岗位技能要求 | 对应企业任务 |
|---|---|---|
| 1 | 采集外部数据并搭建存储数据的数据库体系 | 【任务5.1.1】为了对汽车制造行业的上市企业进行盈利能力分析，请搭建存放汽车制造行业上市企业盈利能力数据的数据库体系 |

 **学知识技能**

Python中用于快速抓取上海、深圳两市证券交易信息的第三方库有BaoStock、Tushare、AKShare等，它们的数据抓取思路都类似，我们只要掌握其中一个第三方库的数据抓取方法即可。这里我们选择BaoStock库，它是一个免费、开源的证券数据平台，无须注册，通过Python API即可获取证券数据信息，满足用户的数据抓取需求。

# 一、行业分类数据采集接口

BaoStock第三方库包含许多函数接口（可登录官网查看），其中的query_stock_industry()函数接口用于获取当前A股市场中所有上市企业的行业分类数据，其输入参数、输出参数分别如表5.1.1、表5.1.2所示。

表5.1.1　　　　　　　query_stock_industry()函数接口的输入参数

| 参数名称 | 参数描述 |
|---|---|
| code | 代表A股市场证券代码，用"sh."或"sz."加上6位数字表示，其中，sh代表上海，sz代表深圳。例如，sh.601398表示在上海证券交易所上市，且证券代码为"601398"。该参数可以为空 |
| date | 代表查询日期，格式为yyyy-mm-dd。该参数为空时，默认为最新日期 |

表5.1.2　　　　　　　query_stock_industry()函数接口的输出参数

| 参数名称 | 参数描述 |
|---|---|
| updateDate | 表格数据的更新日期 |
| code | 证券代码 |
| code_name | 证券名称 |
| industry | 所属行业 |
| industryClassification | 所属行业类别 |

## 二、季频盈利能力数据采集接口

企业的盈利能力是指企业获取利润的能力，它是衡量企业经营状况和发展潜力的重要指标，关乎企业能否在市场中持续生存并不断壮大。

query_profit_data()函数接口专门用来抓取上市企业的季频盈利能力数据。用户可以通过对该函数接口的输入参数进行设置，来抓取对应证券代码、统计年份、统计季度的企业盈利能力数据。query_profit_data()函数接口能提供2007年至今的数据，它的输入参数、输出参数如表5.1.3、表5.1.4所示。

表5.1.3　　　　　　　　　　　query_profit_data()函数接口的输入参数

| 参数名称 | 参数描述 |
| --- | --- |
| code | 证券代码。该参数可以为空 |
| year | 统计年份。该参数为空时，默认为当前年份 |
| quarter | 统计季度。该参数为空时，默认为当前季度。该参数不为空时，只有4个取值：1、2、3、4 |

表5.1.4　　　　　　　　　　　query_profit_data()函数接口的输出参数

| 参数名称 | 参数描述 | 算法说明 |
| --- | --- | --- |
| code | 证券代码 | |
| pubDate | 企业发布财报的日期 | |
| statDate | 财报统计季度的最后一天，如2025-03-31、2025-06-30 | |
| roeAvg | 净资产收益率（平均值） | 净资产收益率（平均值）=归属母公司股东净利润/[(期初归属母公司股东的权益+期末归属母公司股东的权益)/2] |
| npMargin | 销售净利率 | 销售净利率=净利润/营业收入 |
| gpMargin | 销售毛利率 | 销售毛利率=毛利/营业收入=(营业收入–营业成本)/营业收入 |
| netProfit | 净利润 | |
| epsTTM | 每股收益 | 每股收益=归属母公司股东的净利润/最新总股本 |
| MBRevenue | 主营业务收入 | |
| totalShare | 总股本 | |
| liqaShare | 流通股本 | |

## 三、季频偿债能力数据采集接口

query_balance_data()函数接口专门用来抓取上市企业的季频偿债能力数据。用户可以通过对该函数接口的输入参数进行设置，来抓取对应证券代码、统计年份、统计季度的企业偿债能力数据。query_balance_data()函数接口能提供2007年至今的数据，其输入参数同表5.1.3，输出参数如表5.1.5所示。

表5.1.5　　　　　　　　　　　query_balance_data()函数接口输出参数

| 参数名称 | 参数描述 | 算法说明 |
| --- | --- | --- |
| code | 证券代码 | |
| pubDate | 企业发布财报的日期 | |

续表

| 参数名称 | 参数描述 | 算法说明 |
|---|---|---|
| statDate | 财报统计季度的最后一天，比如2025-03-31、2025-06-30 | |
| currentRatio | 流动比率 | 流动比率=流动资产/流动负债 |
| quickRatio | 速动比率 | 速动比率=(流动资产−存货净额)/流动负债 |
| cashRatio | 现金比率 | 现金比率=(货币资金+交易性金融资产)/流动负债 |
| YOYLiability | 总负债同比增长率 | 总负债同比增长率=(本期总负债−上年同期总负债)/上年同期总负债的绝对值×100% |
| liabilityToAsset | 资产负债率 | 资产负债率=负债总额/资产总额×100% |
| assetToEquity | 权益乘数 | 权益乘数=资产总额/股东权益总额=1/(1−资产负债率) |

## 四、季频营运能力数据采集接口

query_operation_data()函数接口专门用来抓取上市企业的季频营运能力数据。用户可以通过对该函数接口的输入参数进行设置，来抓取对应证券代码、统计年份、统计季度的企业营运能力数据。query_operation_data()函数接口能提供2007年至今的数据，其输入参数同表5.1.3，输出参数如表5.1.6所示。

表5.1.6　query_operation_data()函数接口的输出参数

| 参数名称 | 参数描述 | 算法说明 |
|---|---|---|
| code | 证券代码 | |
| pubDate | 企业发布财报的日期 | |
| statDate | 财报统计季度的最后一天，如2025-03-31、2025-06-30 | |
| NRTurnRatio | 应收账款周转率，单位为次 | 应收账款周转率=营业收入/[(期初应收票据及应收账款净额+期末应收票据及应收账款净额)/2] |
| NRTurnDays | 应收账款周转天数，单位为天 | 应收账款周转天数=季报天数/应收账款周转率（一季报天数为90天，中报天数为180天，三季报天数为270天，年报天数为360天） |
| INVTurnRatio | 存货周转率，单位为次 | 存货周转率=营业成本/[(期初存货净额+期末存货净额)/2] |
| INVTurnDays | 存货周转天数，单位为天 | 存货周转天数=季报天数/存货周转率（一季报天数为90天，中报天数为180天，三季报天数为270天，年报天数为360天） |
| CATurnRatio | 流动资产周转率，单位为次 | 流动资产周转率=营业总收入/[(期初流动资产+期末流动资产)/2] |
| AssetTurnRatio | 总资产周转率 | 总资产周转率=营业总收入/[(期初资产总额+期末资产总额)/2] |

## 五、季频成长能力数据采集接口

query_growth_data()函数接口专门用来抓取上市企业的季频成长能力数据。用户可以通过对该函数接口的输入参数进行设置，来抓取对应证券代码、统计年份、统计季度的企业成长能力数据。query_growth_data()函数接口能提供2007年至今的数据，其输入参数同表5.1.3所示，输出参数如表5.1.7所示。

表5.1.7　　　　　　　　query_growth_data()函数接口的输出参数

| 参数名称 | 参数描述 | 算法说明 |
|---|---|---|
| code | 证券代码 | |
| pubDate | 企业发布财报的日期 | |
| statDate | 财报统计季度的最后一天，如2025-03-31、2025-06-30 | |
| YOYEquity | 净资产同比增长率 | 净资产同比增长率=(本期净资产-上年同期净资产)/上年同期净资产的绝对值×100% |
| YOYAsset | 总资产同比增长率 | 总资产同比增长率=(本期总资产-上年同期总资产)/上年同期总资产的绝对值×100% |
| YOYNI | 净利润同比增长率 | 净利润同比增长率=(本期净利润-上年同期净利润)/上年同期净利润的绝对值×100% |
| YOYEPSBasic | 基本每股收益同比增长率 | 基本每股权益同比增长率=(本期基本每股收益-上年同期基本每股收益)/上年同期基本每股收益的绝对值×100% |
| YOYPNI | 归属母公司股东净利润同比增长率 | 归属母公司股东净利润同比增长率=(本期归属母公司股东净利润-上年同期归属母公司股东净利润)/上年同期归属母公司股东净利润的绝对值×100% |

### 练知识技能

【任务5.1.1】为了对汽车制造行业的上市企业进行盈利能力分析，请搭建存放汽车制造行业盈利能力数据的数据库体系。

#### 1. 数据表结构设计

在通过数据采集技术采集数据并将采集的数据存储至数据库时，建立何种数据表结构是有章可循的。例如，依据 query_stock_industry () 和 query_profit_data () 这两个函数的输出参数信息（见表 5.1.2 与表 5.1.4），财务人员可对存放数据的stock_industry表结构进行合理设计：①保持输出参数名称，将其作为输出数据表的列名；②为每个列设计数据类型、确定主键（见表 5.1.8 和表 5.1.9）。

数据表结构设计有两个要点需要把握：其一，所构建的数据表结构必须与上述两个函数接口输出的数据列形成一一对应的关系，确保输出的每一项数据都能在数据表中有与之精准匹配的列来承载，避免出现数据无处存储或者错位存储的情况；其二，在确定各列的数据类型时，要充分考量后续数据分析工作的便利性，例如，选择合适的数据类型以支持各类数据运算、筛选及聚合等操作。

表5.1.8　　　　　　　　stock_industry表结构

| 列名 | 数据类型 | 备注 |
|---|---|---|
| updateDate | DATE | 表格数据的更新日期 |
| code | VARCHAR(20) | 证券代码，主键 |
| code_name | VARCHAR(20) | 证券名称 |

续表

| 列名 | 数据类型 | 备注 |
|---|---|---|
| industry | VARCHAR(50) | 企业所属行业 |
| industryClassification | VARCHAR(30) | 所属行业类别 |

表5.1.9　　　　　　　　与BaoStock输出参数对应的profit_data表结构

| 列名 | 数据类型 | 备注 |
|---|---|---|
| code | VARCHAR(20) | 证券代码，联合主键，外键 |
| pubDate | DATE | 企业发布财报的日期 |
| statDate | DATE | 财报统计季度的最后一天，如2025-03-31、2025-06-30，联合主键 |
| roeAvg | DECIMAL(15,2) | 净资产收益率（平均值） |
| npMargin | DECIMAL(15,2) | 销售净利率 |
| gpMargin | DECIMAL(15,2) | 销售毛利率 |
| netProfit | DECIMAL(15,2) | 净利润 |
| epsTTM | DECIMAL(15,2) | 每股收益 |
| MBRevenue | DECIMAL(15,2) | 主营业务收入 |
| totalShare | DECIMAL(15,2) | 总股本 |
| liqaShare | DECIMAL(15,2) | 流通股本 |

### 2.　数据表创建

在完成了存储数据的数据表结构设计以后，就可以进行数据表的创建工作了。

第一步：初步确定进行汽车制造行业数据分析的数据库名称为car_analysis。如果希望创建的数据库能存储包含多种语言文字的数据，可以使用utf8mb4字符集和utf8mb4_general_ci校对规则。

接下来，可以依据前面学过的知识或者在AI的帮助下编写数据库创建语句。其中，IF NOT EXISTS是一个可选的条件判断部分，它的作用是确定当要创建的数据库名称不存在时才执行创建操作，如果该数据库已经存在了，就不会重复创建数据库，以避免因重复创建已存在的数据库而出现错误提示。

```
CREATE DATABASE IF NOT EXISTS car_analysis
CHARACTER SET utf8mb4
COLLATE utf8mb4_general_ci;
```

 **AI赋能**

使用以下提示词可以让AI辅助生成具有指定功能的SQL代码。

请帮助我生成一段可以在 MySQL 服务器上运行的 SQL 代码。
创建名为 car_analysis 的数据库，用于存储包含多种语言文字的数据。

第二步：创建存储行业数据的stock_industry表。

```
USE car_analysis;
CREATE TABLE stock_industry (
    updateDate DATE,
    code VARCHAR(20) PRIMARY KEY,
    code_name VARCHAR(20),
    industry VARCHAR(50),
    industryClassification VARCHAR(30) );
```

**AI赋能**

使用以下提示词可以让AI辅助生成具有指定功能的SQL代码。

请帮助我生成一段可以在 MySQL 服务器上运行的 SQL 代码。
使用已经存在的数据库 car_analysis，并创建数据表 stock_industry，其中包含的数据列为 updateDate、code、code_name、industry、industryClassification，它们对应的数据类型分别为 DATE、VARCHAR(20)、VARCHAR(20)、VARCHAR(50)、VARCHAR(30)，其中 code 为主键。

第三步：创建存储行业盈利能力数据的profit_data表。

```
USE car_analysis;
CREATE TABLE profit_data (
    code VARCHAR(20),
    pubDate DATE,
    statDate DATE,
    roeAvg DECIMAL(15, 2),
    npMargin DECIMAL(15, 2),
    gpMargin DECIMAL(15, 2),
    netProfit DECIMAL(15, 2),
    epsTTM DECIMAL(15, 2),
    MBRevenue DECIMAL(15, 2),
    totalShare DECIMAL(15, 2),
    liqaShare DECIMAL(15, 2),
    PRIMARY KEY (code, statDate),
    FOREIGN KEY (code) REFERENCES stock_industry(code));
```

 **AI赋能**

使用以下提示词可以让AI辅助生成具有指定功能的SQL代码。

请帮助我生成一段可以在 MySQL 服务器上运行的 SQL 代码。
使用已经存在的数据库 car_analysis，并创建数据表 profit_data，其中包含的数据列为 code、pubDate、statDate、roeAvg、npMargin、gpMargin、netProfit、epsTTM、MBRevenue、totalShare、liqaShare，第 1 列、第 2 列、第 3 列对应的数据类型分别为 VARCHAR(20)、DATE、DATE，后面 8 列的数据类型均为 DECIMAL(15,2)。其中 code、statDate 为联合主键，code 为外键，它来自 stock_industry 表的 code。

 **固知识技能**

### 一、填空题

为了对汽车制造行业企业进行偿债能力分析，需要在搭建好的数据库car_analysis中增加用于偿债能力分析的数据表。表5.1.10所示为财务人员设计的数据表balance_data的结构。其中，code列的数据类型为（　　　），pubDate列的数据类型为（　　　），statDate列的数据类型为（　　　）；主键是（　　　）和（　　　）；外键是（　　　），来自（　　　）表的（　　　）列。

| 参数名称 | 数据类型 | 参数描述 |
|---|---|---|
| code | （1）_____ | 证券代码 |
| pubDate | （2）_____ | 企业发布财报的日期 |
| statDate | （3）_____ | 财报统计季度的最后一天，比如2025-03-31、2025-06-30 |
| currentRatio | DECIMAL(5,2) | 流动比率 |
| quickRatio | DECIMAL(5,2) | 速动比率 |
| cashRatio | DECIMAL(5,2) | 现金比率 |
| YOYLiability | DECIMAL(5,2) | 总负债同比增长率 |
| liabilityToAsset | DECIMAL(5,2) | 资产负债率 |
| assetToEquity | DECIMAL(5,2) | 权益乘数 |

### 二、编程题

在完成了数据表balance_data的结构设计后，请进行数据表的创建，将代码写在横线上。

```
CREATE TABLE balance_data (
    code（1）_____  NOT NULL,
    pubDate（2）_____ ,
    statDate（3）_____ ,
    currentRatio DECIMAL(5,2),
    quickRatio DECIMAL(5,2),
    cashRatio DECIMAL(5,2),
    YOYLiability DECIMAL(5,2),
    liabilityToAsset DECIMAL(5,2),
    assetToEquity DECIMAL(5,2),
    PRIMARY KEY ((4)_____,(5)_____),
    FOREIGN KEY (code) REFERENCES (6)_____(code) ;
```

# 任务二　企业外部数据的采集与存储

## 学习目标

【知识目标】了解第三方库PyMySQL的安装方法，掌握数据采集代码中数据库连接参数的设置方法。

【技能目标】能正确安装第三方库PyMySQL，能根据企业情况正确修改数据库的连接参数，能独立或借助AI完成企业外部数据的采集与存储。

【素质目标】培养对每道工序都能凝心聚力、精益求精、追求极致的职业品质，提升自主创新能力。

动画5.2

##  德技并修

**小强：** 搭建了存储数据的数据库、数据表之后，就可以使用AI生成抓取数据并将其存储到数据库中的Python代码了。我昨天预习了课程，尝试运行代码，期间数据库连接总是报错，之后我查阅资料安装了第三方库，并且修改了数据库服务器的连接密码，代码就运行成功了。

**大富学长：** 你面对挫折时能够积极钻研，非常棒！如今数字经济蓬勃发展，在大数据处理的每一环节都保持这种认真的态度，并在实践中不断提升自主创新能力，一定能在职业道路上走得更稳、更远。

 来自企业的技能任务

在搭建了一个科学合理的数据表存储结构后，可以使用AI辅助生成采集数据并将其存储到数据表中的Python代码。

| 序号 | 岗位技能要求 | 对应企业任务 |
|---|---|---|
| 1 | 精准存储数据 | 【任务5.2.1】使用本书提供的行业分类数据采集代码，精准存储上市企业行业分类数据到car_analysis数据库的stock_industry表中 |
| | | 【任务5.2.2】使用本书提供的汽车制造行业上市企业盈利能力数据采集代码，精准存储上市企业盈利能力数据到car_analysis数据库的profit_data表中 |

 学知识技能

## 一、安装第三方库PyMySQL

PyMySQL是一个MySQL客户端库，它为Python提供了与MySQL数据库进行交互的功能，使得开发者可以方便地在Python程序中执行各种数据库操作，如查询、插入、更新、删除数据等，而无须编写复杂的底层数据库连接和交互代码，广泛应用于Web开发、数据分析、自动化脚本等众多涉及MySQL数据库操作的场景。可以使用Python的包管理工具pip来安装PyMySQL，语法格式如下：

```
pip install pymysql
```

## 二、建立与数据库的连接

pymysql.connect()函数用于建立与MySQL数据库的连接，其中需要传入多个参数来明确数据库连接的相关配置。例如，host 参数表示数据库所在的主机地址，user和password 分别对应登录数据库的用户名与密码，database 则指定要操作的具体数据库的名称，port 用于设置数据库监听的端口号（若采用默认端口，可省略），charset用于指定字符集（如utf8mb4）以保障数据编码的正确处理。pymysql.connect()函数的基本语法如下：

```
conn = pymysql.connect(
    host=' 主机地址 ',          # 一般是 localhost, 如果有特定的 IP 地址, 就使用特定的 IP 地址
    user=' 用户名 ',            # 一般是 root
    password=' 密码 ',          # 实际的数据库连接密码
    database=' 数据库名 ',      # 存储数据的数据库名
    port= 端口号 ,              # 一般是 3306
    charset=' 字符集 '          # 数据库的实际字符集
)
```

## 三、AI赋能行业数据精准存储

【**任务**5.2.1】使用本书提供的行业分类数据采集代码，将上市企业行业分类数据精准存储到car_analysis数据库的stock_industry表中。

在使用BaoStock库进行数据抓取之前，可以使用Python的包管理工具pip来安装BaoStock库，在命令行中执行以下命令即可：

```
pip install baostock
```

 **AI赋能**

使用下面一段提示词，生成用BaoStock库中的query_stock_industry()函数接口抓取当前所有上市企业的行业分类数据，并将其存储到car_analysis数据库的stock_industry表中的Python代码。

请帮我编写 Python 代码。
用 BaoStock 库中的 query_stock_industry() 函数接口抓取当前所有上市企业的行业分类数据，该函数抓取的数据列包括 updateDate、code、code_name、industry、industryClassification，并将抓取到的数据存储到 car_analysis 数据库的 stock_industry 表中。stock_industry 表包含的列为 updateDate、code、code_name、industry、industryClassification，这些列对应的数据类型分别为 DATE、VARCHAR(20)、VARCHAR(20)、VARCHAR(50)、VARCHAR(30)。

```python
import baostock as bs
import pymysql
from datetime import datetime

# 登录 BaoStock 库
lg = bs.login()
if lg.error_code!= '0':
    print(' 登录 BaoStock 失败，错误码为 ', lg.error_code, ', 错误信息为 ', lg.error_msg)
    exit()
# 连接 MySQL 数据库（根据实际情况替换参数）
conn = pymysql.connect(
    host='localhost',              # 一般是 localhost（本地服务器）
    user='root',                   # 一般是 root
password='123456',                 # 依据实际情况给出
    database='car_analysis'        # 这里存储数据的数据库是 car_analysis
)
cursor = conn.cursor()
# 查询上市企业行业分类数据
rs = bs.query_stock_industry()
while (rs.error_code == '0') and rs.next():
    row = rs.get_row_data()
    updateDate = datetime.strptime(row[0], '%Y-%m-%d').date() if row[0] else None
    code = row[1]
    code_name = row[2]
    industry = row[3]
    industryClassification = row[4]
    # 将数据插入 stock_industry 表中
    sql = '''INSERT INTO stock_industry
            (updateDate, code, code_name, industry, industryClassification)
```

```
            VALUES (%s, %s, %s, %s, %s)'''
    try:
        cursor.execute(sql, (updateDate, code, code_name, industry,
                              industryClassification))
        conn.commit()
    except Exception as e:
         print(f'插入数据时出错：{e}')
         conn.rollback()
cursor.close()                       # 关闭连接
conn.close()
bs.logout()
```

在Python编译器中运行上述代码，即可将行业分类数据存储到stock_industry表中，结果如图5.2.1所示。

| updateDate | code | code_name | industry | industryClassification |
|---|---|---|---|---|
| 2025-06-09 | sh.600000 | 浦发银行 | J66货币金融服务 | 证监会行业分类 |
| 2025-06-09 | sh.600001 | 邯郸钢铁 | | 证监会行业分类 |
| 2025-06-09 | sh.600002 | 齐鲁石化 | | 证监会行业分类 |
| 2025-06-09 | sh.600003 | ST东北高 | | 证监会行业分类 |
| 2025-06-09 | sh.600004 | 白云机场 | G56航空运输业 | 证监会行业分类 |
| 2025-06-09 | sh.600005 | 武钢股份 | | 证监会行业分类 |
| 2025-06-09 | sh.600006 | 东风股份 | C36汽车制造业 | 证监会行业分类 |
| 2025-06-09 | sh.600007 | 中国国贸 | K70房地产业 | 证监会行业分类 |
| 2025-06-09 | sh.600008 | 首创环保 | D46水的生产和供应业 | 证监会行业分类 |
| 2025-06-09 | sh.600009 | 上海机场 | G56航空运输业 | 证监会行业分类 |

图5.2.1　stock_industry表中上市企业行业分类数据（前10行）

**注意**

（1）数据库连接相关的代码需要读者依据自己服务器的实际情况进行修改。

（2）无须关注Python代码的语法问题，本课程不要求掌握。

我们可以在Navicat编译窗口录入并运行以下代码，查看汽车制造企业的基本信息，结果如图5.2.2所示。

```
SELECT * FROM stock_industry WHERE industry = 'C36汽车制造业';
```

| updateDate | code | code_name | industry | industryClassification |
|---|---|---|---|---|
| 2025-06-09 | sh.600006 | 东风股份 | C36汽车制造业 | 证监会行业分类 |
| 2025-06-09 | sh.600066 | 宇通客车 | C36汽车制造业 | 证监会行业分类 |
| 2025-06-09 | sh.600081 | 东风科技 | C36汽车制造业 | 证监会行业分类 |
| 2025-06-09 | sh.600104 | 上汽集团 | C36汽车制造业 | 证监会行业分类 |
| 2025-06-09 | sh.600148 | 长春一东 | C36汽车制造业 | 证监会行业分类 |
| 2025-06-09 | sh.600166 | 福田汽车 | C36汽车制造业 | 证监会行业分类 |
| 2025-06-09 | sh.600178 | 东安动力 | C36汽车制造业 | 证监会行业分类 |
| 2025-06-09 | sh.600303 | 曙光股份 | C36汽车制造业 | 证监会行业分类 |
| 2025-06-09 | sh.600375 | 汉马科技 | C36汽车制造业 | 证监会行业分类 |
| 2025-06-09 | sh.600418 | 江淮汽车 | C36汽车制造业 | 证监会行业分类 |

图5.2.2　汽车制造行业上市企业情况（前10行）

## 练知识技能

**【任务5.2.2】**使用本书提供的汽车制造行业上市企业盈利能力数据采集代码，将上市企业盈利能力数据精准存储到car_analysis数据库的profit_data表中。

AI赋能

　　使用下面一段提示词，生成用BaoStock库中的query_profit_data()函数接口抓取汽车制造行业上市企业的盈利能力数据，并将其存储到car_analysis数据库的profit_data表中的Python代码。

请帮我编写 Python 代码。
1. 从 car_analysis 数据库的 stock_industry 表出发，编写精准的 SQL 语句，查找出 industry 列内容为"C36 汽车制造业"的所有记录，进而筛选出这些记录里的 code 列，筛选后该列存放的是所有汽车制造行业上市企业的证券代码。
2. 设置 year 为 2020—2025，抓取 2020—2024 年共 5 年的数据（注意，2025 年不包括在内）。
3. 调用 BaoStock 库的 query_profit_data() 函数接口，该函数接口的 code、year、quarter 三个输入参数分别对应第一步获取的汽车制造行业上市企业的证券代码 code、第二步设置的 year，以及 4（表示第 4 季度），该函数接口的输出参数是 code、pubDate、statDate、roeAvg、npMargin、gpMargin、netProfit、epsTTM、MBRevenue、totalShare、liqaShare 等数据列。
4. 将上述步骤抓取到的盈利能力数据，严格按照 car_analysis 数据库中 profit_data 表的结构要求进行存储，其中 code、pubDate、statDate 列的数据类型依次为 VARCHAR(20)、DATE、DATE，而剩余的列 roeAvg、npMargin、gpMargin、netProfit、epsTTM、MBRevenue、totalShare、liqaShare 的数据类型皆为 DECIMAL(15,2)。

```python
import baostock as bs
import pymysql
from datetime import datetime
print('抓取开始')

# 登录 BaoStock
lg = bs.login()
if lg.error_code!= '0':
    print('登录BaoStock失败,错误码为', lg.error_code, ', 错误信息为', lg.error_msg)
    exit()
# 连接 car_analysis 数据库
conn = pymysql.connect(
    host='localhost',              # 一般是localhost(本地服务器)
    user='root',                   # 一般是root
    password='123456',             # 依据实际情况给出
    database='car_analysis'
)
cursor = conn.cursor()
# 第一步：从 stock_industry 表中查询汽车制造行业上市企业的证券代码
select_sql = "SELECT code FROM stock_industry WHERE industry = 'C36汽车制造业'"
try:
    cursor.execute(select_sql)
    codes = [row[0] for row in cursor.fetchall()]
except Exception as e:
    print(f'查询汽车制造行业上市企业的证券代码时出错：{e}')
    conn.rollback()
finally:
    cursor.close()
# 重新获取游标,用于后续插入数据操作
cursor = conn.cursor()
```

```
# 设置年份范围
years = range(2020, 2025)
# 第二步：循环年份，调用query_profit_data()函数抓取数据并将其存储到profit_data表中
quarter = 4
for year in years:
    for code in codes:
        rs = bs.query_profit_data(code=code, year=year, quarter=quarter)
        while (rs.error_code == '0') and rs.next():
            row = rs.get_row_data()
            code_data = row[0]
            pubDate = datetime.strptime(row[1], '%Y-%m-%d').date() if row[1] else None
            statDate = datetime.strptime(row[2], '%Y-%m-%d').date() if row[2] else None
            roeAvg = float(row[3]) if row[3] else 0
            npMargin = float(row[4]) if row[4] else 0
            gpMargin = float(row[5]) if row[5] else 0
            netProfit = float(row[6]) if row[6] else 0
            epsTTM = float(row[7]) if row[7] else 0
            MBRevenue = float(row[8]) if row[8] else 0
            totalShare = float(row[9]) if row[9] else 0
            liqaShare = float(row[10]) if row[10] else 0
            # 构建插入数据到profit_data表的SQL语句
            insert_sql = '''INSERT INTO profit_data
                        (code, pubDate, statDate, roeAvg,npMargin, gpMargin,
                        netProfit, epsTTM, MBRevenue, totalShare, liqaShare)
                        VALUES (%s, %s, %s, %s, %s, %s, %s, %s, %s, %s, %s)'''
            try:
                cursor.execute(insert_sql,
                    (code_data, pubDate, statDate, roeAvg, npMargin, gpMargin, netProfit,
                    epsTTM, MBRevenue, totalShare, liqaShare))
                conn.commit()
            except Exception as e:
                print(f' 插入数据（证券代码 {code_data}，年份 {year}）时出错：{e}')
                conn.rollback()
# 关闭连接
print('抓取结束')
cursor.close()
conn.close()
bs.logout()
```

在Python编译器中运行上述代码，即可将汽车制造行业上市企业的盈利能力数据采集到car_analysis数据库的profit_data表中。profit_data表中的数据如图5.2.3所示。

| code | pubDate | statDate | roeAvg | npMargin | gpMargin | netProfit | epsTTM | MBRevenue | totalShare | liqaShare |
|---|---|---|---|---|---|---|---|---|---|---|
| sh.600071 | 2024-10-29 | 2024-09-30 | -0.05 | -0.02 | 0.15 | -22793347.16 | -0.25 | 0 | 281573889 | 281573889 |
| sh.600071 | 2023-10-28 | 2023-09-30 | -0.07 | -0.03 | 0.12 | -38739419.29 | -0.07 | 0 | 281573889 | 281573889 |
| sh.600071 | 2022-10-29 | 2022-09-30 | -0.02 | -0.01 | 0.12 | -14185231.63 | -0.03 | 0 | 281573889 | 281573889 |
| sh.600071 | 2021-10-26 | 2021-09-30 | 0.02 | 0.01 | 0.14 | 6184020.26 | 0.08 | 0 | 281573889 | 281573889 |
| sh.600071 | 2020-10-30 | 2020-09-30 | 0 | 0 | 0.13 | -641680.18 | 0.03 | 0 | 281573889 | 237472456 |
| sh.600071 | 2019-10-31 | 2019-09-30 | -0.04 | -0.06 | 0.1 | -32257977.28 | -0.1 | 0 | 281573889 | 237472456 |
| sh.600071 | 2018-10-31 | 2018-09-30 | -0.01 | 0 | 0.14 | -2169720.97 | 0.27 | 0 | 237472456 | 237472456 |
| sh.600071 | 2017-10-24 | 2017-09-30 | -0.1 | -0.07 | 0.13 | -38009527.94 | -0.43 | 0 | 237472456 | 237472456 |
| sh.600071 | 2016-10-31 | 2016-09-30 | -0.1 | -0.1 | 0.06 | -519181042 | -0.05 | 0 | 237472456 | 237472456 |
| sh.600071 | 2015-10-29 | 2015-09-30 | -0.03 | -0.05 | 0.08 | -26766232.78 | -0.34 | 0 | 237472456 | 237472456 |

图5.2.3　汽车制造行业2020—2024年盈利能力数据（以code列升序排列，前10行）

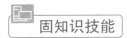 固知识技能

填空题

假设某企业的数据库服务器为本地服务器，登录数据库的用户名为"root"，密码为"654321"，请补充横线处的代码，将汽车制造行业上市企业的偿债能力数据存储到car_analysis数据库的balance_data表中。

```
import baostock as bs
import pymysql
from datetime import datetime
print('抓取开始')

# 登录BaoStock平台
lg = bs.login()
if lg.error_code != '0':
    print('登录BaoStock失败，错误码: ', lg.error_code, ', 错误信息: ', lg.error_msg)
    exit()
# 连接数据库
conn = pymysql.connect(
    host='_____',
    user='_____',
    password='_____',
    database='_____'
)
cursor = conn.cursor()
# 第一步: 从stock_industry表中查询汽车制造行业上市企业的证券代码
select_sql = "SELECT code FROM _____ WHERE industry = 'C36汽车制造业'"
try:
    cursor.execute(select_sql)
    codes = [row[0] for row in cursor.fetchall()]
except Exception as e:
    print(f'查询汽车制造行业上市企业的证券代码时出错: {e}')
    conn.rollback()
finally:
    cursor.close()
# 重新获取游标
cursor = conn.cursor()
# 设置年份范围（2020-2024年）
years = range(2020, _____)
quarter = 4          # 四季度数据
# 第二步: 循环年份和证券代码，抓取并存储偿债能力数据
for year in years:
    for code in codes:
        # 调用query_balance_data()函数获取偿债能力数据
        rs = bs.query_balance_data(code=code, year=year, quarter=quarter)
        while (rs.error_code == '0') and rs.next():
            row = rs.get_row_data()
            code_data = row[0]
```

```
        pubDate = datetime.strptime(row[1], '%Y-%m-%d').date() if row[1]
else None
        statDate = datetime.strptime(row[2], '%Y-%m-%d').date() if row[2]
else None

        currentRatio = float(row[3]) if row[3] else 0        # 流动比率
        quickRatio = float(row[4]) if row[4] else 0          # 速动比率
        cashRatio = float(row[5]) if row[5] else 0           # 现金比率
        YOYLiability = float(row[6]) if row[6] else 0        # 负债同比增长率
        liabilityToAsset = float(row[7]) if row[7] else 0    # 资产负债率
        assetToEquity = float(row[8]) if row[8] else 0       # 权益乘数
        # 构建插入 balance_data 表的 SQL 语句
        insert_sql = '''INSERT INTO balance_data
                    (code, pubDate, statDate, currentRatio, quickRatio,
                    cashRatio, YOYLiability, liabilityToAsset, assetToEquity)
                    VALUES (%s, %s, %s, %s, %s, %s, %s, %s, %s)'''
        try:
            cursor.execute(insert_sql,
          (code_data, pubDate, statDate, currentRatio,quickRatio,cashRatio,
          YOYLiability, liabilityToAsset, assetToEquity))
            conn.commit()
        except Exception as e:
            print(f'插入数据（代码：{code_data}，年份：{year}）时出错：{e}')
            conn.rollback()
# 关闭连接
print('抓取结束')
cursor.close()
conn.close()
bs.logout()
```

# 财务数据可视化

在如今数据驱动的时代，决策的科学性依赖于数据分析的精准性。而数据可视化在数据分析中扮演着关键角色，它将复杂、抽象的数据转化为直观的图表，让数据特征与规律一目了然，降低理解数据的门槛，提高数据分析的效率。

在企业实务中，不管是大型企业还是众多的中小型企业，都已开始借助数据可视化看板来洞察业务情况。Power BI作为一个强大的商务智能工具，已广泛应用于各行各业，帮助用户从各种数据源中提取有价值的信息。而MySQL数据库作为世界上最流行的开源数据库之一，经常被用来存储和管理各种业务数据。

通过学习本项目，财务人员能够轻松地从MySQL数据库中提取数据；在Power BI中进行数据清洗和建模；创建交互式报表和可视化图表；将分析结果共享给团队或客户。

企业内部数据、外部数据进行可视化的情况如图6.0.1所示。在企业内部数据方面，财务软件存储着各类账目信息，而 ERP 系统整合了多个业务流程，财务人员可从中获取跨部门数据，借助可视化手段分析重要指标，进而掌握企业运营状况；在企业外部数据方面，财务人员可采集外部数据库和数据服务的数据，并将其存储至企业内部数据库或 CSV 文件中，然后调用这些数据开展可视化分析。

通过Power BI连接数据库进行可视化，能够整合来自财务软件、ERP系统、外部数据库等多种数据源的数据。与连接CSV文件进行可视化相比，直接连接数据库不仅能确保数据的全面性和实时性，还能通过实时更新的图表帮助企业持续监控运营状况，深入挖掘数据背后的潜在价值，为成本控制、投资决策等提供精准支持。对数据分析人员而言，掌握通过Power BI连接数据库进行可视化的技能，不仅能大幅提升工作效率和分析质量，还能帮助企业在竞争中占据更大优势。

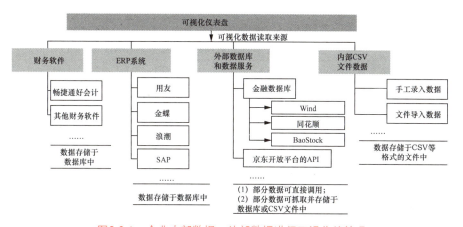

图6.0.1 企业内部数据、外部数据进行可视化的情况

# 任务一　用丝带图与簇状柱形图分析企业净利润排行

 学习目标

**【知识目标】** 掌握使用Power BI连接MySQL数据库及绘制丝带图与簇状柱形图的方法。

**【技能目标】** 灵活使用大数据处理的5个步骤进行数据分析与可视化。

**【素质目标】** 正确理解"物质决定意识、意识对物质具有能动作用"的内涵，发扬毛遂自荐的精神，勇于展示自己的才华。

动画6.1

## 德技并修

**小强：** 我听到好多学长都说"文不如表，表不如图"。学长，这是说明在职场中进行企业数据分析的时候，使用图表能够更好地展现数据分析结果吧？

**大富学长：** 是的。在职场中，我们要学会绘制图表以更好地展现数据分析结果。其实，我们在生活和工作中也要学会展现自己。很多人总以为，只要自己有足够的耐心去等待，机会总有一天会敲响自己的大门。然而，与其等待机会来敲自己的大门，倒不如自己去敲机会的大门。虽说世界上先有伯乐，然后才有千里马，但"千里马常有，而伯乐不常有"，因此我们要有毛遂自荐的精神，勇于展示自己。

## 来自企业的技能任务

鉴于一些读者尚未对各类财务指标进行系统的学习，本任务以大众熟知的净利润指标为例，梳理某公司在开展投融资决策时对汽车制造行业上市企业的盈利能力进行可视化分析的思路。需要明确的是，在实际业务操作中，应综合考量各项指标。

| 序号 | 岗位技能要求 | 对应企业任务 |
|---|---|---|
| 1 | 使用Power BI连接MySQL数据库，绘制可视化图形，进行数据分析 | 【任务6.1.1】使用Power BI连接MySQL数据库，利用存储在数据库中的汽车制造行业上市企业盈利能力数据，对2024年净利润前10的企业进行分析 |
| | | 【任务6.1.2】使用Power BI连接MySQL数据库服务器，利用存储在数据库中的汽车制造行业上市企业盈利能力数据，对净利润后10的企业进行分析 |

 学知识技能

## 一、使用Power BI连接MySQL数据库

Power BI 的最大优势在于高效连接 MySQL 等各类异构数据库，轻松整合多源数据，打破数据孤岛，为全方位、深层次的数据分析奠定坚实基础。Power BI连接各类异构数据库进行可视化主要有两种方法：一种是SQL查询法，另一种是直接导入表法。本任务以Power BI连接MySQL数据库为例进行介绍。

### （一）SQL查询法

SQL查询法指的是财务人员通过编写SQL语句，精准筛选数据库中的相关数据。例如，可以使用SQL查询销售发票表中销售额大于某一数值的数据，或查询客户表中位于特定区域的客户信息。通过这种方式，海量级数据集（如100万行以上）仅提取符合特定条件的数据，既减少了数据传输量，又避免了冗余，进而加快数据处理速度，使可视化结果更具针对性，帮助财务人员高效分析数据并做出决策。

通过SQL查询法，财务人员可以使用Power BI连接MySQL数据库，再编写SQL语句进行精准的数据查询，提取所需数据。然后，在Power BI中选择合适的图形，将查询结果按规则映射到图形的各个维度上，从而完成图形绘制，直观地展示数据背后的信息，帮助高效分析和决策。基于SQL查询法的可视化分析流程如图6.1.1所示。

图6.1.1　基于SQL查询法的可视化分析流程

接下来展示"汽车制造行业净利润前10的上市企业数据分析"这个案例是如何进行数据库连接的。具体的实现步骤是通过桌面快捷方式或"开始"菜单中的对应图标启动Power BI Desktop应用程序，进入程序主界面。

（1）新建空白报告并选择"从另一个源获取数据"，如图6.1.2所示。

图6.1.2　新建空白报告并选择"从另一个源获取数据"

（2）在弹出的"获取数据"对话框中，选中"MySQL数据库"选项，如图6.1.3所示，然后单击"连接"按钮。

（3）在弹出的"MySQL数据库"对话框中，需要填写以下关键信息，如图6.1.4所示。

① 服务器：填写MySQL数据库所在服务器的IP地址（如果是本地数据库，可填写"localhost"）或者域名。

② 数据库：填写要连接的MySQL数据库的具体名称，即存放汽车制造行业上市企业相关数据的数据库名称"car_analysis"。

③ 高级选项：这里可以自行编写并执行SQL语句，对数据进行筛选，精准地确定最终要进

行可视化展示的数据。

单击"确定"按钮，可以得到使用SQL语句筛选出的数据集。

（4）单击"加载"按钮，可将数据加载至Power BI中。保存该数据集，并将它命名为"汽车制造行业净利润分析"，如图6.1.5所示。

图6.1.3　选中"MySQL数据库"选项

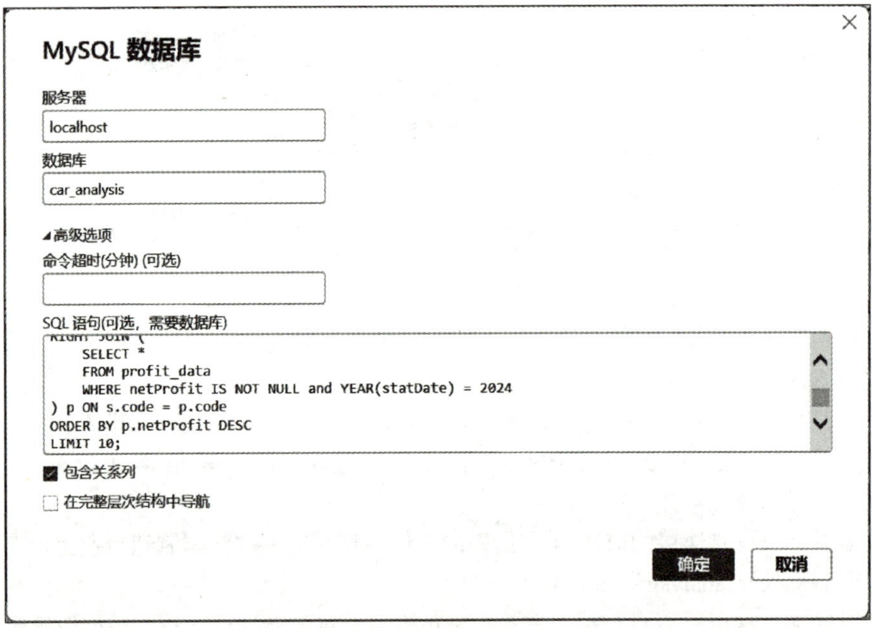

图6.1.4　填写数据库关键信息

图6.1.5　加载并保存数据集

（5）返回主界面，第一次连接默认的名称为"查询1"，如图6.1.6所示。

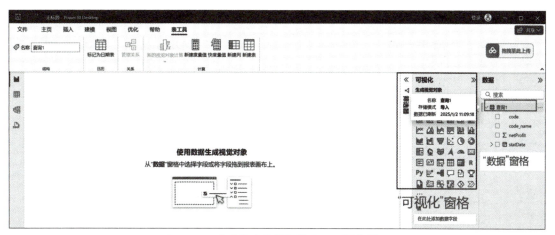

图6.1.6　生成查询的数据集用于可视化展示

### （二）直接导入表法

在使用SQL查询法时，若在"高级选项"的"SQL 语句"文本框中不输入任何SQL代码，就会进入直接导入表法的操作流程。直接导入表法是将所需的数据表全部直接导入Power BI Desktop。例如，导入销售发票表、客户表和商品表的全部数据后，用户可根据分析需求生成柱形图、折线图等。这种方法对于轻量级数据（如小于10万行）的导入比较方便，但当涉及的数据量较大（如大于100万行）时，可能占用较多的系统资源，导致效率较低。

**特别说明：**

本项目的三个任务均为小规模数据（小于10万行），出于展示两种方法的教学目的，任务一、二使用SQL查询法，任务三使用直接导入表法。项目七涉及的企业实务数据较为庞杂，使用SQL查询法更为合适。

## 二、Power BI可视化图形

不同的可视化图形有着各自独特的作用与特点，它们能够从不同角度帮助我们更清晰、直观地理解数据所蕴含的信息。比如，丝带图擅长展现数据的流动方向及流量大小关系；折线图聚焦于体现数据随时间等连续变量的变化趋势；柱形图有利于对比不同类别数据的大小；树状图可清晰呈现数据的层次结构；箱线图则着重展示数据的分布情况。表6.1.1展示了常用可视化图形各自的定义、应用场景、优缺点。

表6.1.1　　　　　　　　　　　　常用Power BI可视化图形一览

| 图形 | 定义 | 应用场景 | 优点 | 缺点 |
|---|---|---|---|---|
| 丝带图 | 由多个宽度可变的"流带"组成。流带将不同类别连接，其宽度与流量大小成正比 | 展示能量、物质、成本等在不同阶段或对象间的转移情况，如能源损耗、电商用户转化 | 直观呈现数据流动方向和流量大小关系，有效处理多类别、多阶段数据转换 | 在数据类别多或关系复杂时图形拥挤，不适用于展示精确值 |
| 折线图 | 通过将数据点用直线连接形成，横轴为时间或连续变量，纵轴为数值 | 展示数据随时间等连续变量的变化趋势，如股票价格、气温、销售额变化 | 反映数据变化趋势，便于观察增减、周期和季节性特征，可对比多组数据 | 在数据点密集时折线杂乱，对具体数值和分布的展示不直观 |
| 柱形图 | 用宽度相同的柱子高度或长度表示数据大小，柱子可垂直或水平呈现 | 比较不同类别数据的大小，如不同产品销量、部门预算分配对比 | 直观比较不同类别数据数值大小，方便添加数据标签展示具体值 | 在数据类别过多时柱子拥挤，不适用于展示数据变化趋势 |
| 树状图 | 利用嵌套矩形展示数据，通过将数据分层次，用矩形面积表示量值 | 展示有层次结构的数据，如公司组织架构、文件系统目录、产品分类体系 | 呈现数据层次结构，通过矩形面积直观对比量值 | 在数据层次或类别繁杂时图形拥挤，不适用于无层次结构的数据展示 |
| 箱线图 | 由箱体、箱须和异常值点组成，其中，箱体表示中间50%的数据，箱须表示其余部分（不含异常值），异常值单独用点表示 | 展示数据分布情况，如学生成绩分布、产品质量指标波动 | 直观展示关键统计量，体现数据对称性、偏态性和组间分布差异 | 对具体数值展示不详细，不适用于展示数据变化趋势 |

## 三、企业净利润指标

净利润是指企业在扣除所有成本、费用以及所得税等项目之后剩余的利润，它反映了企业最终真正的盈利状况，是衡量企业经营效益的一个关键指标。简单来说，净利润就是企业通过生产经营活动、对外投资等各种途径所获取的收入，在减去为了获取这些收入而发生的全部成本和应缴纳的税费后，剩下的可供企业自由支配的那部分收益。

对企业自身而言，净利润体现了其经营管理的综合成果，是企业持续发展、扩大规模、进行再投资及向股东分配利润等活动的重要资金来源。净利润为正值表明企业处于盈利状态，经营状况良好，有能力维持自身运营并谋求进一步发展；而净利润为负值则意味着企业出现了亏损，需要审视经营策略、成本控制等方面可能存在的问题，及时做出调整。

对投资者来说，净利润是评估企业投资价值的核心指标之一。投资者往往会关注企业净利润的增长趋势、稳定性以及与同行业其他企业相比的水平，以此来判断企业是否具有良好的盈利能力和发展潜力，进而决定是否对该企业进行投资或者继续持有其股票等金融资产。

当债权人（如银行等金融机构）考虑是否向企业发放贷款时，净利润情况也是重要的参考依据，它能在一定程度上反映企业的偿债能力和财务健康程度，盈利稳定且净利润可观的企业通常在偿还债务方面更有保障。

## 四、创建丝带图与簇状柱形图进行数据分析

【任务6.1.1】使用Power BI连接MySQL数据库，利用存储在数据库中的汽车制造行业上市企业盈利能力数据，对2024年净利润前10的上市企业进行分析。

### （一）确定需求与目标

第一步：了解需求。深入了解企业的实际需求，明确核心问题和业务目标。在这一过程中，我们明确本次数据处理的核心目标是：探究2024年汽车制造行业净利润前10的上市企业情况。

第二步：制订分析目标。将业务需求转化为具体的、可操作的分析目标，为后续的数据清洗和分析工作提供明确的指引。这里我们锁定2024年汽车制造行业净利润、企业名称作为我们的分析目标（在可视化图形中出现）。

第三步：选择工具和方法。根据分析目标选择适合的工具和方法，高效完成数据清洗和分析工作。这里我们选择使用SQL语句和Power BI。

### （二）数据采集与加载

第一步：数据源确认。这一步需要确认分析目标所需的内部和外部数据源。很明显，这里我们需要进行分析的数据是企业内部数据，且为了完成分析任务需要得到证券名称、证券代码、净利润、净利润的统计日期，据此判断数据源于car_analysis数据库的profit_data表及stock_industry表，需要进行多表连接。

第二步：数据提取与数据整合。可以用一段SQL语句完成两个表的数据整合操作，具体代码编写工作在"（四）数据分析"中完成。

### （三）数据清洗

数据清洗主要包括缺失值处理和重复值处理。这里需要通过IS NOT NULL语句对净利润为空的企业进行淘汰，通过YEAR(statDate)=2024语句对其他年份的数据进行淘汰，具体代码编写工作也在"（四）数据分析"中完成。

### （四）数据分析

因为数据分析中要用到profit_data表的netProfit列和stock_industry表的code_name列，而这两个表共同的code列（stock_industry表的code列在profit_data表中作外键）可以将两表连接。编写SQL语句的基本思路如下。

（1）查找profit_data表：清洗掉netProfit列为NULL、statDate列年份不为2024的数据。

（2）将stock_industry表作为左表与步骤（1）得到的数据集通过code列进行右连接。

（3）将连接后的数据以netProfit为排序字段进行降序排列，且只查看排前10的数据。

在编译窗口录入并运行以下代码，即可得到2024 年汽车制造行业净利润前10的上市企业相关信息，结果如图6.1.7所示。

```sql
SELECT s.code_name,s.code,ROUND(p.netProfit, 2) AS netProfit,p.statDate
FROM stock_industry s
-- 找出 profit_data 表中 statDate 列年份为 2024 的数据，作为右连接的右表部分
RIGHT JOIN (
    SELECT *
    FROM profit_data
    WHERE netProfit IS NOT NULL and YEAR(statDate) = 2024
) p ON s.code = p.code
ORDER BY p.netProfit DESC
LIMIT 10;
```

 **AI赋能**

使用以下提示词可以让AI辅助生成具有指定功能的SQL代码。

请帮助我生成一段可以在 MySQL 服务器上运行的 SQL 代码。
（1）查找 profit_data 表 netProfit 列不为空、statDate 列年份为 2024 的数据；
（2）将 stock_industry 表（左表）与（1）中查找到的数据（右表）通过 code 列进行右连接；
（3）显示 stock_industry 表的 code_name 列、code 列，以及 profit_data 表的 netProfit 列、statDate 列。其中，netProfit 列数据保留两位小数，结果以 netProfit 降序排列，只查看排前 10 的数据。

| code_name | code | netProfit | statDate |
|---|---|---|---|
| ▶比亚迪 | sz.002594 | 41587940000 | 2024-12-31 |
| 潍柴动力 | sz.000338 | 14277681970.39 | 2024-12-31 |
| 长城汽车 | sh.601633 | 12692439329.49 | 2024-12-31 |
| 华域汽车 | sh.600741 | 7482264275.1 | 2024-12-31 |
| 长安汽车 | sz.000625 | 6104174527.85 | 2024-12-31 |
| 上汽集团 | sh.600104 | 5833321330.31 | 2024-12-31 |
| 赛力斯 | sh.601127 | 4740116433.25 | 2024-12-31 |
| 宇通客车 | sh.600066 | 4153925766.34 | 2024-12-31 |
| 拓普集团 | sh.601689 | 3003686606.29 | 2024-12-31 |
| 中国重汽 | sz.000951 | 1868580812.16 | 2024-12-31 |

图6.1.7　2024年汽车制造行业净利润前10上市企业信息

## （五）数据可视化与决策

将数据连接部分新建的报告保存为"特定行业净利润分析"文件，在这个文件的基础上进行如下操作。

第一步：双击"数据"窗格的第一个查询名称"查询1"，该名称处于可编辑状态，修改查询名称为"2024年特定行业净利润前10"。

第二步：单击"可视化"窗格中"生成视觉对象"下的"丝带图"，即可在报表画布中显示

出丝带图。

第三步：将"数据"窗格中的netProfit列拖到"可视化"窗格中的"Y轴"处，将code_name列拖到"X轴"处，适当调整图形大小。具体设置及效果如图6.1.8所示。

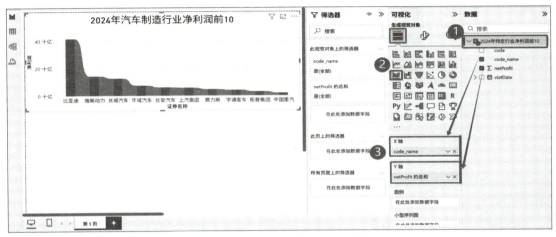

图6.1.8　丝带图的具体设置及效果

第四步：单击"可视化"窗格中"设置视觉对象格式"下的"视觉对象"，设置"X轴"的"标题文本"为"证券名称"，字号为9。

第五步：单击"可视化"窗格中"设置视觉对象格式"下的"视觉对象"，设置"Y轴"的"标题文本"为"净利润"，字号为9。

第六步：选择"可视化"窗格中"设置视觉对象格式"下的"常规"，设置标题的"文本"为"2024年汽车制造行业净利润前10"，字号为18，并适当调整图形的大小。具体设置如图6.1.9所示。

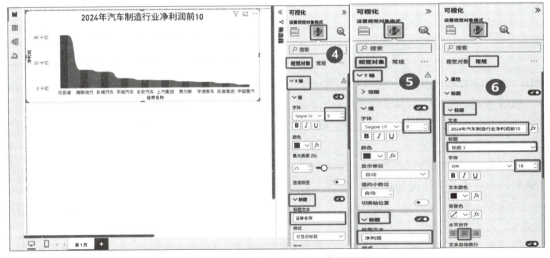

图6.1.9　丝带图横、纵坐标及标题的设置

第七步：展示企业具体净利润数据结果（图形做好后，将鼠标放置于具体的企业立柱上即可交互出现）及排名的丝带图如图6.1.10所示。

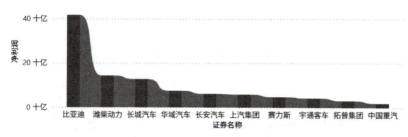

图6.1.10　2024年汽车制造行业净利润前10的上市企业排名

**【分析结论】**

2024年汽车制造行业净利润前10的上市企业中，比亚迪以超415亿元的净利润一骑绝尘，这得益于比亚迪在新能源汽车领域的全面布局、强大的技术研发能力和市场对其产品的高度认可。潍柴动力凭借在动力总成等核心业务的优势以及研发投入，净利润超142亿元，位居第二。长城汽车通过国内外市场拓展和产品结构优化，也取得了超126亿元的净利润。华域汽车作为零部件供应商龙头，在行业竞争中保持了一定盈利水平。长安汽车、上汽集团等传统车企也有不错表现，净利润均在50亿元以上。赛力斯在新能源市场中虽面临竞争，但在问界系列车型的带动下，净利润达47亿元。宇通客车在客车领域较为专注，拓普集团作为零部件供应商受整车订单影响较大，它们的净利润分别超过41亿元和30亿元。中国重汽受行业周期性等因素影响，净利润相对较少，不到19亿元。整体来看，新能源汽车企业发展势头强劲，传统车企和零部件供应商需不断适应市场变化，以提升竞争力。

### 练知识技能

**【任务6.1.2】** 使用Power BI连接MySQL数据库，利用存储在数据库中的汽车制造行业上市企业盈利能力数据，对汽车制造行业净利润后10的上市企业进行分析。

由于汽车制造行业净利润后10的上市企业数据分析思路与前10的一致，这里就不赘述数据处理过程了，只进行可视化的操作展示。

第一步：重复Power BI连接MySQL数据库的步骤，复制并粘贴2024年汽车制造行业净利润前10上市企业查找的SQL代码，修改"DESC"排序规则为"ASC"，如图6.1.11所示。导入数据后，修改查询名称为"2024年特定行业净利润后10"。

第二步：单击"可视化"窗格"生成视觉对象"中的"簇状柱形图"，即可在报表画布中显示出簇状柱形图。

第三步：将"数据"窗格的netProfit列拖到"Y轴"处，将code_name列拖到"X轴"处，适当调整图形大小。具体设置及效果如图6.1.12所示。

第四步：单击"可视化"窗格中"设置视觉对象格式"下的"视觉对象"，设置"X轴"的"标题文本"为"证券名称"，字号为9。

第五步：单击"可视化"窗格中"设置视觉对象格式"下的"视觉对象"，设置"Y轴"的"标题文本"为"净利润"，字号为9。

第六步：选择"可视化"窗格中"设置视觉对象格式"下的"常规"，设置标题的"文本"为"2024年汽车制造行业净利润后10"，字号为18。

第七步：设置"数据标签"为显示模式。具体设置如图6.1.13所示。

图6.1.11 修改"DESC"排序规则为"ASC"

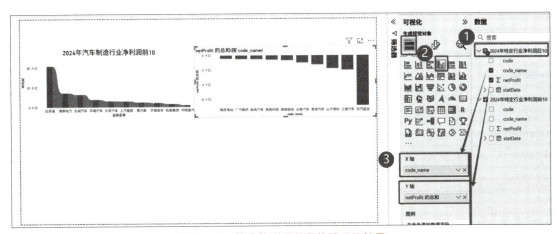

图6.1.12 簇状柱形图的具体设置及效果

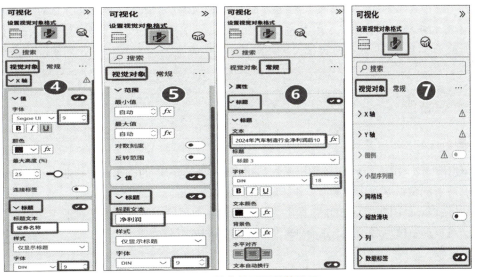

图6.1.13 簇状柱形图具体设置

第八步：结合企业情况与可视化结果（见图6.1.14）编写结论。

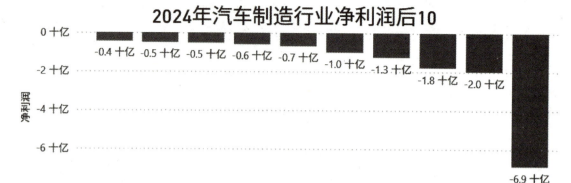

图6.1.14　2024年汽车制造行业净利润后10的上市企业排名

**【分析结论】**

在汽车行业净利润后10的上市企业中，北汽蓝谷亏损严重，或因市场竞争激烈、新能源汽车技术迭代快，其产品竞争力不足。江淮汽车因联营企业亏损、自身销量下滑及资产减值导致亏损。山子高科、渤海汽车、众泰汽车等可能在业务转型、市场拓展上遇到难题，导致业绩不佳。而继峰股份、美晨科技等零部件企业，或受整车企业需求变动、成本上升影响。广汽集团作为大型车企产生亏损，或因传统业务转型慢、新能源布局不足。精进电动专注电动驱动系统，可能因市场份额小、研发投入大而亏损。

**小知识**

Power BI直接读取数据库数据进行可视化，比先从数据库或ERP软件导出到Excel再可视化更具优势。在时效性方面，Power BI可实时或定时自动刷新，永远展示最新数据；Excel需手动更新，数据易滞后。在处理能力方面，Power BI能借助数据库运算，应对海量数据；Excel 面对大规模数据易卡顿。在准确性方面，Power BI可减少人工干预，保障数据一致性；Excel需较多人工操作，导出易出错。

**固知识技能**

### 绘图题

1. 使用Power BI连接MySQL数据库，利用存储在数据库中的汽车制造行业上市企业偿债能力数据，对资产负债率前10的上市企业绘制丝带图进行分析。

2. 使用Power BI连接MySQL数据库，利用存储在数据库中的汽车制造行业上市企业偿债能力数据，对资产负债率后10的上市企业绘制簇状柱形图进行分析。

# 任务二　用树状图与簇状条形图分析企业年度净利润

 学习目标

动画6.2

【知识目标】掌握使用Power BI绘制树状图与簇状条形图的方法。

【技能目标】灵活使用大数据处理的5个步骤进行数据趋势分析与可视化。

【素质目标】提升自我表达和社交能力，厚植家国情怀，拓宽国际视野，展现时代担当。

## 德技并修

**小强**：我发现以可视化方式展现数据，能够比较直接地呈现数据，从而使数据更直观且更易引人关注。现在除了学习用可视化方法展示一些重要的财务数据，我也尝试在朋友和老师面前勇于展示自己。我最近看新闻，发现我们国家很早就深刻认识到新形势下加强和改进国际传播工作的重要性和必要性，正在下大力气加强国际传播能力建设，构建同我国综合国力和国际地位相匹配的国际话语权。

**大富学长**：是啊，讲好中国故事，传播好中国声音，展示真实、立体、全面的中国，是加强我国国际传播能力建设的重要任务。新时代的青年学生应胸怀世界，在推动构建人类命运共同体中展现担当。

## 来自企业的技能任务

| 序号 | 岗位技能要求 | 对应企业任务 |
|---|---|---|
| 1 | 使用Power BI连接MySQL数据库，绘制树状图，对上市企业的数量进行分析 | 【任务6.2.1】使用Power BI连接MySQL数据库，利用存储在数据库中的汽车制造行业上市企业的盈利能力数据，对2020—2024年上市企业的数量进行分析 |
| 2 | 使用Power BI连接MySQL数据库，绘制簇状条形图，对上市企业的平均净利润变化趋势进行分析 | 【任务6.2.2】使用Power BI连接MySQL数据库，利用存储在数据库中的汽车制造行业上市企业的盈利能力数据，对2020—2024年上市企业的平均净利润变化趋势进行分析 |

## 学知识技能

【任务6.2.1】使用Power BI连接MySQL数据库，利用存储在数据库中的汽车制造行业上市企业的盈利能力数据，对2020—2024年上市企业的数量进行分析。

### 1. 确定需求与目标

第一步：了解需求。明确本次数据处理的核心目标是：探究近5年汽车制造行业上市企业数量的变化趋势。

第二步：制定分析目标。这里锁定2020—2024年汽车制造行业上市企业的数量作为我们的分析目标。

第三步：选择工具和方法。这里选择使用SQL语句和Power BI。

### 2. 数据采集与加载

第一步：数据源确认。这里我们需要进行分析的数据是企业内部数据，且数据源于car_analysis数据库的profit_data表。

第二步：数据提取与数据整合。由于数据在一个表中，不需要整合数据。

### 3. 数据清洗

可以通过IS NOT NULL语句对净利润为空的企业进行淘汰，具体代码编写工作在步骤"（四）数据分析"中完成。

### 4. 数据分析

利用前面学过的分组方法，对statDate进行分组，将相同财报日期的企业分在一组，对净利润求非空值的个数、平均值、最大值、最小值、标准差，并按财报日期的升序排列。可以在编译窗口录入并运行以下代码，2020—2024年汽车制造行业上市企业的描述性统计结果如图6.2.1所示。

```
SELECT statDate,
     COUNT(netProfit) AS count_not_null,          # 汽车制造行业上市企业计数统计
     ROUND(AVG(netProfit), 2) AS avg_netProfit,   # 汽车制造行业上市企业净利润平均值
     ROUND(MAX(netProfit), 2) AS max_netProfit,   # 汽车制造行业上市企业净利润最大值
     ROUND(MIN(netProfit), 2) AS min_netProfit,   # 汽车制造行业上市企业净利润最小值
     ROUND(STDDEV(netProfit), 2) AS std_netProfit # 汽车制造行业上市企业净利润标准差
FROM profit_data
WHERE netProfit IS NOT NULL
GROUP BY statDate
ORDER BY statDate ASC;
```

 AI赋能

使用以下提示词可以让AI辅助生成具有指定功能的SQL代码。

请帮助我生成一段可以在 MySQL 服务器上运行的 SQL 代码。
已知 profit_data 表包含 netProfit 列、statDate 列，请以 statDate 列分组，计算 netProfit 列非空值的个数、平均值、最大值、最小值、标准差，结果保留两位小数，以 statDate 列升序排列。

| statDate | count_not_null | avg_netProfit | max_netProfit | min_netProfit | std_netProfit |
|---|---|---|---|---|---|
| 2020-12-31 | 159 | 470021455.7 | 29188050869.17 | 10803944675.54 | 2868105353.04 |
| 2021-12-31 | 164 | 535900056.15 | 33941758857.55 | -5169879620.7 | 3064935876.33 |
| 2022-12-31 | 178 | 490938332.84 | 22842652824.11 | -5395827380.67 | 2566720736.35 |
| 2023-12-31 | 182 | 640241441.61 | 31344070000 | -5365495233.68 | 3101459036.25 |
| 2024-12-31 | 189 | 673108624.23 | 41587940000 | -6872907069.53 | 3469603155.81 |

图6.2.1　2020—2024年汽车制造行业上市企业描述性统计结果

### 5. 数据可视化与决策

可以将步骤（四）生成的SQL代码复制并粘贴到图6.2.2所示对话框的"SQL语句"处，用SQL查询法完成Power BI与MySQL数据库的连接，就可以看到图6.2.3所示的描述性统计。

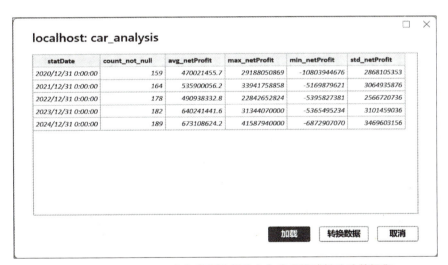

图6.2.2　连接MySQL数据库的参数设置

| statDate | count_not_null | avg_netProfit | max_netProfit | min_netProfit | std_netProfit |
|---|---|---|---|---|---|
| 2020/12/31 0:00:00 | 159 | 470021455.7 | 29188050869 | -10803944676 | 2868105353 |
| 2021/12/31 0:00:00 | 164 | 535900056.2 | 33941758858 | -5169879621 | 3064935876 |
| 2022/12/31 0:00:00 | 178 | 490938332.8 | 22842652824 | -5395827381 | 2566720736 |
| 2023/12/31 0:00:00 | 182 | 640241441.6 | 31344070000 | -5365495234 | 3101459036 |
| 2024/12/31 0:00:00 | 189 | 673108624.2 | 41587940000 | -6872907070 | 3469603156 |

图6.2.3　2020—2024年汽车制造行业上市企业描述性统计数据集

第一步：双击"数据"窗格的第一个查询名称"查询1"，该名称处于可编辑状态，修改查询名称为"2020—2024年度信息"。

第二步：单击"可视化"窗格下"生成视觉对象"中的"树状图"，即可在报表画布中显示一个树状图。

第三步：将"数据"窗格的statDate列拖到"生成视觉对象"的"类别"处，将count_not_null列拖到"值"处。

第四步：选择"可视化"窗格中"设置视觉对象格式"下的"常规"，即可在报表画布中设置树状图的标题为"近5年汽车制造行业上市企业数量"，字号为18。

第五步：设置"数据标签"为显示模式。树状图设置及效果如图6.2.4所示。

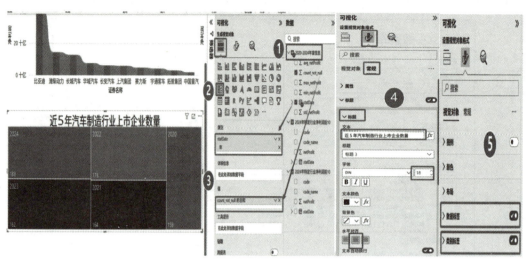

图6.2.4　树状图设置及效果

最后，结合企业情况与可视化结果（见图6.2.5）给出分析结论。

【分析结论】

我们可以看到近5年汽车制造行业上市企业数量呈逐年增长趋势，2020年159家，2021年164家，2022年178家，2023年182家，2024年达189家。这反映出汽车制造行业资本活跃度提高，新能源汽车等领域发展态势较好，吸引了更多企业上市融资；同时，行业整合与市场扩容，促使企业通过上市增强竞争力，预计未来若行业保持创新与增长，上市数量或继续稳增，但也要关注市场饱和与竞争加剧风险。

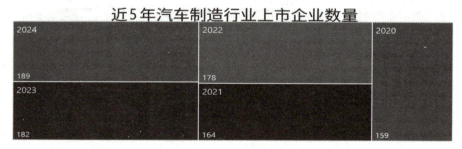

图6.2.5　2020—2024年汽车制造行业上市企业数量

🖥 练知识技能

【任务6.2.2】使用Power BI连接MySQL数据库，利用存储在数据库中的汽车制造行业上市企业的盈利能力数据，对2020—2024年上市企业的平均净利润变化趋势进行分析。

这个问题的分析思路与汽车制造行业上市企业数量变化趋势的分析思路大致相同，共用了查询数据源"2020—2024年度信息"，此处只进行可视化的操作展示。

第一步：单击"可视化"窗格下"生成视觉对象"中的"簇状条形图"，即可在报表画布中显示一个簇状条形图。

第二步：将"数据"窗格的statDate列拖到"生成视觉对象"的"Y轴"处，将avg_netProfit列拖到"X轴"处。

第三步：选择"可视化"窗格中"设置视觉对象格式"下的"常规"，即可在报表画布中设置簇状条形图的标题为"各年度净利润均值"。

第四步：选择"可视化"窗格中"设置视觉对象格式"下的"视觉对象"，找到"数据标签"，将其设置为显示模式。

第五步：选择"可视化"窗格中"设置视觉对象格式"下的"视觉对象"，找到"X轴"，设置"标题文本"为"净利润均值"。簇状条形图设置及效果如图6.2.6所示。

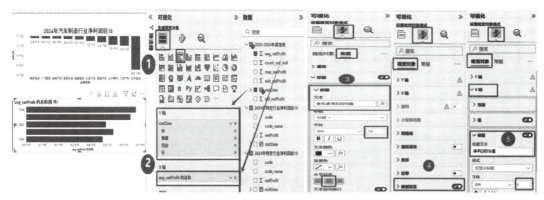

图6.2.6　簇状条形图设置及效果

最后，结合企业情况与可视化结果（见图6.2.7）给出分析结论。

【分析结论】

2020—2024 年汽车制造行业上市企业平均净利润呈现波动增长趋势。2020年为4.7亿元，2021年增至5.4亿元，反映行业逐步复苏；2022年回落至4.9亿元，或受芯片短缺、成本上涨冲击；2023年跳升至6.4亿元，2024年达6.73亿元，得益于新能源汽车加速渗透、企业降本增效及市场需求回暖。整体来看，行业在技术迭代、政策驱动与市场竞争中，利润水平随产业升级、规模效应显现逐步抬升，但需关注需求波动、成本压力等长期挑战，以巩固盈利增长态势。

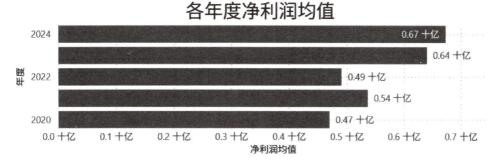

图6.2.7　各年度净利润均值

### 固知识技能

#### 绘图题

使用Power BI连接MySQL数据库，利用存储在数据库中的汽车制造行业上市企业偿债能力数据，对近5年的上市企业资产负债率平均值绘制簇状条形图并进行分析。

# 任务三 用折线图分析企业净利润变化趋势

### 学习目标

【知识目标】了解数据库层处理数据与BI层处理数据的业务场景。

【技能目标】灵活使用切片器动态选择企业，在不同业务场景中使用Power BI绘制可视化图形。

【素质目标】苦练基本功，培养创新意识。

动画6.3

### 德技并修

**小强：** 我之前在数据库应用方面的基础打得十分牢固，所以在了解了企业要求，编写SQL代码时，我能很快完成任务，由此可见具备扎实的基本功至关重要。

**大富学长：** 是的，扎实的基本功非常重要。梁启超的《少年中国说》中提到："少年智则国智，少年富则国富，少年强则国强，少年独立则国独立，少年自由则国自由，少年进步则国进步，少年胜于欧洲则国胜于欧洲，少年雄于地球则国雄于地球。"你们要练好专业基本功，保持应有的闯劲、锐气和担当，踔厉奋发、笃行不怠，在实现中华民族伟大复兴的征途上唱响青春赞歌。

### 来自企业的技能任务

| 序号 | 岗位技能要求 | 对应企业任务 |
| --- | --- | --- |
| 1 | 使用Power BI连接MySQL数据库，绘制折线图，进行企业数据分析 | 【任务6.3.1】使用Power BI连接MySQL数据库，利用存储在数据库中的汽车制造行业上市企业盈利能力数据，分析各企业的净利润变化趋势 |

### 学知识技能

前面两个任务介绍了用Power BI连接MySQL数据库的SQL查询法。企业实际业务场景下数据大于100万行时，可以使用这个方法在数据库层优先通过SQL语句完成"必要筛选 + 聚合计算"（比如先算平均值），这样在导入数据时可以减少数据传输量。

本任务将介绍在Power BI中通过直接导入表连接数据库的方法，这种方法不用录入任何SQL代码，可以直接和数据库进行连接。当数据量小于10万行且需频繁切换筛选条件时，直接导入数据后再用Power BI筛选需要的数据更高效，可以避免多次数据库交互。

两种方法的使用场景比较如表6.3.1所示。

表6.3.1　　　　　　　　　SQL查询法和直接导入表法的使用场景比较

| 场景 | SQL查询法（数据库层处理） | 直接导入表法（Power BI层处理） |
|---|---|---|
| 小数据量（<10万行） | 劣势：过度消耗数据库连接资源 | 优势：操作灵活，适合探索性分析，无须编写SQL代码 |
| 大数据量（>100万行） | 优势：利用数据库索引快速筛选，减少传输量 | 劣势：内存占用多，筛选卡顿，数据更新延迟 |
| 需频繁切换筛选条件 | 劣势：每次切换需重新执行SQL查询，延迟高 | 优势：无须重新连接数据库，直接在Power BI中调整筛选器 |

Power BI的切片器（Slicer）是交互性极强的筛选工具，能让用户灵活筛选报表数据，精准聚焦分析内容。单击Power BI"可视化"窗格中的"切片器"图标，选择字段（如证券代码、报表发布时间）拖入，立刻可变成数据筛选控件。多个切片器联动，还可以精准锁定细分数据，让报表只显示特定数据，深度挖掘细分市场表现。

 **练知识技能**

【**任务6.3.1**】使用Power BI连接MySQL数据库，利用存储在数据库中的汽车制造行业上市企业盈利能力数据，分析各企业的净利润变化趋势。

### 1. 确定需求与目标

第一步：与管理层进行深入沟通，以准确了解企业的实际需求。在这一过程中，我们明确本次数据处理的核心目标是：分析汽车制造行业上市企业近5年的净利润变化情况。

第二步：制订分析目标。这里我们锁定2020—2024年汽车制造行业各上市企业的净利润作为分析目标。

第三步：选择工具和方法。这里选择Power BI作为数据分析工具。

### 2. 数据采集与加载

第一步：数据源确认。这里我们需要进行分析的数据是企业内部数据，来源于car_analysis数据库的profit_data表、stock_industry表。

第二步：数据提取。本任务将使用Power BI直接提取。选择连接MySQL数据库后，可以在"MySQL数据库"对话框中输入服务器名称与数据库名称，如图6.3.1所示。单击"确定"按钮，在"导航器"对话框中选中需要使用的表，如图6.3.2所示，即完成Power BI与MySQL数据库的连接。

**MySQL 数据库**

服务器
localhost

数据库
car_analysis

▷ 高级选项

确定　取消

图6.3.1　连接数据库的参数设置

第三步：数据整合。Power BI会自动依据两张表在数据库中的关联建立连接。如图6.3.3所示，在模型视图中可以直观看到两张表已通过code列自动建立关联，该关联支持两张表的数据在Power BI中实现可视化时产生联动效果。

图6.3.2　选择需要导入的表　　　　　图6.3.3　模型视图下两表的连接

### 3. 数据清洗、分析与可视化

数据加载完毕，即可开始数据清洗、分析与可视化的操作。以下第一步和第二步的操作设置如图6.3.4所示，第三到第五步的操作设置如图6.3.5所示。

第一步：进入Power BI的报表视图，将切片器拖到左下角；再将表car_analysis_stock_industry的code_name列与industry列拖到"筛选器"窗格的"此视觉对象上的筛选器"中，设置code_name"需要单选"，设置industry"基本筛选"，选择行业为"C36汽车制造业"的数据进行展示；最后将code_name拖到"可视化"窗格的"字段"处。

第二步：将切片器对象保持选中状态，在"可视化"窗格中选中"设置视觉对象格式"，在"视觉对象"处设置样式为"下拉"，选择方式为"单项选择"。

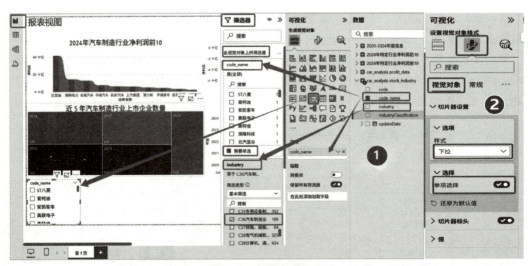

图6.3.4　筛选器设置

第三步：将折线图拖到报表视图下方，保持折线图对象为选中状态，将"数据"窗格中的car_analysis_profit_data表的netProfit列拖到"可视化"窗格中"生成视觉对象"的Y轴处，将statDate列拖到X轴处。

第四步：单击"可视化"窗格中"设置视觉对象格式"下的"常规"，设置"标题"为"汽车制造行业各企业近5年净利润折线图"，并设置"水平对齐方式"为"居中对齐"。

第五步：单击"可视化"窗格中"设置视觉对象格式"下的"视觉对象"，设置数据标签为打开模式。

第六步：在"主页"下选择"文本框"，将文本框插入报表视图的合适位置，设置文本为"汽车制造行业净利润分析看板"，并进行字体、字号等相关设置。至此，可视化看板制作完成，如图6.3.6所示。

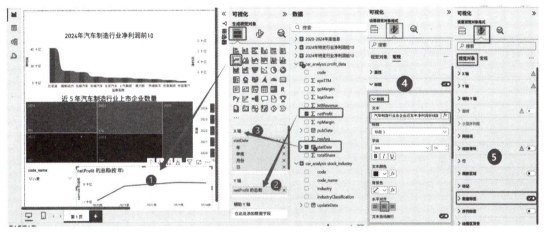

图6.3.5　折线图设置

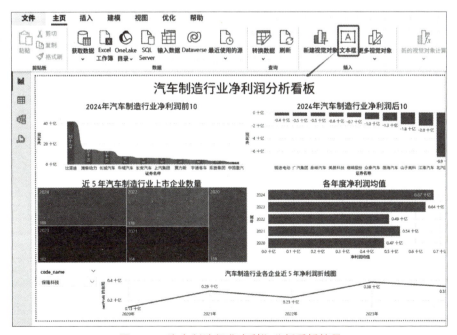

图6.3.6　汽车制造行业净利润分析看板效果

**固知识技能**

### 绘图题

使用Power BI连接MySQL数据库，利用存储在数据库中的汽车制造行业上市企业偿债能力数据以及切片器和折线图，分析各个企业5年来资产负债率的变化情况。

# AI赋能企业税务合规核查预警

在我国财税管理领域，确保税务合规的一个核心原则是"四流合一"，即要求企业的发票流、资金流、合同流和业务流必须完全对应和一致。具体要求如下。

- 合同流与业务流合一：每项业务活动都应遵循合同条款，合同执行情况应与业务记录一致。
- 发票流与业务流合一：每一张发票都应与实际发生的业务活动相匹配。
- 资金流与发票流合一：每个客户或供应商的资金流入或流出都应与相关的发票对应。

"四流合一"原则的核心作用在于确保税务合规，有效防止虚开发票和逃税行为，同时提升企业的财务管理水平和内部控制能力。税务机关将"四流合一"作为企业财税工作的基本合规要求，并依据这一要求对存有疑点的项目进行重点审查，进而评估企业的税务合规状况。企业税务合规核查牵涉的部门与涉及的数据流如图7.0.1所示。

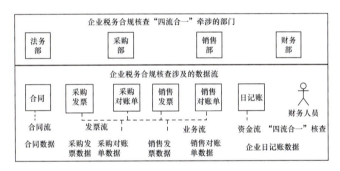

图7.0.1 企业税务合规核查牵涉的部门与涉及的数据流

目前，许多小微企业使用Excel进行税务合规核查，具体解决思路如图7.0.2所示。每月，采购部、销售部、法务部需根据财务部的要求，从各自的系统中导出Excel格式的合同流和业务流数据并进行汇总，财务部再导出资金流和发票流数据，共同进行数据比对。比对结果交给财务经理，由其分析数据，若发现"四流"数据不一致的问题，形成财务核查通知，通知业务部门进行原因汇报和整改。

图7.0.2 基于Excel的税务合规核查思路

这种基于Excel的税务合规核查对小微企业而言，由于数据量不大，工作量相对较小，企业尚能应对。然而，随着业务量的增长，数据量的迅速增加导致用工成本不断增加，数据协调配合困难，监督制度不完善导致出现管理漏洞，这些都可能造成"四流"数据不一致。

在企业财务人员数字素养较低的情况下，企业可能需要支出更多因数据核算量增加而增加的用工成本，承担多部门手工导出和汇总数据可能导致的人为错误（如数据录入错误、格式不一致等）。业务量大时只能进行抽样核查，无法全面覆盖所有数据，可能遗漏潜在问题，增加舞弊风险。企业可以考虑投入更多资金购买ERP系统，但这会增加运营成本。

在着力提升财务人员数字素养的前提下，企业可以充分借助大数据技术，以相对较低的成本实现企业税务合规核查工作的高效开展，并有力推动业务流程的持续优化。只需编写一次脚本，每月重复执行该脚本，即可发现每月的异常业务并完成预警，工作量大幅减少，成本也会大幅降低。具体解决思路如图7.0.3所示。

图7.0.3　基于大数据技术的税务合规核查思路

财务人员在执行企业税务合规核查任务期间，可依照如下步骤有序推进：第一步，依据业务逻辑全面考虑合规核查可能发现的异常情形，并规划查询该类异常需要用到的大数据技术；第二步，明确开展核查工作所需的数据表有哪些，构建用于核查的数据集；第三步，选择合适的方法将参与核查的数据集进行有效连接，深度挖掘并精准锁定异常；第四步，基于核查结果生成财务核查通知，交付相关部门开展追踪与进一步核查工作，确保企业税务合规工作的全面性、准确性与高效性，有效降低企业税务风险，助力企业在合规的轨道上稳健运营与持续发展。这4个步骤可用图7.0.4概括。

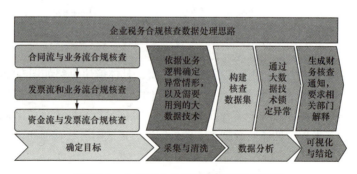

图7.0.4　企业税务合规核查数据处理思路

本项目中的3个任务皆有一定的复杂性。鉴于此，我们引入了AI工具辅助编程，旨在降低大数据处理方面的难度。需要强调的是，本书中给出的仅是可用于参考的提示词。提示词并非固定、唯一的，财务人员随着自身专业功底的提升，可以自行编写提示词。同时，还应当留意，不同的AI工具在面对相同任务需求时，有可能给出不一样的代码；即便使用同一种AI工具，在多次进行提问的情况下，其给出的代码也可能存在差异。所以，我们必须依靠自身扎实的技术基础以及对业务逻辑的深刻理解来进行判断。要清楚地认识到，AI并非总是完全正确的，我们绝不能毫无底线地依赖它，而是要始终保持理性、客观的态度，将其作为辅助我们工作的一种手段。

# 任务一 合同流与业务流一致性核查

动画 7.1

## 学习目标

【知识目标】熟悉企业业务场景下合同表、销售发票表、采购发票表的结构，理解各字段的含义；掌握运用WHERE子句、DISTINCT关键字以及右连接方法实现企业异常数据核查的方法。

【技能目标】能借助AI编写合同流与业务流一致性核查的SQL代码，准确找出合同流与业务流不一致的客户、供应商信息；规范编写财务核查通知，能清晰反馈问题。

【素质目标】构建批判性思维，增强对AI工具的风险认知与甄别能力；增强自身专业判断能力。

## 德技并修

**小强**：学长，如今在工作中，AI的应用愈发广泛了，然而我心里却总有一种不踏实的感觉。

**大富学长**：确实如此，AI在助力工作效率提升方面成效显著，但我们在使用它的过程中确实需要保持谨慎。2024年9月，全国网络安全标准化技术委员会发布了《人工智能安全治理框架》，其中提及的相关事项值得我们高度重视。一方面，社会公众应提高对AI产品安全风险的认识，在选择用于辅助工作的AI工具时，务必挑选信誉良好的产品。另一方面，我们需要深入了解产品的各项情况，包括其具备的功能、存在的限制以及隐私政策等，要准确认知AI产品在做出判断决策时的局限性。要知道，AI并非万无一失，也会出现差错，所以我们必须依靠自身的专业知识，对其运行结果进行判断，从而掌握主动权，而不是盲目地全盘接受AI的判断。

## 来自企业的技能任务

深圳市云服务科技有限公司是一家网络广告企业，它为业界提供众多广告服务，同时也存在购买其他公司服务的情况。在销售及采购业务中，该公司均会签订合同，且签订的皆为框架合同。

已知公司所有数据都存储在数据库dcompany中，且公司将所签合同信息统一存放在合同表ht内，此表存储了合同签订日期、合同起始日期等信息，假设合同从起始日期当月（整月）开始生效且默认所有合同自动续签（限定条件便于筛选数据，现实业务可能很复杂，这里无须过度关注限定条件，重在理解问题解决思路）。当合同表的销售方名称列中存储的是"深圳市云服务科技有限公司"时，表明该行记录为销售合同信息，此时对应的采购方名称列则存储的是与该公司（我方）签订采购合同的客户名称。

该公司将每月实际发生的销售业务存储在销售发票表中，此表的购买方名称存储着本月与其发生实际销售业务的客户，实际工作中会存在销售人员完成了销售但是没有签订合同的情况。

鉴于企业的每一项销售业务活动都需遵循销售合同条款，销售合同的执行情况必须与销售业务记录相符，因此，每月财务部都需要对企业的合同表和销售发票表进行核对，以确保向客户提供的每一项销售业务都有相应的销售合同作为依据。这样的工作非常烦琐，如果使用大数据技术，则能够实现"一次操作，永久有效"，从而避免每月都要核查。

请运用之前所学的知识，完成对深圳市云服务科技有限公司合同流与业务流一致性的合规检查，并据此生成财务核查通知。

| 序号 | 岗位技能要求 | 对应企业任务 |
|---|---|---|
| 1 | 借助AI工具，完成合同流与业务流的一致性核查 | 【任务7.1.1】协助企业财务部查找出2025年1月未签订合同的销售业务，并基于此生成财务核查通知 |

 **练知识技能**

## 一、合同流与业务流一致性核查流程设计

每月末，企业例行开展全面检查工作，旨在确保采购业务及销售业务均已签订合法有效的合同，维护企业经营活动的规范性和稳定性。在当前业务情境下，企业与合作方所签订的合同为框架合同，此类合同着重明确了合作的基础框架、业务范畴、权利义务关系等关键要素，但未设定明确的金额上限。此举旨在为双方的合作提供充分的灵活性，以更好地适应市场变化和业务发展的动态需求。

企业数据库内设有一个专门的合同表ht，此表存储了企业全部的合同信息。其具体结构如表7.1.1所示，所有数据如图7.1.1所示。在ht表中，xsfmc列为"深圳市云服务科技有限公司"的记录属于销售合同。

表7.1.1　　　　　　　　　　　　合同表ht的具体结构

| 列名 | 数据类型 | 是否为空 | 备注 |
|---|---|---|---|
| htbh | VARCHAR(20) | NOT NULL | 合同编号，主键 |
| xsfmc | VARCHAR(40) | NOT NULL | 销售方名称 |
| cgfmc | VARCHAR(40) | NOT NULL | 采购方名称 |
| htnc | VARCHAR(40) | NOT NULL | 合同名称 |
| htqdr | DATE | NOT NULL | 合同签订日期 |
| htqsr | DATE | NOT NULL | 合同起始日期 |
| zdxq | CHAR(2) | NOT NULL | 到期是否自动续签 |
| htnr | VARCHAR(40) | NOT NULL | 合同内容 |
| kppm | VARCHAR(40) | NOT NULL | 开票票目 |

| htbh | xsfmc | cgfmc | htnc | htqdr | htqsr | zdxq | htnr | kppm |
|---|---|---|---|---|---|---|---|---|
| HTCG001 | 速答数科（南京）科技有限公司 | 深圳市云服务科技有限公司 | XXXX项目服务合同 | 2023-01-02 | 2023-01-02 | 是 | 购买XXXX项目服务合同 | *现代服务 |
| HTCG002 | 湖南五彩科技有限公司 | 深圳市云服务科技有限公司 | XXXX项目服务合同 | 2023-01-02 | 2023-01-02 | 是 | 购买XXXX项目服务合同 | *现代服务 |
| HTCG004 | 贵州岳岷科技有限公司 | 深圳市云服务科技有限公司 | XXXX项目服务合同 | 2023-01-02 | 2023-01-02 | 是 | 购买XXXX项目服务合同 | *现代服务 |
| HTCG005 | 海南网捷数据网络发展有限公司 | 深圳市云服务科技有限公司 | XXXX项目服务合同 | 2023-01-02 | 2023-01-02 | 是 | 购买XXXX项目服务合同 | *现代服务 |
| HTXS001 | 深圳市云服务科技有限公司 | 浙江一鸣文化创意有限公司 | XXXX项目服务合同 | 2023-01-02 | 2023-01-02 | 是 | 销售XXXX项目服务合同 | *现代服务 |
| HTXS002 | 深圳市云服务科技有限公司 | 东莞市创云科技有限公司 | XXXX项目服务合同 | 2023-01-02 | 2023-01-02 | 是 | 销售XXXX项目服务合同 | *现代服务 |
| HTXS003 | 深圳市云服务科技有限公司 | 深圳市聚宝汽车服务有限公司 | XXXX项目服务合同 | 2023-01-02 | 2023-01-02 | 是 | 销售XXXX项目服务合同 | *现代服务 |
| HTXS004 | 深圳市云服务科技有限公司 | 深圳市江城科技有限公司 | XXXX项目服务合同 | 2023-01-02 | 2023-01-02 | 是 | 销售XXXX项目服务合同 | *现代服务 |
| HTXS005 | 深圳市云服务科技有限公司 | 深圳市联和创造科技有限公司 | XXXX项目服务合同 | 2023-01-02 | 2023-01-02 | 是 | 销售XXXX项目服务合同 | *现代服务 |
| HTXS006 | 深圳市云服务科技有限公司 | 云南藟鑫信息有限公司 | XXXX项目服务合同 | 2023-01-03 | 2023-01-03 | 是 | 销售XXXX项目服务合同 | *现代服务 |
| HTXS007 | 深圳市云服务科技有限公司 | 深圳市骏丰汽车销售有限公司 | XXXX项目服务合同 | 2023-01-03 | 2023-01-03 | 是 | 销售XXXX项目服务合同 | *现代服务 |
| HTXS010 | 深圳市云服务科技有限公司 | 天任财产保险股份有限公司 | XXXX项目服务合同 | 2023-01-03 | 2023-01-03 | 是 | 销售XXXX项目服务合同 | *现代服务 |

图7.1.1　合同表ht的所有数据

企业数据库中有一个专门的销售发票表xs，它存储了企业所有的销售发票信息。该表的具体结构如表7.1.2所示。此外，图7.1.2展示了xs表中按kprq降序排列的前10条记录。

表7.1.2　　　　　　　　　　　　销售发票表xs的具体结构

| 列名 | 数据类型 | 是否为空 | 备注 |
| --- | --- | --- | --- |
| sdph | VARCHAR(40) | NOT NULL | 数电票号码，主键 |
| xfsbh | VARCHAR(40) | NOT NULL | 销售方识别号 |
| xfmc | VARCHAR(40) | NOT NULL | 销售方名称 |
| gfsbh | VARCHAR(40) | NOT NULL | 购买方识别号 |
| gmfmc | VARCHAR(40) | NOT NULL | 购买方名称 |
| kprq | DATE | NOT NULL | 开票日期 |
| hwhyslwmc | VARCHAR(40) | NOT NULL | 货物或应税劳务名称 |
| ggxh | VARCHAR(40) | NOT NULL | 规格型号 |
| dw | VARCHAR(40) | NOT NULL | 单位 |
| sl1 | INT | NOT NULL | 数量 |
| dj | DECIMAL(10,2) | NOT NULL | 单价 |
| je | DECIMAL(10,2) | NOT NULL | 金额 |
| sl2 | DECIMAL(4,3) | NOT NULL | 税率 |
| se | DECIMAL(10,2) | NOT NULL | 税额 |
| jshj | DECIMAL(10,2) | NOT NULL | 价税合计 |

| sdph | xfsbh | xfmc | gfsbh | gmfmc | kprq | hwhyslwmc | ggxh | dw | sl1 | dj | je | sl2 | se | jshj |
| --- | --- | --- | --- | --- | --- | --- | --- | --- | --- | --- | --- | --- | --- | --- |
| 2502099 | 91440300MA50 | 深圳市云服务科技有 | 3149900228 | 东莞市创云科技有 | 2025-02-01 | *现代服务*服务费 | 个 | 1 | 141509.43 | 141509.43 | 0.06 | 8490.57 | 150000 |
| 2501092 | 91440300MA50 | 深圳市云服务科技有 | 3149900202 | 深圳市江城科技有 | 2025-01-31 | *现代服务*服务费 | 个 | 1 | 188679.25 | 188679.25 | 0.06 | 11320.75 | 200000 |
| 2501062 | 91440300MA50 | 深圳市云服务科技有 | 3149900170 | 深圳市联和创造科 | 2025-01-31 | *现代服务*服务费 | 个 | 1 | 282049.46 | 282049.46 | 0.06 | 16922.97 | 298972.43 |
| 2501037 | 91440300MA50 | 深圳市云服务科技有 | 3149900166 | 深圳市远景科技有 | 2025-01-31 | *现代服务*服务费 | 个 | 1 | 532923.58 | 532923.58 | 0.06 | 31975.42 | 564899 |
| 2501036 | 91440300MA50 | 深圳市云服务科技有 | 3149900166 | 深圳市远景科技有 | 2025-01-31 | *现代服务*服务费 | 个 | 1 | 570850 | 570850 | 0.06 | 34251 | 605101 |
| 2501063 | 91440300MA50 | 深圳市云服务科技有 | 3149900170 | 深圳市联和创造科 | 2025-01-31 | *现代服务*服务费 | 个 | 1 | 551659.43 | 551659.43 | 0.06 | 33099.57 | 584759 |
| 2501093 | 91440300MA50 | 深圳市云服务科技有 | 3149900202 | 深圳市江城科技有 | 2025-01-31 | *现代服务*服务费 | 个 | 1 | 188679.25 | 188679.25 | 0.06 | 11320.75 | 200000 |
| 2501061 | 91440300MA50 | 深圳市云服务科技有 | 3149900170 | 深圳市联和创造科 | 2025-01-30 | *现代服务*服务费 | 个 | 1 | 47818.86 | 47818.86 | 0.06 | 2869.13 | 50687.99 |
| 2501027 | 91440300MA50 | 深圳市云服务科技有 | 3149900145 | 云南鼎鑫信息科技 | 2025-01-30 | *现代服务*服务费 | 个 | 1 | 901394.34 | 901394.34 | 0.06 | 54083.66 | 955478 |
| 2501091 | 91440300MA50 | 深圳市云服务科技有 | 3149900202 | 深圳市江城科技有 | 2025-01-30 | *现代服务*服务费 | 个 | 1 | 188679.25 | 188679.25 | 0.06 | 11320.75 | 200000 |

图7.1.2　按kprq降序排列的前10条记录

依据企业合同流与业务流一致性核查的业务逻辑，结合大数据技术设计的核查流程如图7.1.3所示。

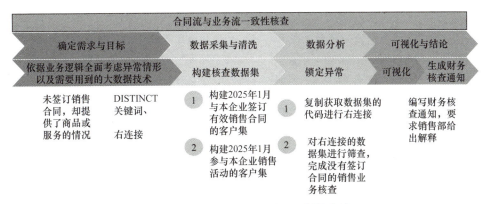

图7.1.3　企业合同流与业务流一致性核查流程

## 二、AI赋能合同流与业务流一致性核查

【**任务7.1.1**】协助企业财务部查找出2025年1月未签订合同的销售业务，并基于此生成财务核查通知。

### （一）确定需求与目标

第一步：了解需求。我们明确本次数据处理的核心目标是：找到没有签订销售合同但是存在销售业务的客户名称，并将客户信息反馈给销售部。

第二步：制订分析目标。这里我们锁定2025年1月的销售记录、合同签订记录作为分析目标。

第三步：选择工具和方法。这里我们选择使用SQL语句及Power BI。

### （二）数据采集与清洗

第一步：数据源确认。这里我们需要进行分析的数据是企业内部数据，且数据源于dcompany数据库的ht表、xs表。

第二步：数据提取与数据整合。参与分析的是两个数据集，以确定的数据表为依托，构建用于核查的数据集（可以理解为将数据清洗成符合要求的数据）。

（1）构建2025年1月与本企业签订有效销售合同的客户集。

 **AI赋能**

使用以下提示词可以让AI辅助生成具有指定功能的SQL代码。

请编写能在MySQL服务器上运行的SQL代码。
存在ht表，其中包含xsfmc、htbh、cgfmc数据列。
帮我从ht表中查找xsfmc是"深圳市云服务科技有限公司"的记录的htbh值、cgfmc值，并要求htqsr<='2025-01-31'。

下面是豆包AI编程助手依据提示词给出的参考代码之一，我们根据所学知识可判断该代码正确。

```
SELECT htbh, cgfmc                #查找合同编号、采购方名称（签订了合同的客户名称）
FROM ht
WHERE xsfmc = '深圳市云服务科技有限公司' AND htqsr <='2025-01-31';
```

（2）构建2025年1月参与本企业销售活动的客户集。

 **AI赋能**

使用以下提示词可以让AI辅助生成具有指定功能的SQL代码。

请编写能在MySQL服务器上运行的SQL代码。
帮助我从xs表中查找kprq为2025年1月的gmfmc列的所有数据，并消除重复项。

下面是豆包AI编程助手依据提示词给出的参考代码之一，我们根据所学知识可判断该代码正确。

```
SELECT DISTINCT gmfmc          #找到1月的销售记录后，显示购买了服务的客户名称，去除重复值
FROM xs
WHERE YEAR(kprq)= 2025 AND MONTH(kprq) = 1; #筛选出开票日期为2025年1月的销售记录
```

运行上述代码获取的2025年1月与本企业签订有效销售合同的客户集与参与本企业销售活动的客户集如图7.1.4所示，后续可以通过这两个表的右连接完成异常数据的定位。

| htbh | cgfmc | | gmfmc |
| --- | --- | --- | --- |
| ▶ HTXS001 | 浙江一鸣文化创意有限公司 | | ▶ 浙江一鸣文化创意有限公司 |
| HTXS002 | 东莞市创云科技有限公司 | | 云南趣鑫信息科技有限公司 |
| HTXS003 | 深圳市聚宝汽车服务有限公司 | | 天任财产保险股份有限公司 |
| HTXS004 | 深圳市江域科技有限公司 | | 深圳市远景科技有限公司 |
| HTXS005 | 深圳市联和创造科技有限公司 | | 深圳市联和创造科技有限公司 |
| HTXS006 | 云南趣鑫信息科技有限公司 | | 深圳市骏丰汽车销售服务有限公司 |
| HTXS007 | 深圳市骏丰汽车销售服务有限公司 | | 深圳市聚宝汽车服务有限公司 |
| HTXS010 | 天任财产保险股份有限公司 | | 深圳市江域科技有限公司 |
| | | | 深圳市达通科技有限公司 |
| | | | 东莞市创云科技有限公司 |

图7.1.4　2025年1月与本企业签订有效销售合同的客户集与参与本企业销售活动的客户集

## （三）数据分析

这里只要将2025年1月与本企业签订有效销售合同的客户集和参与本企业销售活动的客户集进行右连接，当2025年1月参与本企业销售活动的客户集对应的合同编号为空时，说明针对该客户的销售业务没有签订合同，为异常数据。

---

 **AI赋能**

我们可以复制上述步骤生成的两段代码，使用AI工具辅助完成两个数据集的右连接，可参考的提示词如下。

请编写能在MySQL服务器上运行的SQL代码。
帮我将左表l(
SELECT htbh, cgfmc
FROM ht
WHERE xsfmc = '深圳市云服务科技有限公司'  AND htqsr <= '2025-01-31';)
与右表r(
SELECT DISTINCT gmfmc
FROM xs
WHERE YEAR(kprq) = 2025 AND MONTH(kprq) = 1;)
基于左表的cgfmc、右表的gmfmc进行右连接。

---

下面是豆包AI编程助手依据提示词给出的参考代码之一，我们根据所学知识可判断该代码正确。

```
SELECT l.htbh, l.cgfmc, r.gmfmc
FROM
    (SELECT htbh, cgfmc
     FROM ht
     WHERE xsfmc = '深圳市云服务科技有限公司 'AND htqsr <= '2025-01-31') AS l
# 使用RIGHT JOIN进行右连接操作
RIGHT JOIN
    (SELECT DISTINCT gmfmc
     FROM xs
     WHERE YEAR(kprq) = 2025 AND MONTH(kprq) = 1) AS r
# 指定连接条件，基于左表的cgfmc和右表的gmfmc进行匹配
ON l.cgfmc = r.gmfmc;
```

将该段代码在编译器中运行，结果如图7.1.5所示，其中显示了我方企业同深圳市远景科技有限公司、深圳市达通科技有限公司之间存在未签订销售合同却提供商品或服务的现象。该情况不符合规定，因此需要销售部对此做出解释，并进行相应整改，避免类似问题再次出现。

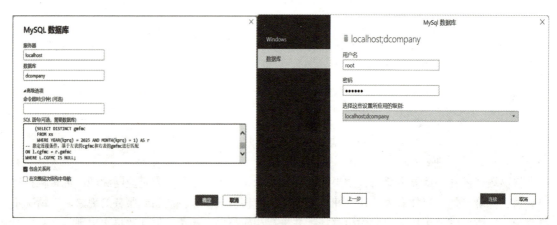

图7.1.5　右连接实现销售合同流与销售业务流一致性核查的中间结果

我们在上述代码的基础上增加"WHERE l.cgfmc IS NULL;"语句进行筛选，运行结果如图7.1.6所示，达成了预警客户的精准定位。

```
SELECT l.htbh, l.cgfmc, r.gmfmc
FROM
    (SELECT htbh, cgfmc
     FROM ht
     WHERE xsfmc = '深圳市云服务科技有限公司' AND htqsr <= '2025-01-31') AS l
# 使用 RIGHT JOIN 进行右连接操作
RIGHT JOIN
    (SELECT DISTINCT gmfmc
     FROM xs
     WHERE YEAR(kprq) = 2025 AND MONTH(kprq) = 1) AS r
# 指定连接条件，基于左表的 cgfmc 和右表的 gmfmc 进行匹配
ON l.cgfmc = r.gmfmc
WHERE l.cgfmc IS NULL;
```

图7.1.6　2025年1月没有签订销售合同却提供了商品或服务的客户集

## （四）可视化与结论

第一步：新建空白报告"税务合规核查"，并选择连接MySQL数据库。

第二步：将编写好的SQL代码复制并粘贴到"SQL语句"文本框中，并据实填写要连接的数据库的用户名和密码，如图7.1.7所示。

图7.1.7　MySQL数据库连接参数设置

第三步：保存报告文件，并设置文件名为"税务合规核查"，如图7.1.8所示。

第四步：双击"数据"窗格的第一个查询名称"查询1"，该名称处于可编辑状态，修改查询名称为"销售合同与销售业务预警"。

第五步：单击"可视化"窗格下"生成视觉对象"中的"多行卡"，即可在报表画布中显示一个多行卡。

第六步：将"数据"窗格中的gmfmc列拖到"可视化"窗格的"字段"处，即可显示销售业务预警客户，如图7.1.9所示。

第七步：单击"可视化"窗格的"设置视觉对象格式"，在"视觉对象"的"卡"中设置标题文字大小为18，格式为斜体。

第八步：选择"可视化"窗格中"设置视觉对象格式"下的"常规"，设置标题"文本"为"销售合同与销售业务预警"，显示的文字大小为20，格式为加粗。

图7.1.8　保存报告文件

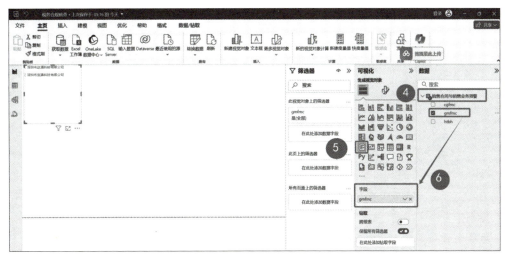

图7.1.9　显示销售业务预警客户

第九步：选择"可视化"窗格中"设置视觉对象格式"下的"常规"，选择"自定义间距"，设置标签和值之间的空格（像素）为10，如图7.1.10所示。

第十步：最终的可视化结果如图7.1.11所示，财务人员可以依据核查结果编写财务核查通知。

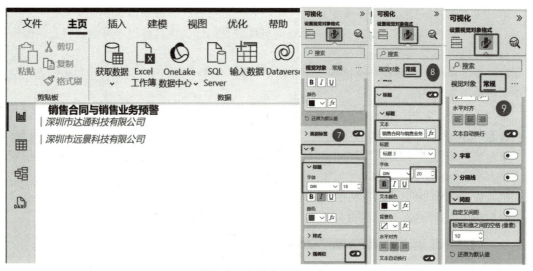

图7.1.10　销售合同与销售业务预警可视化设置

### 财务核查通知

销售部：

　　在2025年1月开展的财务数据合规核查工作中，经详细审查发现，我司与深圳市远景科技有限公司、深圳市达通科技有限公司之间存在未签订销售合同却已提供商品或服务的现象。此情况严重违反了企业的规范流程，对财务数据的准确性和合规性产生了不良影响。

　　现要求销售部即刻展开深入调查，对未签订销售合同的原因进行详细说明，并于2月5日之前向财务部提交书面解释报告。望销售部高度重视此问题，积极配合后续的整改工作，确保类似情况不再发生。

财务部

2025年2月2日

**销售合同与销售业务预警**
深圳市达通科技有限公司
深圳市远景科技有限公司

图7.1.11　销售合同与销售业务预警可视化结果

**💡小知识**

　　后续企业每月例行开展销售合同流与销售业务流的一致性核查工作时，只需对SQL代码进行简单的修改即可得到想要的可视化结果。以得到2025年2月的预警结果为例，具体步骤如下。

　　第一步，右击图7.1.9所示的查询名称，在弹出的快捷菜单中选择"编辑查询"。

第二步，在打开的查询界面中修改关键数据。如图7.1.12所示，将"2025-01-31"改成"2025-02-28"，"1"改成"2"，则可视化图形的数据会立刻依照企业数据库的实际情况进行更新，完成2月异常数据的核查。

图7.1.12　关键代码修改示例

## 拓知识技能

### 综合题

已知数据库dcompany中有一个专门的采购发票表cg，它存储了深圳市云服务科技有限公司所有的采购发票信息，dw列存储的是供应商名称。该表的具体结构如表7.1.3所示。此外，图7.1.13展示了按kprq降序排列的cg表中的前5条记录。

表7.1.3　　　　　　　　　　　采购发票表cg的具体结构

| 列名 | 数据类型 | 是否为空 | 备注 |
| --- | --- | --- | --- |
| dw | VARCHAR(40) | NOT NULL | 对方单位 |
| sbh | VARCHAR(40) | NOT NULL | 对方识别号 |
| fp | VARCHAR(40) | NOT NULL | 发票号码，主键 |
| fs | INT | NOT NULL | 份数 |
| kprq | DATE | NOT NULL | 开票日期 |
| kpje | DECIMAL(10,2) | NOT NULL | 开票金额 |
| se | DECIMAL(10,2) | NOT NULL | 税额 |
| jshj | DECIMAL(10,2) | NOT NULL | 价税合计 |
| kpnr | VARCHAR(40) | NOT NULL | 开票内容 |

| dw | sbh | fp | fs | kprq | kpje | se | jshj | kpnr |
| --- | --- | --- | --- | --- | --- | --- | --- | --- |
| 湖南五彩科技有限公司 | 91440300MA500000 | 24562000000000002 | 1 | 2025-02-02 | 1419811.32 | 85188.68 | 1505000 | *现代服务*服务费 |
| 贵州岳岷科技有限公司 | 91440300MA500000 | 24562000000000000 | 1 | 2025-01-31 | 95893.4 | 5753.6 | 101647 | *现代服务*服务费 |
| 贵州岳岷科技有限公司 | 91440300MA500000 | 24562000000000000 | 1 | 2025-01-31 | 168767.92 | 10126.08 | 178894 | *现代服务*服务费 |
| 速答数科（南京）科技有限公司 | 91440300MA500000 | 24562000000000000 | 1 | 2025-01-31 | 94339.62 | 5660.38 | 100000 | *现代服务*服务费 |
| 贵州岳岷科技有限公司 | 91440300MA500000 | 24562000000000000 | 1 | 2025-01-31 | 630416.04 | 37824.96 | 668241 | *现代服务*服务费 |

图7.1.13　按kprq降序排列的前5条记录

请完成对深圳市云服务科技有限公司采购合同流与采购业务流一致性的核查，并据此生成财务核查通知。

# 任务二　发票流与业务流一致性核查

动画7.2

 **学习目标**

【知识目标】理解发票流与业务流一致性核查的流程及实施方法。

【技能目标】能借助AI编写发票流与业务流一致性核查的SQL代码，精准找出金额不一致的客户或供应商信息。

【素质目标】谨慎进行信息交互，提升信息安全意识。

**德技并修**

**小强：**学长，在核对发票流和业务流的时候，有些核查代码太难我写不出，有些代码写出来了又怕是错误的，总是想求助AI，但是我和AI对话的时候会不会把企业的重要信息泄露了啊？

**大富学长：**确实可能会泄露。在借助AI开展业务的过程中，首要任务便是强化信息保护意识，尤其是在与智能体进行交互时，务必要谨慎，防止企业重要信息被泄露。以发票流和业务流核查工作为例，此项工作涉及诸多企业及客户的关键信息，绝不可随意将其上传至AI工具中。实际上，只要我们掌握恰当的方法，即精准提炼出核查工作中必须运用的数据列名称，并依托自身扎实的专业知识，合理引导AI为我们提供帮助，便可在利用AI的同时，有效避免企业重要信息泄露的风险。

**来自企业的技能任务**

深圳市云服务科技有限公司将每月实际发生的销售业务存储在销售发票表xs中，此表存储着本月实际发生的销售业务。销售对账单表xsdzd存储的是销售发票表中每一笔销售业务对应的销售对账单。

每月，财务部都要对企业的销售发票表和销售对账单表进行核对，以确保向客户提供的每一张销售发票上的金额与对应的销售对账单金额相符。

| 序号 | 岗位技能要求 | 对应企业任务 |
|---|---|---|
| 1 | 完成发票流与业务流的一致性核查 | 【任务7.2.1】帮助企业财务部找到2025年1月销售发票金额和对应的销售对账单金额不一致的客户信息，并生成财务核查通知 |

 **练知识技能**

## 一、发票流与业务流一致性核查流程设计

每月的财务例行检查工作对企业而言至关重要，它是保障企业财务工作严谨性以及业务运营

规范化的关键环节。该项工作的重点在于确认企业开出的每一张销售发票上显示的金额，能否和实际为客户提供商品或服务获得的收入金额精准匹配。

在进行金额核对时，倘若出现不一致的状况，无论是销售发票金额与对应销售对账单金额合计不相等，还是存在开具了销售发票却漏填销售对账单，抑或是提供了商品或服务并录入了销售对账单却未开具销售发票等情况，财务部都有着不可推卸的责任。这时，财务部应即刻展开详细调查，锁定出现问题的相关记录。随后，及时将问题清晰地传达给销售部，要求其务必高度重视，认真分析出现问题的根源，并向财务部提供一份合理、详细的解释，从而为后续的问题解决及流程优化提供有力依据，共同维护企业健康、有序的运营环境。

对小企业来说，可能只需要用Excel表格就能完成每个月的发票金额和销售业务的核对工作。但是，随着企业越做越大，交易越来越多，人工对Excel表格进行数据查询和核对就不太现实了。SQL能帮助财务人员快速地从大量的数据中找到他们需要的信息，而且能减少人为错误。所以，随着业务量的增长，采用SQL来处理财务核对工作会是更高效的选择。

企业数据库dcompany中的xs表结构，我们在本项目的任务一中已经了解，下面对销售对账单表xsdzd进行详细分析。表7.2.1记录了其具体结构，图7.2.1展示了其中按照送货日期shrq降序排列的前10条记录。

表7.2.1　　　　　　　　　　　　　　销售对账单表xsdzd的具体结构

| 列名 | 数据类型 | 是否为空 | 备注 |
| --- | --- | --- | --- |
| lsh | INT | NOT NULL | 流水号，主键 |
| sdphm | VARCHAR(40) | | 数电票号码 |
| xfsbh | VARCHAR(40) | NOT NULL | 销售方识别号 |
| xfmc | VARCHAR(40) | NOT NULL | 销售方名称 |
| gfsbh | VARCHAR(40) | NOT NULL | 购买方识别号 |
| gfmc | VARCHAR(40) | NOT NULL | 购买方名称 |
| shrq | DATE | NOT NULL | 送货日期，也是开票日期 |
| spqm | VARCHAR(40) | NOT NULL | 商品全名 |
| dw | VARCHAR(40) | NOT NULL | 单位 |
| sl | INT | NOT NULL | 数量 |
| hsdj | DECIMAL(10,2) | NOT NULL | 货税单价：包括税费的商品单价 |
| hsje | DECIMAL(10,2) | NOT NULL | 货税金额=价税合计数量×货税单价 |
| bz | VARCHAR(40) | NOT NULL | 备注 |
| xlh | INT | NOT NULL | 序列号，一个数电票号码可以含有多笔订单，各订单以1、2、3等序号区分 |

| ish | sdphm | xfsbh | xfmc | gfsbh | gfmc | shrq | spqm | dw | sl | hsdj | hsje | bz | xlh |
|---|---|---|---|---|---|---|---|---|---|---|---|---|---|
| 118 | 2502099 | 91440300MA50( | 深圳市云服务科技 | 3149900228 | 东莞市创云科技有 | 2025-02-01 | 服务费 | 个 | 1 | 150000 | 150000 | *现代服务*服务费 | 1 |
| 71 | 2501062 | 91440300MA50( | 深圳市云服务科技 | 3149900170 | 深圳市联和创造科 | 2025-01-31 | 服务费 | 个 | 1 | 298972.43 | 298972.43 | *现代服务*服务费 | 1 |
| 108 | 2501093 | 91440300MA50( | 深圳市云服务科技 | 3149900202 | 深圳市江域科技有 | 2025-01-31 | 服务费 | 个 | 1 | 90000 | 90000 | *现代服务*服务费 | 1 |
| 39 | 2501036 | 91440300MA50( | 深圳市云服务科技 | 3149900166 | 深圳市远域科技有 | 2025-01-31 | 服务费 | 个 | 1 | 605101 | 605101 | *现代服务*服务费 | 1 |
| 109 | 2501093 | 91440300MA50( | 深圳市云服务科技 | 3149900202 | 深圳市江域科技有 | 2025-01-31 | 服务费 | 个 | 1 | 110000 | 110000 | *现代服务*服务费 | 2 |
| 120 | | 91440300MA50( | 深圳市云服务科技 | 3149900202 | 深圳市江域科技有 | 2025-01-31 | 服务费 | 个 | 1 | 110000 | 110000 | *现代服务*服务费 | (Null) |
| 72 | 2501063 | 91440300MA50( | 深圳市云服务科技 | 3149900170 | 深圳市联和创造科 | 2025-01-31 | 服务费 | 个 | 1 | 584759 | 584759 | *现代服务*服务费 | 1 |
| 40 | 2501037 | 91440300MA50( | 深圳市云服务科技 | 3149900166 | 深圳市远域科技有 | 2025-01-31 | 服务费 | 个 | 1 | 564899 | 564899 | *现代服务*服务费 | 1 |
| 107 | 2501092 | 91440300MA50( | 深圳市云服务科技 | 3149900202 | 深圳市江域科技有 | 2025-01-31 | 服务费 | 个 | 1 | 200000 | 200000 | *现代服务*服务费 | 1 |
| 70 | 2501061 | 91440300MA50( | 深圳市云服务科技 | 3149900170 | 深圳市联和创造科 | 2025-01-30 | 服务费 | 个 | 1 | 50687.99 | 50687.99 | *现代服务*服务费 | 1 |

图7.2.1　销售对账单表xsdzd中按照shrq降序排列的前10条记录

依据企业发票流与业务流一致性核查的业务逻辑，结合大数据技术设计的核查流程如图7.2.2所示。

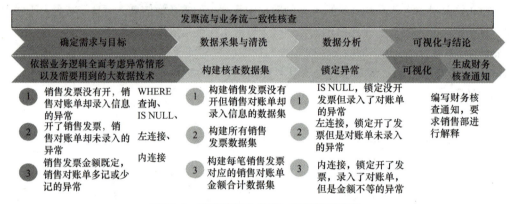

图7.2.2　发票流与业务流一致性核查流程

# 二、AI赋能发票流与业务流一致性核查

【任务7.2.1】帮助企业财务部找到2025年1月销售发票金额和对应的销售对账单金额不一致的客户信息，并生成财务核查通知。

## （一）确定需求与目标

第一步：了解需求。我们明确本次数据处理的核心目标是找到3类销售异常的客户，并将这些客户信息反馈给销售部。这3类异常如下。

（1）没有开具销售发票却有销售对账单的异常。在此种情况下，我们能够通过判断销售对账单表的sdphm列是否为空，来发现此类异常。

（2）开具了销售发票却没有开具销售对账单的异常。在此种情况下，可使用左连接的方式来发现异常。

（3）开具了销售发票且开具了销售对账单，但是金额不相等的异常。当销售发票金额确定，然而销售对账单却出现多记或者少记金额的异常情况时，可以使用内连接的方式来发现此类异常。

第二步：制订分析目标。这里我们锁定2025年1月的销售记录、销售对账单记录作为分析目标。

第三步：选择工具和方法。这里我们选择使用SQL语句及Power BI。

## （二）数据采集与清洗

第一步：数据源确认。这里我们需要进行分析的数据是企业内部数据，且数据源于

dcompany数据库的xs表、xsdzd表。

第二步：数据提取与数据整合。

（1）查找"没有开具销售发票却有销售对账单"的异常。可以直接通过判断xsdzd表的sdphm列是否为空来发现异常，具体代码如下。代码运行结果如图7.2.3所示。

```
# 没有开具销售发票却有销售对账单的异常（第一类异常）核查代码
SELECT sdphm AS 数电票号码，gfsbh AS 购买方识别号，gfmc AS 购买方名称，shrq AS 开票日期，hsje AS 价税合计
FROM xsdzd
WHERE sdphm IS NULL AND MONTH(shrq)=1 AND YEAR(shrq)=2025;
```

| 数电票号码 | 购买方识别号 | 购买方名称 | 开票日期 | 价税合计 |
|---|---|---|---|---|
| (Null) | 3149900202 | 深圳市江域科技有 | 2025-01-10 | 100000 |
| (Null) | 3149900202 | 深圳市江域科技有 | 2025-01-11 | 110000 |

图7.2.3　没有开具销售发票却有销售对账单的异常（第一类异常）

（2）构建2025年1月所有销售发票数据集：从xs表中筛选出2025年1月的销售发票数据，并找出每张销售发票（xs表中的数电票号码 sdph）对应的价税合计jshj，以及该张发票对应的购买方识别号gfsbh、购买方名称gmfmc、开票日期kprq。

🚩 AI赋能

　使用以下提示词可以让AI辅助生成具有指定功能的SQL代码。

请编写能在 MySQL 服务器上运行的 SQL 代码。
存在 xs 表，其中包含 gfsbh、gmfmc、kprq（为 DATE 类型）数据列。
从 xs 表中筛选 2025 年 1 月的数据，并显示 sdph、gfsbh、gmfmc、kprq、jshj 数据列。

　　下面是豆包AI编程助手依据提示词给出的参考代码之一，我们根据所学知识可判断该代码正确，运行结果如图7.2.4所示。

```
SELECT sdph, gfsbh, gmfmc, kprq, jshj
FROM xs
WHERE YEAR(kprq) = 2025 AND MONTH(kprq) = 1;
```

| sdph | gfsbh | gmfmc | kprq | jshj |
|---|---|---|---|---|
| 2501001 | 3149900133 | 浙江一鸣文化创意有限公司 | 2025-01-02 | 607375.55 |
| 2501002 | 3149900133 | 浙江一鸣文化创意有限公司 | 2025-01-05 | 796436.55 |
| 2501003 | 3149900133 | 浙江一鸣文化创意有限公司 | 2025-01-06 | 789006.57 |
| 2501005 | 3149900133 | 浙江一鸣文化创意有限公司 | 2025-01-08 | 10000 |
| 2501006 | 3149900133 | 浙江一鸣文化创意有限公司 | 2025-01-11 | 549046.86 |
| 2501007 | 3149900133 | 浙江一鸣文化创意有限公司 | 2025-01-12 | 998456.45 |
| 2501008 | 3149900133 | 浙江一鸣文化创意有限公司 | 2025-01-14 | 505011.45 |
| 2501009 | 3149900133 | 浙江一鸣文化创意有限公司 | 2025-01-14 | 499011.45 |
| 2501010 | 3149900133 | 浙江一鸣文化创意有限公司 | 2025-01-15 | 880676.45 |

图7.2.4　2025年1月所有销售发票数据集（前10条记录）

（3）构建2025年1月每笔销售发票对应的销售对账单金额合计数据集：计算xsdzd表2025年1月hsje列的金额合计情况。具体操作是，先从 xsdzd 表筛选出送货日期在2025年1月的数据记录，随后以sdphm作为分组依据，对hsje列运用求和函数进行汇总统计。具体代码可以自己编写，也可以通过提示词让AI辅助编写。

**AI赋能**

使用以下提示词可以让AI辅助生成具有指定功能的SQL代码。

请编写能在 MySQL 服务器上运行的 SQL 代码。
存在 xsdzd 表，其中包含 sdphm、shrq（为 DATE 类型）、hsje 数据列。
从 xsdzd 表中筛选 2025 年 1 月的数据，并将数据以 sdphm 分组，对 hsje 列求和。

下面是豆包AI编程助手依据提示词给出的参考代码，我们根据所学知识可判断该代码正确，运行结果如图7.2.5所示。

```
SELECT sdphm, SUM(hsje) AS total_hsje
FROM xsdzd
WHERE YEAR(shrq) = 2025 AND MONTH(shrq) = 1
GROUP BY sdphm;
```

| sdphm | total_hsje |
|---|---|
| 2501001 | 607375.55 |
| 2501002 | 796436.55 |
| 2501003 | 315602.63 |
| 2501005 | 6000 |
| 2501006 | 513046.86 |
| 2501007 | 998456.45 |
| 2501008 | 505011.45 |
| 2501009 | 499011.45 |
| 2501010 | 880676.45 |

图7.2.5 2025年1月每张销售发票对应的销售对账单金额合计数据集（前10条记录）

### （三）数据分析

（1）复制前一步构建两个数据集（见图7.2.4和图7.2.5）的代码，求助AI让其通过左表（见图7.2.4）的sdph与右表（见图7.2.5）的sdphm对两个数据集进行左连接。

 **AI赋能**

参考的提示词如下（务必注意以下左表、右表后括号内的代码是依据前述操作结果复制、粘贴上去的）。

请编写能在 MySQL 服务器上运行的 SQL 代码。
将左表 l（SELECT sdph, gfsbh, gmfmc, kprq, jshj
FROM xs
WHERE YEAR(kprq) = 2025 AND MONTH(kprq) = 1; ）
与右表 r（SELECT sdphm, SUM(hsje) AS total_hsje
FROM xsdzd
WHERE YEAR(shrq) = 2025 AND MONTH(shrq) = 1
GROUP BY sdphm; ）
以左表的 sdph 与右表的 sdphm 为连接列，进行左连接，并对 total_hsje 进行升序排列。

需要注意的是，对于复杂的问题，多次询问AI给出的代码有时候会不同，但是这些代码的最终功能是相同的。下面是豆包AI编程助手依据提示词给出的参考代码之一。

```
SELECT l.sdph, l.gfsbh, l.gmfmc, l.kprq, l.jshj, r.total_hsje
FROM (SELECT sdph, gfsbh, gmfmc, kprq, jshj FROM xs WHERE YEAR(kprq) = 2025
```

```
AND MONTH(kprq) = 1) AS l
-- 使用LEFT JOIN进行左连接操作
LEFT JOIN (SELECT sdphm, SUM(hsje) AS total_hsje FROM xsdzd WHERE YEAR(shrq)
= 2025 AND MONTH(shrq) = 1 GROUP BY sdphm) AS r
-- 指定连接条件，基于左表的 sdph 和右表的 sdphm 进行匹配
ON l.sdph = r.sdphm
-- 使用ORDER BY对total_hsje列进行升序排列
ORDER BY r.total_hsje ASC;
```

到编译器中运行代码，得到图7.2.6所示的结果（显示前10条记录）。据此可以发现"开具了销售发票却没有录入销售对账单""开具了销售发票且录入了销售对账单，但金额不相等"的异常。

| sdph | gfsbh | gmfmc | kprq | jshj | total_hsje |
|---|---|---|---|---|---|
| 2501016 | 3149900145 | 云南趣鑫信息科技 | 2025-01-05 | 680000 | (Null) |
| 2501029 | 3149900160 | 天任财产保险股份 | 2025-01-22 | 391010 | (Null) |
| 2501022 | 3149900145 | 云南趣鑫信息科技 | 2025-01-16 | 99814 | (Null) |
| 2501094 | 3149900226 | 深圳市达通科技有 | 2025-01-04 | 1000 | 1000 |
| 2501040 | 3149900170 | 深圳市联和创ново科 | 2025-01-03 | 5000 | 5000 |
| 2501005 | 3149900133 | 浙江一鸣文化创意 | 2025-01-08 | 10000 | 6000 |
| 2501021 | 3149900145 | 云南趣鑫信息科技 | 2025-01-12 | 12000 | 12000 |
| 2501033 | 3149900160 | 天任财产保险股份 | 2025-01-26 | 21360 | 21360 |
| 2501065 | 3149900196 | 深圳市骏丰汽车销 | 2025-01-03 | 25250 | 25250 |
| 2501064 | 3149900196 | 深圳市骏丰汽车销 | 2025-01-03 | 28000 | 28000 |

图7.2.6　左连接的结果（前10条记录）

（2）下面通过SQL语句"WHERE r.total_hsje IS NULL"，将开具了销售发票却没有录入销售对账单的异常分离出来，结果如图7.2.7所示。

```
# 开具了销售发票却没有录入销售对账单的异常（第二类异常）核查代码
SELECT l.sdph, l.gfsbh, l.gmfmc, l.kprq, l.jshj, r.total_hsje
FROM (SELECT sdph, gfsbh, gmfmc, kprq, jshj FROM xs WHERE YEAR(kprq) = 2025
AND MONTH(kprq) = 1) AS l
-- 使用LEFT JOIN进行左连接操作
LEFT JOIN (SELECT sdphm, SUM(hsje) AS total_hsje FROM xsdzd WHERE YEAR(shrq)
= 2025 AND MONTH(shrq) = 1 GROUP BY sdphm) AS r
-- 指定连接条件，基于左表的 sdph 和右表的 sdphm 进行匹配
ON l.sdph = r.sdphm
WHERE r.total_hsje IS NULL
-- 使用ORDER BY对total_hsje列进行升序排列
ORDER BY r.total_hsje ASC;
```

| sdph | gfsbh | gmfmc | kprq | jshj | total_hsje |
|---|---|---|---|---|---|
| 2501016 | 3149900145 | 云南趣鑫信息科技有限公司 | 2025-01-05 | 680000 | (Null) |
| 2501022 | 3149900145 | 云南趣鑫信息科技有限公司 | 2025-01-16 | 99814 | (Null) |
| 2501029 | 3149900160 | 天任财产保险股份有限公司 | 2025-01-22 | 391010 | (Null) |

图7.2.7　开具了销售发票却没有录入销售对账单的异常（第二类异常）

（3）继续修改SQL代码，将左连接改为内连接，增加差额列"l.jshj-r.total_hsje"，并增加语句"WHERE r.total_hsje IS NOT NULL AND l.jshj-r.total_hsje !=0"，筛选出开具了销售发票且开具了销售对账单，但是金额不相等的异常。代码运行结果如图7.2.8所示。

```
# 开具了销售发票且录入了销售对账单，但是金额不相等的异常（第三类异常）核查代码
SELECT l.sdph, l.gfsbh, l.gmfmc, l.kprq, l.jshj, r.total_hsje,l.jshj-r.total_hsje
FROM (SELECT sdph, gfsbh, gmfmc, kprq, jshj FROM xs WHERE YEAR(kprq) = 2025
AND MONTH(kprq) = 1) AS l
# 使用INNER JOIN进行内连接操作
```

```
INNER JOIN (SELECT sdphm, SUM(hsje) AS total_hsje FROM xsdzd WHERE YEAR(shrq)
= 2025 AND MONTH(shrq) = 1 GROUP BY sdphm) AS r
# 指定连接条件，基于左表的 sdph 和右表的 sdphm 进行匹配
ON l.sdph = r.sdphm
WHERE r.total_hsje IS  NOT NULL  AND l.jshj-r.total_hsje !=0
# 使用 ORDER BY 对 total_hsje 列进行升序排列
ORDER BY r.total_hsje ASC;
```

| sdph | gfsbh | gmfmc | kprq | jshj | total_hsje | l.jshj-r.total_hsje |
|------|-------|-------|------|------|-----------|---------------------|
| 2501005 | 3149900133 | 浙江一鸣文化创意有限公司 | 2025-01-08 | 10000 | 6000 | 4000 |
| 2501003 | 3149900133 | 浙江一鸣文化创意有限公司 | 2025-01-06 | 789006.57 | 315602.63 | 473403.94 |
| 2501015 | 3149900145 | 云南趣鑫信息科技有限公司 | 2025-01-05 | 870000 | 350000 | 520000 |
| 2501006 | 3149900133 | 浙江一鸣文化创意有限公司 | 2025-01-11 | 549046.86 | 513046.86 | 36000 |
| 2501019 | 3149900145 | 云南趣鑫信息科技有限公司 | 2025-01-09 | 1870000 | 1000000 | 870000 |

图7.2.8　开具了销售发票且录入了销售对账单，但是金额不相等的异常（第三类异常）

## （四）可视化与结论

### 1．第一类异常的可视化

第一步：打开"税务合规核查"报告文件，选择连接MySQL数据库。在"MySQL数据库"对话框，复制并粘贴第一类异常核查代码到"SQL语句"文本框，如图7.2.9所示。

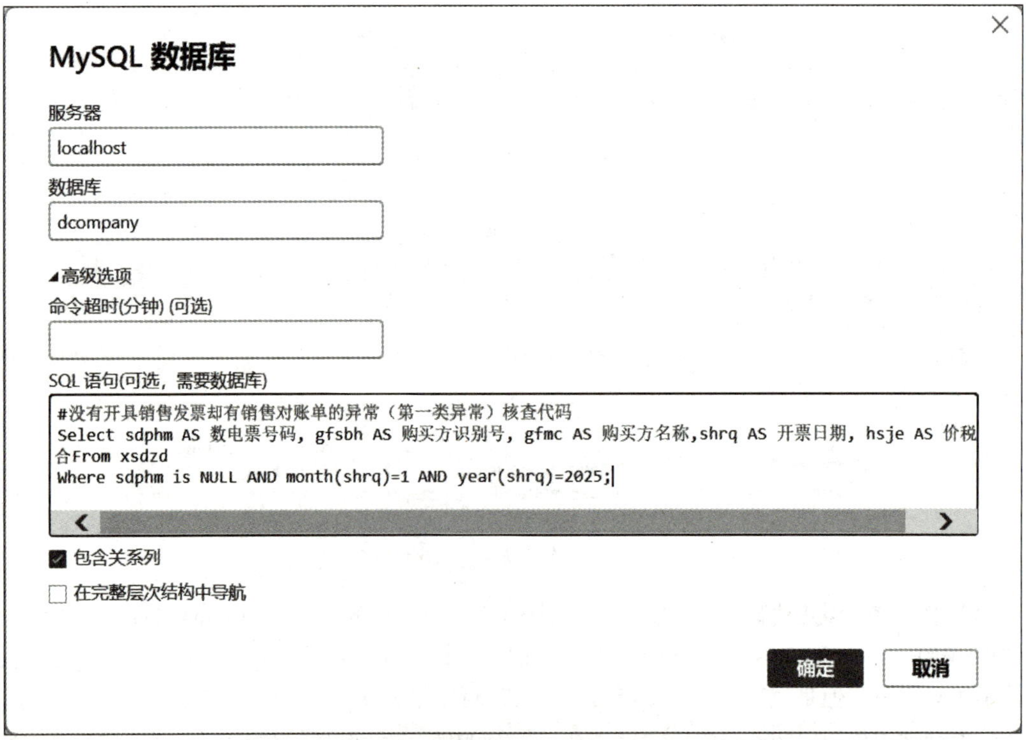

图7.2.9　复制并粘贴第一类异常核查代码

第二步：重命名查询名称为"销售发票和对账单异常一"，可视化对象选择"表"，并从"数据"窗格中将对应的数据列拖到"可视化"窗格的"列"中，如图7.2.10所示。

图7.2.10　第一类异常数据设置

第三步：选择"可视化"窗格中"设置视觉对象格式"下的"视觉对象"，在"值"中设置显示的文字大小为18。

第四步：选择"可视化"窗格中"设置视觉对象格式"下的"常规"，设置标题"文本"为"销售发票与销售对账单一类预警"，显示的文字大小为20，格式为加粗、居中对齐，具体如图7.2.11所示。

图7.2.11　第一类异常可视化设置

### 2.　第二类异常的可视化

第一步：打开"税务合规核查"报告文件，选择连接MySQL数据库。在"MySQL数据库"对话框复制并粘贴第二类异常核查代码到"SQL语句"文本框，如图7.2.12所示。

第二步：重命名查询名称为"销售发票和对账单异常二"，可视化对象选择"表"，并从"数据"窗格中将对应的数据列拖到"可视化"窗格的"列"中，如图7.2.13所示。

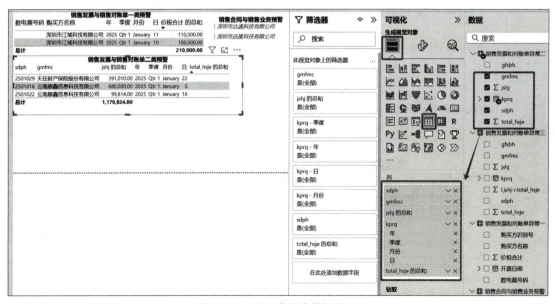

## MySQL 数据库

服务器
localhost

数据库
dcompany

▲ 高级选项
命令超时(分钟)(可选)

SQL 语句(可选，需要数据库)
```
#开具了销售发票却没有录入销售对账单的异常（第二类异常）核查代码
SELECT l.sdph, l.gfsbh, l.gmfmc, l.kprq, l.jshj, r.total_hsje
FROM (SELECT sdph, gfsbh, gmfmc, kprq, jshj FROM xs WHERE YEAR(kprq) = 2025 AND MONTH(kprq) =
-- 使用LEFT JOIN进行左连接操作
LEFT JOIN (SELECT sdphm, SUM(hsje) AS total_hsje FROM xsdzd WHERE YEAR(shrq) = 2025 AND MONTH
```

☑ 包含关系列
☐ 在完整层次结构中导航

确定　　取消

图7.2.12　第二类异常核查代码

图7.2.13　第二类异常数据设置

第三步：选择"可视化"窗格中"设置视觉对象格式"下的"视觉对象"，在"值"中设置显示的文字大小为18。

第四步：选择"可视化"窗格中"设置视觉对象格式"下的"常规"，设置标题"文本"为"销售发票与销售对账单二类预警"，显示的文字大小为20，格式为加粗、居中对齐，具体如图7.2.14所示。

图7.2.14 第二类异常可视化设置

### 3. 第三类异常的可视化

第一步：打开"税务合规核查"报告文件，选择连接MySQL数据库。在"MySQL数据库"对话框复制并粘贴第三类异常核查代码到"SQL语句"文本框，如图7.2.15所示。

## MySQL 数据库

服务器

```
localhost
```

数据库

```
dcompany
```

◢ 高级选项

命令超时(分钟) (可选)

```
```

SQL 语句(可选，需要数据库)

```
#开具了销售发票且录入了销售对账单，但是金额不相等的异常（第三类异常）核查代码
SELECT l.sdph, l.gfsbh, l.gmfmc, l.kprq, l.jshj, r.total_hsje,l.jshj-r.total_hsje
FROM (SELECT sdph, gfsbh, gmfmc, kprq, jshj FROM xs WHERE YEAR(kprq) = 2025 AND MONTH(kprq) =
-- 使用LEFT JOIN进行左连接操作
LEFT JOIN (SELECT sdphm, SUM(hsje) AS total_hsje FROM xsdzd WHERE YEAR(shrq) = 2025 AND MONTH
```

☑ 包含关系列

☐ 在完整层次结构中导航

确定    取消

图7.2.15 第三类异常核查代码

第二步：重命名查询名称为"销售发票和对账单异常三"，可视化对象选择"表"，并从"数据"窗格中将对应的数据列拖到"可视化"窗格的"列"中，适当调整各个可视化对象的位置，

如图7.2.16所示。

第三步：选择"可视化"窗格中"设置视觉对象格式"下的"视觉对象"，在"值"中设置显示的文字大小为15。

第四步：选择"可视化"窗格中"设置视觉对象格式"下的"常规"，设置标题"文本"为"销售发票与销售对账单三类预警"，显示的文字大小为20，格式为加粗、居中对齐，具体如图7.2.17所示。

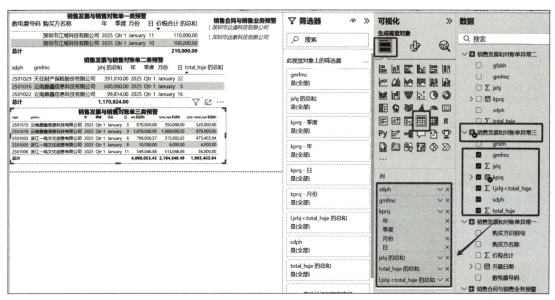

图7.2.16　第三类异常数据设置

图7.2.17　第三类异常可视化设置

## 4. 结论

经过数据列调整，最终的可视化面板如图7.2.18所示。财务人员可以依据核查结果编写财务核查通知。

## 财务核查通知

销售部：

在近期开展的2025年1月财务数据合规核查工作中，发现了几处财务数据存在异常的情况。

其一，在1月11日和10日，我司分别为深圳市江域科技有限公司提供了价值110 000元与100 000元的服务，然而至今尚未开具相应发票，这不符合财务规范要求。

其二，我司与云南趣鑫信息科技有限公司的业务往来中，在1月5日和9日，针对数电票号码为2501015、2501019的2笔业务，存在销售发票金额与销售对账单金额不一致的状况，相应的差额分别达到了520 000元与870 000元。此外，该公司1月5日和1月16日还有金额分别为680 000元和99 814元的2笔业务，虽已开具销售发票但未录入销售对账单，存在业务流程上的漏洞。

其三，在与天任财产保险股份有限公司的业务合作方面，1月22日有一笔金额为391 010元的业务，也出现了开具销售发票却未录入销售对账单的情况。

其四，我司与浙江一鸣文化创意有限公司，在1月6日、8日及11日，均出现了销售发票金额和销售对账单金额不一致的问题。这3笔业务对应的差额依次为473 403.94元、4 000元及36 000元。

请销售部高度重视，尽快彻查原因，给出合理的解释。

财务部

2025年2月2日

### 销售发票与销售对账单一类预警

| 数电票号码 | 购买方名称 | 年 | 季度 | 月份 | 日 | 价税合计 的总和 ▼ |
|---|---|---|---|---|---|---|
| | 深圳市江域科技有限公司 | 2025 | Qtr 1 | January | 11 | 110,000.00 |
| | 深圳市江域科技有限公司 | 2025 | Qtr 1 | January | 10 | 100,000.00 |
| **总计** | | | | | | **210,000.00** |

### 销售发票与销售对账单二类预警

| gfsbh | gmfmc | jshj 的总和 | 年 | 季度 | 月份 | 日 | total_hsje 的总和 |
|---|---|---|---|---|---|---|---|
| 3149900160 | 天任财产保险股份有限公司 | 391,010.00 | 2025 | Qtr 1 | January | 22 | |
| 3149900145 | 云南趣鑫信息科技有限公司 | 680,000.00 | 2025 | Qtr 1 | January | 5 | |
| 3149900145 | 云南趣鑫信息科技有限公司 | 99,814.00 | 2025 | Qtr 1 | January | 16 | |
| **总计** | | **1,170,824.00** | | | | | |

### 销售发票与销售对账单三类预警

| gmfmc | 年 | 季度 | 月份 | 日 | jshj的总和 | total_hsje 的总和 | l.jshj-r.total_hsje 的总和 |
|---|---|---|---|---|---|---|---|
| 云南趣鑫信息科技有限公司 | 2025 | Qtr 1 | January | 5 | 870,000.00 | 350,000.00 | 520,000.00 |
| 云南趣鑫信息科技有限公司 | 2025 | Qtr 1 | January | 9 | 1,870,000.00 | 1,000,000.00 | 870,000.00 |
| 浙江一鸣文化创意有限公司 | 2025 | Qtr 1 | January | 6 | 789,006.57 | 315,602.63 | 473,403.94 |
| 浙江一鸣文化创意有限公司 | 2025 | Qtr 1 | January | 8 | 10,000.00 | 6,000.00 | 4,000.00 |
| 浙江一鸣文化创意有限公司 | 2025 | Qtr 1 | January | 11 | 549,046.86 | 513,046.86 | 36,000.00 |
| **总计** | | | | | **4,088,053.43** | **2,184,649.49** | **1,903,403.94** |

图7.2.18　销售合同流和销售业务流预警可视化看板

 **固知识技能**

**综合题**

企业数据库中除了采购发票表之外，还有采购对账单表cgdzd，表7.2.2展示了采购对账单表cgdzd的具体结构。为了直观展示数据，图7.2.19展示了其中按照fphm降序排列的前10条记录。

表7.2.2　　　　　　　　采购对账单表cgdzd的具体结构

| 列名 | 数据类型 | 是否为空 | 备注 |
| --- | --- | --- | --- |
| lsh | INT | NOT NULL | 流水号，主键 |
| dfdw | VARCHAR(40) | NOT NULL | 对方单位，即供应商名称 |
| fphm | VARCHAR(40) | NOT NULL | 发票号码 |
| shrq | VARCHAR(40) | NOT NULL | 送货日期 |
| spqm | VARCHAR(40) | NOT NULL | 商品全名 |
| dw | VARCHAR(40) | NOT NULL | 单位 |
| sl | INT | NOT NULL | 数量 |
| dj | DECIMAL(10,2) | NOT NULL | 单价 |
| je | DECIMAL(10,2) | NOT NULL | 金额 |
| xlh | INT | NOT NULL | 序列号 |

| lsh | dfdw | fphm | shrq | spqm | dw | sl | dj | je | xlh |
| --- | --- | --- | --- | --- | --- | --- | --- | --- | --- |
| 136 | 黑龙江学保传媒有限公司 | | 2025/1/19 | *现代服务*服务费 | 个 | 1 | 15000 | 15000 | (Null) |
| 135 | 黑龙江学保传媒有限公司 | | 2025/1/14 | *现代服务*服务费 | 个 | 1 | 20000 | 20000 | (Null) |
| 1 | 速答数科（南京）科技有限 | 24562000000000 | 2025/1/3 | *现代服务*服务费 | 个 | 1 | 150000 | 150000 | 1 |
| 2 | 湖南五彩科技有限公司 | 24562000000000 | 2025/1/3 | *现代服务*服务费 | 个 | 1 | 900000 | 900000 | 1 |
| 3 | 湖南五彩科技有限公司 | 24562000000000 | 2025/1/3 | *现代服务*服务费 | 个 | 1 | 750000 | 750000 | 1 |
| 4 | 湖南五彩科技有限公司 | 24562000000000 | 2025/1/3 | *现代服务*服务费 | 个 | 1 | 500000 | 500000 | 1 |
| 5 | 湖南五彩科技有限公司 | 24562000000000 | 2025/1/3 | *现代服务*服务费 | 个 | 1 | 90000 | 90000 | 2 |
| 6 | 湖南五彩科技有限公司 | 24562000000000 | 2025/1/3 | *现代服务*服务费 | 个 | 1 | 510000 | 510000 | 1 |
| 7 | 速答数科（南京）科技有限 | 24562000000000 | 2025/1/4 | *现代服务*服务费 | 个 | 1 | 20000 | 20000 | 1 |
| 8 | 速答数科（南京）科技有限 | 24562000000000 | 2025/1/4 | *现代服务*服务费 | 个 | 1 | 80000 | 80000 | 2 |

图7.2.19　采购对账单表cgdzd按照fphm降序排列的前10条记录

请找到2025年1月采购发票金额和采购对账单金额异常的供应商信息，并生成财务核查通知。

# 任务三　资金流与发票流一致性核查

动画7.3

## 学习目标

【知识目标】理解资金流与发票流一致性核查的流程及实施方法。

【技能目标】能编写资金流与发票流一致性核查的SQL代码，精准找出金额不一致的客户或供应商信息。

【素质目标】树立对AI正确且理性的认知，明白其是工作中的助力工具，而非主导力量；能够客观看待AI在工作中能提供的帮助以及存在的局限性；学会合理安排AI的使用时长与使用场景。

## 德技并修

小强：学长，在梳理资金流与发票流一致性核查工作的过程中，我时常萌生出借助AI辅助完成的想法，甚至对于部分凭借自身能力便可编写的代码，如今也下意识地期望依靠AI来完成，明显察觉到自己对AI已形成了较深程度的依赖。

大富学长：小强，正如《人工智能安全治理框架》强调的"社会公众应注意人工智能产品对儿童和青少年的影响，预防沉迷及过度使用"，我们应秉持理性态度看待AI，将其视作工作中的助力者，它固然能在诸多情形下为我们提供帮助，但我们绝不能陷入过度依赖的境地，甚至被其支配。我们要合理规划AI的使用时长，始终保持清醒的认知，唯有如此，方能确保AI更好地辅助我们开展工作，同时避免因过度使用AI而对我们自身能力的发挥以及工作正常推进造成不良影响。

## 来自企业的技能任务

深圳市云服务科技有限公司的日记账表rjz存储的是企业采购资金和销售资金的流入、流出情况。每月财务部都要对企业的日记账表和销售发票表的资金流进行核对，以确保向企业流入的销售金额与向客户提供的销售发票的金额总和相等。但是现实工作中，可能存在某客户有销售资金流入，也开具了销售发票，但是两者金额不相等的情况；也可能存在某客户没有销售资金流入，但我方却为其开具了销售发票的情况；还可能存在某客户有销售资金流入，但我方没开具销售发票的情况。这就需要财务部找到存在异常的销售业务，并责令销售部进行整改。

| 序号 | 岗位技能要求 | 对应企业任务 |
|---|---|---|
| 1 | 完成资金流与发票流的一致性核查 | 【任务7.3.1】帮助企业财务部找到2025年1月日记账中收入总金额和发票销售总金额不一致的客户信息，并生成财务核查通知 |

## 练知识技能

## 一、资金流与发票流一致性核查流程设计

企业数据库dcompany中有一个专门的日记账表rjz，它存储了企业所有采购资金和销售资金

的流入、流出情况。该表的具体结构如表7.3.1所示。此外，图7.3.1展示了其中按rq降序排列的前10条记录。

表7.3.1 日记账表rjz的具体结构

| 列名 | 数据类型 | 是否为空 | 备注 |
|---|---|---|---|
| lsh | INT | NOT NULL | 流水号，主键 |
| rq | DATE | NOT NULL | 日期 |
| zy | VARCHAR(40) | NOT NULL | 摘要（对方公司名称） |
| nr | VARCHAR(40) | NOT NULL | 内容 |
| gs | VARCHAR(40) | NOT NULL | 我方公司 |
| sl | VARCHAR(40) | NOT NULL | 数量 |
| dw | VARCHAR(40) | NOT NULL | 单位 |
| fse | DECIMAL(10,2) | NOT NULL | 发生额 |
| sr | DECIMAL(10,2) | | 收入 |
| zc | DECIMAL(10,2) | | 支出 |

| lsh | rq | zy | nr | gs | sl | dw | fse | sr | zc |
|---|---|---|---|---|---|---|---|---|---|
| 208 | 2025-02-02 | 湖南五彩科技有限公司 | 业务款-上游 | B001 深圳云服务平安 | 1 | 笔 | 1505000 | 0 | 1505000 |
| 205 | 2025-02-01 | 东莞市创云科技有限公司 | 业务款-下游 | A001 深圳云服务宁波 | 1 | 笔 | 150000 | 150000 | 0 |
| 110 | 2025-01-31 | 贵州岳岷科技有限公司 | 业务款-上游 | B001 深圳云服务平安 | 1 | 笔 | 170000 | 0 | 170000 |
| 111 | 2025-01-31 | 贵州岳岷科技有限公司 | 业务款-上游 | B001 深圳云服务平安 | 1 | 笔 | 178894 | 0 | 178894 |
| 116 | 2025-01-31 | 深圳市远景科技有限公司 | 业务款-下游 | A001 深圳云服务宁波 | 1 | 笔 | 564899 | 564899 | 0 |
| 109 | 2025-01-31 | 贵州岳岷科技有限公司 | 业务款-上游 | B001 深圳云服务平安 | 1 | 笔 | 101647 | 0 | 101647 |
| 106 | 2025-01-31 | 深圳市联和创造科技有限公司 | 业务款-下游 | A001 深圳云服务宁波 | 1 | 笔 | 298972.43 | 298972.43 | 0 |
| 115 | 2025-01-31 | 深圳市远景科技有限公司 | 业务款-下游 | A001 深圳云服务宁波 | 1 | 笔 | 605101 | 605101 | 0 |
| 113 | 2025-01-31 | 贵州岳岷科技有限公司 | 业务款-上游 | B001 深圳云服务平安 | 1 | 笔 | 668241 | 0 | 668241 |
| 117 | 2025-01-31 | 深圳市江域科技有限公司 | 业务款-下游 | A001 深圳云服务宁波 | 1 | 笔 | 200000 | 200000 | 0 |

图7.3.1 日记账表rjz中按rq降序排列的前10条记录

依据企业资金流与发票流一致性核查的业务逻辑，结合大数据技术设计的核查流程如图7.3.2所示。

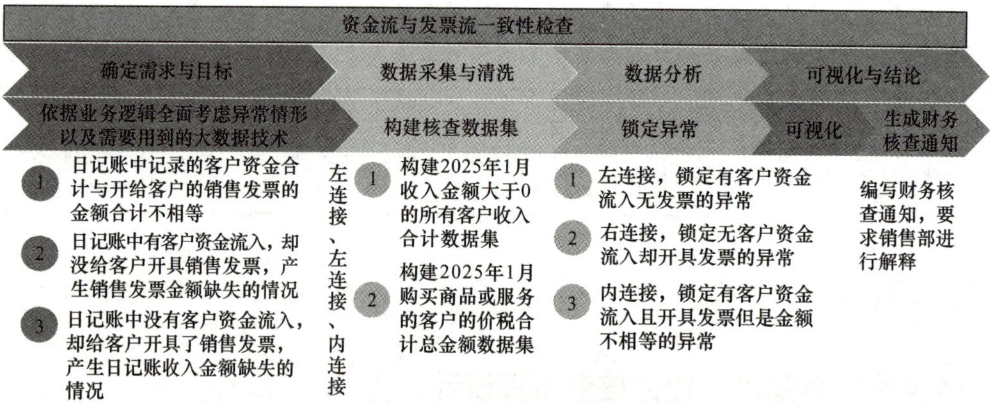


图7.3.2 资金流与发票流一致性核查流程

## 二、AI赋能资金流与发票流一致性核查

**【任务7.3.1】** 帮助企业财务部找到2025年1月日记账中收入总金额和发票销售总金额不一致的客户信息，并生成财务核查通知。

### （一）确定需求与目标

第一步：了解需求。我们明确本次数据处理的核心目标是找到3类资金异常的客户，并将这些客户信息反馈给销售部。这3类异常如下。

（1）日记账中记录的客户资金合计与开给客户的销售发票的金额合计不相等，存在多收或少收的情况。

（2）日记账中有客户资金流入，却没给客户开具销售发票，产生销售发票金额缺失的情况。

（3）日记账中没有客户资金流入，却给客户开具了销售发票，产生日记账收入金额缺失的情况。

第二步：制订分析目标。这里我们锁定2025年1月的销售记录、日记账记录作为分析目标。

第三步：选择工具和方法。这里我们选择使用SQL语句及Power BI。

### （二）数据采集与清洗

第一步：数据源确认。这里我们需要进行分析的数据是企业内部数据，且数据源于dcompany数据库的rjz表、xs表。

第二步：数据提取与数据整合。

（1）对rjz表构建2025年1月收入金额大于0的所有客户收入合计数据集：从rjz表中筛选出2025年1月的资金流入（sr大于0）记录，并将这些记录以zy为分组字段进行分组，对zy相同的客户的sr列进行求和汇总。

---

 **AI赋能**

在深入理解业务的工作场景下，财务人员其实可以很快判断需要用到的业务表数据列，具体提示词如下。

请编写能在 MySQL 服务器上运行的 SQL 代码。
存在 rjz 表，其中包含 rq（为 DATE 类型）、zy、sr 数据列。
从 rjz 表中筛选出 2025 年 1 月 sr 大于 0 的记录，并将这些记录以 zy 为分组字段进行分组，对 zy 相同的客户的 sr 列进行求和汇总，取别名为 total_sr。

---

下面是豆包AI编程助手依据提示词给出的参考代码之一，我们根据所学知识可判断该代码正确，运行结果如图7.3.3所示。

| zy | total_sr |
|---|---|
| 浙江一鸣文化创意有限公司 | 7596206.03 |
| 深圳市江域科技有限公司 | 7597473.72 |
| 深圳市联和创造科技有限公司 | 15362941.6 |
| 云南趣鑫信息科技有限公司 | 12874738 |
| 天任财产保险股份有限公司 | 3438542 |
| 东莞市创云科技有限公司 | 950000 |
| 深圳市骏丰汽车销售服务有限公司 | 53250 |
| 深圳市远景科技有限公司 | 3015826 |
| 深圳市聚宝汽车服务有限公司 | 450000 |
| 深圳市达通科技有限公司 | 91000 |

图7.3.3  2025年1月收入金额大于0的所有客户收入合计数据集

```
SELECT zy, SUM(sr) AS total_sr
FROM rjz
WHERE YEAR(rq) = 2025 AND MONTH(rq) = 1 AND sr > 0
GROUP BY zy;
```

（2）对xs表构建2025年1月购买商品或服务的客户的价税合计总金额数据集：从xs表中筛选出2025年1月的销售发票记录，并将这些记录以gmfmc为分组字段进行分组，对gmfmc相同的客户的jshj进行求和汇总。

 **AI赋能**

使用以下提示词可以让AI辅助生成具有指定功能的SQL代码。

请编写能在 MySQL 服务器上运行的 SQL 代码。
存在 xs 表，其中包含 kprq（为 DATE 类型）、gmfmc、jshj 数据列。
从 xs 表中筛选出 2025 年 1 月的记录，并将这些记录以 gmfmc 为分组字段进行分组，对 gmfmc 相同的客户的 jshj 列进行求和汇总，起别名为 total_jshj。

下面是豆包AI编程助手依据提示词给出的参考代码之一，我们根据所学知识可判断该代码正确，运行结果如图7.3.4所示。

```
SELECT gmfmc, SUM(jshj) AS total_jshj
FROM xs
WHERE YEAR(kprq) = 2025 AND MONTH(kprq) = 1
GROUP BY gmfmc;
```

| gmfmc | total_jshj |
|---|---|
| 浙江一鸣文化创意有限公司 | 7488678.91 |
| 云南趣鑫信息科技有限公司 | 12974552 |
| 天任财产保险股份有限公司 | 3438542 |
| 深圳市远景科技有限公司 | 3015826 |
| 深圳市联和创造科技有限公司 | 15362941.6 |
| 深圳市骏丰汽车销售服务有限公司 | 53250 |
| 深圳市聚宝汽车服务有限公司 | 450000 |
| 深圳市江域科技有限公司 | 7797473.72 |
| 深圳市达通科技有限公司 | 91000 |
| 东莞市创云科技有限公司 | 650000 |

图7.3.4 2025年1月购买商品或服务的客户的价税合计总金额数据集

**!!!注意**

在深入理解业务需求的前提下，财务人员可以很快判断需要用到的数据列。与AI交互时，应遵循"按需提供、精准罗列"的原则，让AI更高效地理解业务需求，减少因无关信息导致的误解或处理偏差。

## （三）数据分析

（1）图7.3.3与图7.3.4所示的两个数据集共4列，需要通过日记账表rjz的摘要zy与销售发票表xs的购买方名称gmfmc进行左连接，可以发现只有资金流没有发票流的异常（左连接后，gmfmc为空的数据集），进行右连接可以发现没有资金流只有发票流的异常（右连接后，zy为空的数据集），进行内连接可以找到有资金流、发票流但是金额不相等的异常（内连接后，两列金额差额不为0）。

（2）复制前一步构建两个数据集的SQL代码，让AI帮助我们进行左连接，找到只有资金流没有发票流的异常客户。

> ⚠️ **AI赋能**
>
> 　　使用以下提示词可以让AI辅助生成具有指定功能的SQL代码。
>
> 请编写能在 MySQL 服务器上运行的 SQL 代码。
> 将左表 l（SELECT zy, SUM(sr) AS total_sr
> FROM rjz
> WHERE YEAR(rq) = 2025 AND MONTH(rq) = 1 AND sr > 0
> GROUP BY zy;）
> 与右表 r（SELECT gmfmc, SUM(jshj) AS total_jshj
> FROM xs
> WHERE YEAR(kprq) = 2025 AND MONTH(kprq) = 1
> GROUP BY gmfmc;）
> 进行左连接，其中左表的连接列为 zy，右表的连接列为 gmfmc。

　　下面是豆包AI编程助手依据提示词给出的参考代码之一，我们根据所学知识可判断该代码正确。

```
SELECT l.zy, l.total_sr, r.gmfmc, r.total_jshj
FROM
(    SELECT zy, SUM(sr) AS total_sr
     FROM rjz
     WHERE YEAR(rq) = 2025 AND MONTH(rq) = 1 AND sr > 0
     GROUP BY zy
) AS l
LEFT JOIN
(    SELECT gmfmc, SUM(jshj) AS total_jshj
     FROM xs
     WHERE YEAR(kprq) = 2025 AND MONTH(kprq) = 1
     GROUP BY gmfmc
) AS r
ON l.zy = r.gmfmc;
```

　　在编译器中运行上述代码，得到的结果如图7.3.5所示。gmfmc列没有出现空值，说明本月不存在只有资金流没有发票流的异常客户。但是核查工作每月都需要执行，要考虑代码的普适性，因此需要增加"WHERE r.gmfmc IS NULL"语句进行空值的筛选，运行结果如图7.3.6所示。

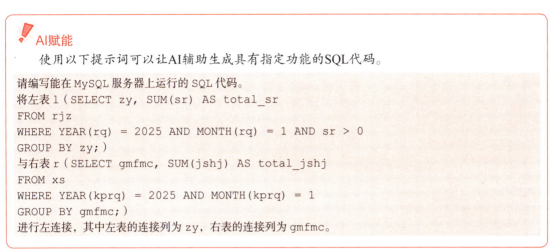

| zy | total_sr | gmfmc | total_jshj |
|---|---|---|---|
| ▶ 浙江一鸣文化创意有限公司 | 7596206.03 | 浙江一鸣文化创意有限公 | 7488678.91 |
| 云南趣鑫信息科技有限公司 | 12874738 | 云南趣鑫信息科技有限公 | 12974552 |
| 天任财产保险股份有限公司 | 3438542 | 天任财产保险股份有限公 | 3438542 |
| 深圳市远景科技有限公司 | 3015826 | 深圳市远景科技有限公司 | 3015826 |
| 深圳市联和创造科技有限公司 | 15362941.6 | 深圳市联和创造科技有限 | 15362941.6 |
| 深圳市骏丰汽车销售服务有限公司 | 53250 | 深圳市骏丰汽车销售服务 | 53250 |
| 深圳市聚宝汽车服务有限公司 | 450000 | 深圳市聚宝汽车服务有限 | 450000 |
| 深圳市江域科技有限公司 | 7597473.72 | 深圳市江域科技有限公司 | 7797473.72 |
| 深圳市达通科技有限公司 | 91000 | 深圳市达通科技有限公司 | 91000 |
| 东莞市创云科技有限公司 | 950000 | 东莞市创云科技有限公司 | 650000 |

图7.3.5　rjz表和xs表进行左连接的结果

| zy | total_sr | gmfmc | total_jshj |
|---|---|---|---|
| (Null) | (Null) | (Null) | (Null) |

图7.3.6　只有资金流没有发票流的异常客户

（3）复制步骤（2）生成的左连接代码，将“LEFT”改成“RIGHT”进行右连接，可以找到没有资金流只有发票流的异常客户。

```
SELECT l.zy, l.total_sr, r.gmfmc, r.total_jshj
FROM
(   SELECT zy, SUM(sr) AS total_sr
    FROM rjz
    WHERE YEAR(rq) = 2025 AND MONTH(rq) = 1 AND sr > 0
    GROUP BY zy
) AS l
RIGHT JOIN
(   SELECT gmfmc, SUM(jshj) AS total_jshj
    FROM xs
    WHERE YEAR(kprq) = 2025 AND MONTH(kprq) = 1
    GROUP BY gmfmc
) AS r
ON l.zy = r.gmfmc;
```

在编译器中运行上述代码，得到的结果如图7.3.7所示。zy列没有出现空值，说明本月不存在没有资金流只有发票流的异常客户。但是核查工作每月都需要执行，要考虑代码的普适性，因此需要增加“WHERE l.zy IS NULL”语句进行空值的筛选，运行结果如图7.3.8所示。

| zy | total_sr | gmfmc | total_jshj |
|---|---|---|---|
| 浙江一鸣文化创意有限公司 | 7596206.03 | 浙江一鸣文化创意有限公司 | 7488678.91 |
| 云南趣鑫信息科技有限公司 | 12874738 | 云南趣鑫信息科技有限公司 | 12974552 |
| 天任财产保险股份有限公司 | 3438542 | 天任财产保险股份有限公司 | 3438542 |
| 深圳市远景科技有限公司 | 3015826 | 深圳市远景科技有限公司 | 3015826 |
| 深圳市联和创造科技有限公司 | 15362941.6 | 深圳市联和创造科技有限公司 | 15362941.6 |
| 深圳市骏丰汽车销售服务有限公司 | 53250 | 深圳市骏丰汽车销售服务有限公司 | 53250 |
| 深圳市聚宝汽车服务有限公司 | 450000 | 深圳市聚宝汽车服务有限公司 | 450000 |
| 深圳市江域科技有限公司 | 7597473.72 | 深圳市江域科技有限公司 | 7797473.72 |
| 深圳市达通科技有限公司 | 91000 | 深圳市达通科技有限公司 | 91000 |
| 东莞市创云科技有限公司 | 950000 | 东莞市创云科技有限公司 | 650000 |

图7.3.7　rjz表和xs表进行右连接的结果

| zy | total_sr | gmfmc | total_jshj |
|---|---|---|---|
| (Null) | (Null) | (Null) | (Null) |

图7.3.8　没有资金流只有发票流的异常客户

（4）复制步骤（3）生成的右连接代码，将“RIGHT”改成“INNER”进行内连接，可以找到有资金流、发票流但是金额不相等的异常客户。

```
SELECT l.zy, l.total_sr, r.gmfmc, r.total_jshj
FROM
(   SELECT zy, SUM(sr) AS total_sr
    FROM rjz
    WHERE YEAR(rq) = 2025 AND MONTH(rq) = 1 AND sr > 0
    GROUP BY zy
) AS l
```

```
INNER JOIN
(    SELECT gmfmc, SUM(jshj) AS total_jshj
     FROM xs
     WHERE YEAR(kprq) = 2025 AND MONTH(kprq) = 1
     GROUP BY gmfmc
) AS r
ON l.zy = r.gmfmc
```

　　在编译器中运行上述代码，得到的结果如图7.3.9所示。为了进一步找到金额不相等的异常客户，应增加"l.total_sr-r.total_jshj"列，并增加"WHERE l.total_sr-r.total_jshj !=0"语句，具体代码如下，运行结果如图7.3.10所示。

```
SELECT l.zy, l.total_sr, r.gmfmc, r.total_jshj,l.total_sr-r.total_jshj
AS differnce
FROM
(    SELECT zy, SUM(sr) AS total_sr
     FROM rjz
     WHERE YEAR(rq) = 2025 AND MONTH(rq) = 1 AND sr > 0
     GROUP BY zy
) AS l
INNER JOIN
(    SELECT gmfmc, SUM(jshj) AS total_jshj
     FROM xs
     WHERE YEAR(kprq) = 2025 AND MONTH(kprq) = 1
     GROUP BY gmfmc
) AS r
ON l.zy = r.gmfmc
WHERE l.total_sr-r.total_jshj!=0;
```

| zy | total_sr | gmfmc | total_jshj |
|---|---|---|---|
| 浙江一鸣文化创意有限公司 | 7596206.03 | 浙江一鸣文化创意有限公司 | 7488678.91 |
| 深圳市江域科技有限公司 | 7597473.72 | 深圳市江域科技有限公司 | 7797473.72 |
| 深圳市联和创造科技有限公司 | 15362941.6 | 深圳市联和创造科技有限公司 | 15362941.6 |
| 云南趣鑫信息科技有限公司 | 12874738 | 云南趣鑫信息科技有限公司 | 12974552 |
| 天任财产保险股份有限公司 | 3438542 | 天任财产保险股份有限公司 | 3438542 |
| 东莞市创云科技有限公司 | 950000 | 东莞市创云科技有限公司 | 650000 |
| 深圳市骏丰汽车销售服务有限公司 | 53250 | 深圳市骏丰汽车销售服务有限公司 | 53250 |
| 深圳市远景科技有限公司 | 3015826 | 深圳市远景科技有限公司 | 3015826 |
| 深圳市聚宝汽车服务有限公司 | 450000 | 深圳市聚宝汽车服务有限公司 | 450000 |
| 深圳市达通科技有限公司 | 91000 | 深圳市达通科技有限公司 | 91000 |

图7.3.9　rjz表和xs表进行内连接的结果

| zy | total_sr | gmfmc | total_jshj | difference |
|---|---|---|---|---|
| 浙江一鸣文化创意有限公司 | 7596206.03 | 浙江一鸣文化创意有限公司 | 7488678.91 | 107527.12 |
| 深圳市江域科技有限公司 | 7597473.72 | 深圳市江域科技有限公司 | 7797473.72 | -200000 |
| 云南趣鑫信息科技有限公司 | 12874738 | 云南趣鑫信息科技有限公司 | 12974552 | -99814 |
| 东莞市创云科技有限公司 | 950000 | 东莞市创云科技有限公司 | 650000 | 300000 |

图7.3.10　有资金流、发票流但是金额不相等的异常客户

## （四）可视化与结论

　　第一步：打开报告"税务合规核查"，新建一个页面，存放资金流与发票流异常数据展示，如图7.3.11所示。

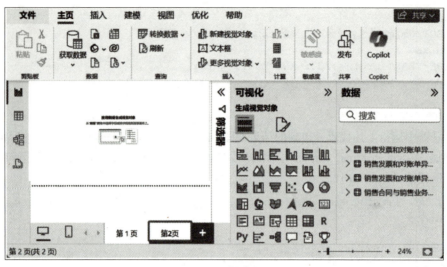

图7.3.11  新建页面

第二步：选择连接MySQL数据库，将完成内连接操作的SQL代码复制并粘贴到"MySQL数据库"对话框的"SQL语句"文本框中，如图7.3.12所示。

图7.3.12  复制并粘贴内连接操作代码

第三步：双击"数据"窗格中的查询名称"查询1"，修改查询名称为"资金流与销售发票流预警"。

第四步：单击"可视化"窗格中的"堆积条形图"，即可在报表画布中显示一个堆积条形图。

第五步：将"数据"窗格的zy列拖到"可视化"窗格的"Y轴"处，将difference列拖到"X轴"处（difference的平均值），即可显示预警条形图。双击"Y轴"的名称将其重命名为"异常客户"，双击"X轴"的名称将其重命名为"差异金额"。预警条形图设置及效果如图7.3.13所示。

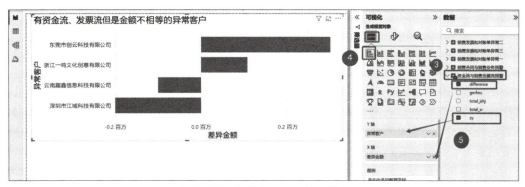

图7.3.13　预警条形图设置及效果

第六步：选择"可视化"窗格中"设置视觉对象格式"下的"视觉对象"，找到"数据标签"，将其设置为显示模式。

第七步：选择"可视化"窗格中"设置视觉对象格式"下的"常规"，设置标题"文本"为"有资金流、发票流但是金额不相等的异常客户"，如图7.3.14所示。

第八步：按照同样的方法，将构建有资金流没有发票流的客户异常数据集和没有资金流有发票流的客户异常数据集的SQL代码复制、粘贴到"SQL语句"文本框中，然后进行可视化图形的绘制。思路和前面任务的相似，这里不赘述具体的绘制过程，结果如图7.3.15所示。

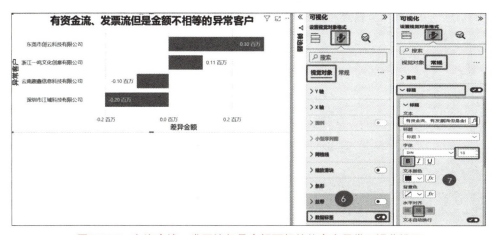

图7.3.14　有资金流、发票流但是金额不相等的客户异常可视化设置

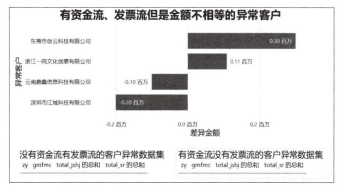

图7.3.15　资金流与发票流异常可视化看板

第九步：财务人员可以依据核查结果编写财务核查通知。

### 财务核查通知

销售部：

　　在近期开展的2025年1月财务数据合规核查工作中，发现浙江一鸣文化创意有限公司支付给我司的金额合计比我司向其开出的销售发票金额多107 527.12元，深圳市江域科技有限公司支付给我司的金额合计比我司向其开出的销售发票金额少200 000元，云南趣鑫信息科技有限公司支付给我司的金额合计比我司向其开出的销售发票金额少99 814元，东莞市创云科技有限公司支付给我司的金额合计比我司向其开出的销售发票金额多300 000元。

　　请销售部高度重视，尽快彻查原因，给出合理的解释。

财务部<br>2025年2月2日

 **拓知识技能**

### 综合题

　　请完成对深圳市云服务科技有限公司2025年1月日记账支出总金额与实际采购总金额不一致的供应商信息，并生成财务核查通知。